本论丛出版得到中华日本学会支持

中日民族文化比较研究论丛 第二辑

◎ 蔡凤林 主编

◎ 黄成湘 潘贵民 副主编

图书在版编目(CIP)数据

中日民族文化比较研究论丛.第二辑/蔡凤林主编.—北京:中央民族大学出版社,2019.11

ISBN 978-7-5660-1662-1

Ⅰ.①中… Ⅱ.①蔡… Ⅲ.①民族文化—比较文化—中国、日本 Ⅳ.①G12 ②G131.3

中国版本图书馆 CIP 数据核字(2019)第 075310 号

中日民族文化比较研究论丛 第二辑

主 编 蔡凤林
责任编辑 满福玺
责任校对 肖俊俊
封面设计 布拉格
出 版 者 中央民族大学出版社
北京市海淀区中关村南大街 27 号 邮编:100081
电话:(010)68472815(发行部) 传真:(010)68932751(发行部)
(010)68932218(总编室) (010)68932447(办公室)
发 行 者 全国各地新华书店
印 刷 厂 北京建宏印刷有限公司
开 本 787×1092 1/16 印张:13.75
字 数 239 千字
版 次 2019 年 11 月第 1 版 2019 年 11 月第 1 次印刷
书 号 ISBN 978-7-5660-1662-1
定 价 68.00 元

比较研究中日民族、文化，
积极推进两国关系发展。

——祝贺《中日民族文化比较研究论丛》出版

高洪

二〇一二年六月三十日

目　录

总　序

刘金才

一

在当今世界，由于经济全球化和科技全球化的迅猛发展以及国际互联网的快速普及，各地域、各民族或国家的文化也不断突破其各自地域和模式的局限性而走向世界，出现了世界文化“趋同化倾向”；但与此同时，由于国际政治的多极化、各民族国家交往中的“文化阻隔”[①] 和文化自觉，以及各文化实体基于自己的价值观和为确保自我民族文化传统及利益，也出现了“越是全球化就越强调区域化、本土化、民族化”和强化自己国家文化软实力的倾向，导致了如塞缪尔·亨廷顿所说的“文明冲突”[②] 的加剧。特别是在一些有历史宿怨的民族国家之间，如日本自 20 世纪 80 年代后期以来就相继出现了“文化民族主义”、新国家主义和基于“自由主义史观”的历史修正主义思潮，表现出了强化民族主义，否定和淡化侵略历史责任的倾向，加剧了与被侵略国家的摩擦和冲突。这样两种截然相反且相互驱动的世界性文化发展“趋势”，反映了全球化的统一性与民族文化多样性的尖锐矛盾，它不仅使人们对鼓噪一时的“文化全球化”的可能性纷纷提出了质疑，而且催生出了在经济、科技全球化的同时进而寻求“文化多元共生”的全球化之理念和诉求。然而要寻求“文化多元共生”的全球化，既需要各民族对自身的文化有充分的自觉，又需要以异质性的“他

① “文化阻隔”包括“自然隔离”“语言隔离”“社会隔离”“心理隔离”等内容，它们作为一种机制，既是民族文化传统形成的重要条件和保障，也是导致文化差异的主要原因。

② 亨廷顿所谓的“文明的冲突”，即指“属于不同文化实体的人民之间的冲突”，认为“文化和文化认同形成了冷战后世界上的结合、分裂和冲突模式”，“后冷战的世界中人们之间最重要的区别不是意识形态的、政治的或经济的，而是文化的区别”。

者文化”的存在为前提，而要做到这一点，首要的程序就是将“自我文化”与“他者文化”进行比较，正所谓“有比较才有鉴别”，有比较才有进步，有比较才知道“我是谁”“他是谁”，有比较才知道“是从哪里来，要到哪里去”。只有如此，才能做到使不同的文化传统、文化特性与文化形态之间的对话、交流和相互认知得以充分展开，才能逐步建构起人类共性的文化认同体系和范式。因此，研究和明辨各民族国家这种共生而多元、相同或相异、抑或异同参半的文化景观，进行不同文化传统、文化特性与文化形态之间的比较、通融与识解，不仅是建构“文化多元共生”全球化之理念和促进各民族国家之间跨文化交流和理解的需要，更是当代人文社会科学最重要的课题。也许正是由于这种缘故，冷战结束以来本就如火如荼的比较文化研究进而成为当今世界人文学界“炙手可热”的显学。

上述在全球化浪潮下凸现的“趋同化”与“民族化”两种截然相反的文化发展趋向，在中日之间也几乎“克隆”式地表现出来。中日是一衣带水的邻邦，有着两千多年的文化交流史，邦交正常化40年来，双边贸易额已突破3400亿美元，地方友好城市多达247对，人员往来也每年超过500万人次（2011）。然而在两国人民之间，黄遵宪100年前感叹的“只一衣带水，便隔十层雾”的感觉并未根本改观，不仅相互间“居相近、心相远”的心态依旧严重，相互好感度日趋走低①，而且不间断地发生诸如在“历史认识”问题上那样激烈的摩擦和冲突，致使两国政府即便在纪念邦交正常化“不惑之年”之际，也不得不使用“新的相遇、心的纽带”（「新たな出会い、心の絆」）的主题词，以求用“重新知遇”和“系结心灵的纽带”之姿态，改变“居相近、心相远”的心态和摩擦、冲突频发的现状。因而对于中日民族文化研究者来说，现在比以往任何时候都更加需要关注和加强对中日自古以来基于文化生成、文化交流和文化选择而形成的文化关系诸相，以及相互间因“文化阻隔”所造成的文化隔阂，进行具有广度和深度的考察、比较和研究，辨明和解明两个民族国家在历史、语言、宗教信仰、文化传统、风俗习惯、价值取向、思维方式、情感取向以及民族特性等方面的异同及其原委，为促进两国人民间的跨文化认知和相互理解，增进相互间的文化认同感而尽我们作为中日文化研究者的绵薄之力。

此次由中央民族大学教授蔡凤林博士经多年殚精竭虑而发起，汇集以

---

① 据2011年8月中日关系舆论调查结果显示：中国公众对日好感度为28.6%，下降10%；日本公众对华好感度为20.8%，下降6.5%。

中国民族院校日本学为主的中日民族文化比较研究界同人创编《中日民族文化比较研究论丛》（以下简称《论丛》），可说就是应全球化的时代要求和中日文化关系发展的需要，基于“学术乃国之利器”之精神，为担当和履行“为往圣继绝学、为万世开太平”的学术使命而启动的。特别是该《论丛》发挥中国民族院校具有多民族文化教学和研究的特长，将“中日文化比较”和“中日民族比较”这两个原属“文化学”和“民族学”的分支统合在一起而作为其研究的范畴和视角，可称是当前中国日本学界和中日比较文化研究界的一个新的创举和杰作。我作为一名学习和研究日本语言文化、日本思想文化和中日比较文化四十余年的学者，由衷地为此感到高兴并深受鼓舞。欣喜之际，奉命就中日比较文化研究的问题谈谈自己一些肤浅的认识和思考，以为本《论丛》的创编及其事业的兴盛和发展“给力呐喊”、壮势助威。

二

我们知道，自 19 世纪人们开始从近代科学意义上研究文化，比较文化学就应世界各国之间的统一发展和联系的需要而兴起，成为文化学的一个分支。比较文化研究于 20 世纪初在中国和日本形成高潮，二战后以美国文化人类学家露丝·本尼迪克特（Ruth Benedict）对日本文化的研究为标志，又一次出现了高潮，到 70 年代进而发展为世界性的学术思潮。回顾中国 20 世纪以来的中外比较文化研究史可以看到，20 世纪初在中国出现的比较文化研究高潮，是伴随着“提倡民主，反对独裁专制；提倡科学，反对迷信盲从；提倡新道德，反对旧道德；提倡新文学，反对旧文学”的新文化运动而展开的，因而此阶段的比较文化研究多以中西文化的比较为对象，以批判中国的传统文化和提倡西方的民主（德先生）和科学（赛先生）为主要导向。当然，这期间亦有特别崇尚中国文化而力斥西方文化之非的言论，如学贯中西的大学者辜鸿铭称：“英国人博大而不精深，德国人精深而不博大，唯有中国既博大而又精深。”但辜氏认为继承了真正的中国文明之精华的是日本人而非中国人，甚至断言：“应该说日本人是真正的中国人，是唐代的中国人。”① 这种观点正确与否暂且不论，但其将日本文化归为中国文明，或可视为日本文化为何未能成为当时中外比较文化研究对象的原因之一。

---

① 辜鸿铭．辜鸿铭文集——中国文明的复兴与日本［M］．长沙：岳麓书社，1985.

在以本尼迪克特的《菊与刀——日本文化模式》为代表而出现的第二次比较文化研究高潮中，日本文化也由此成为世界比较文化研究中的醒目对象之一。但在中国的中外比较文化研究视阈中，日本文化仍未占据重要位置。例如文化研究大师朱谦之，虽著有《扶桑国考证》《日本哲学史》《日本的朱子学》《日本古学及阳明学》《新编朱舜水集》等大量有关日本思想文化的著作，但是在其为撰述《比较文化学》做准备的《比较文化论集》（1949）中，却没有编入一篇以日本文化为比较对象的论文。因为在朱谦之的视阈中，世界文化的体系，“仍然只有中（哲学型）、印（宗教型）、欧（科学型）三个文化单位”①，日本文化既不属于宗教型，也不属于哲学型或科学型，故而未被纳入其比较文化研究的类型对象。

在20世纪70年代比较文化学发展为世界性的学术思潮后，日本文化才终于成为中外比较文化研究的重点对象，但日本民族文化成为中国比较文化学界的重点对象是由于在如下的要素使然的：第一，日本作为“二战”战败国而快速创造的经济奇迹以及学界“日本文化论”的高涨，使其民族文化地位陡然上升；第二，中日邦交的正常化使中日间的文化和学术交流空前高涨；第三，中国改革开放和致力于现代化的方针，使学界出现了旨在“借他山之石攻玉”的“日本研究热”。在这种背景下，80年代中日比较文化研究形成热潮，相继涌现出了大量富有真知灼见的著作和论文。仅就具有代表性的学术著作和论集而言，主要关注了如下问题的比较和研究：（1）中日文化交流史和中日思想文化关系问题，如梁容若著《中日文化交流史论》（1985）、王晓秋著《近代中日文化交流史》（1992）、王家骅著《儒家思想与日本文化》（1990）、严绍璗等编《中日文化交流史大系3·思想卷》（1996）、刘金才主编《报德思想与中国文化》（2003）等；（2）中日传统文化以及对西学的态度与两国近代化进程的关系，如王晓秋著《中日近代启示录》（1987）、崔世广著《近代启蒙思想与近代化——中日启蒙思想比较》（1989）、王家骅著《儒家文化与日本的近代化》（1995）、赵德宇著《西学东渐与中日两国的对应——中日西学比较研究》（2001）等；（3）中日民族性和国民性特征之异同，如李甦平著《圣人与武士》（1992）、尚会鹏著《中国人与日本人——社会集团、行为方式和文化心理的比较研究》（1998）等；（4）关于中日文化的结构性定位问题，如盛邦和著《内核与外缘：中日文化论》（2010）等。此外，诸如北京大学日本文化研究所编《中日比较文化论集》（1990）等各种中日学术

① 朱谦之．比较文化论集·序［J］．世界宗教文化，2001（3）：59~60.

研讨会论集，涉及问题更加广泛。例如中日道德观和伦理价值取向的异同、中日宗教及宗教信仰的异同、中日家族结构和家意识的异同；中日思维模式与价值观模式的异同、中日审美意识的异同、中日技艺观的异同、中日群体精神和“面子体系”的异同、中日的人际关系及交际方式的异同、中日政治文化的异同、中日风俗习惯的异同、中日商企文化的异同等，都成为中日比较文化研究的课题，并取得了丰硕的成果，为今后中日比较文化研究的深化奠定了坚实的基础。

三

然而，随着全球化浪潮下文化的“趋同化”与“文明冲突”加剧两种截然相反的倾向在中日之间日趋严重，使我们不得重新思考和理清中日文化关系及彼此间的定位，不得不更加关注两国人对彼此的历史关系认知的差异问题，不得不深入探讨和研究消弭彼此间的文化冲突和寻求文化认同的途径。

关于中日文化关系，迄今我们常使用“同属汉字文化圈”“同文同种”“文化交流历史源远流长、水乳交融”等溢美之词来形容。但在给中日文化关系纵向定位时，往往采用所谓“正”“反”“合”的“三阶段说”①，即把中日古代文化关系称为“华夏文明恩泽东瀛、日本以中国为师”的阶段；将近代文化关系视为“日本近代文明反哺中国，中国以日本为师”的阶段；将现代文化关系称为“中日相互学习、共同发展”的阶段。这种宏观地从中日文化互动的主流趋向纵向定位中日文化关系的言说，虽然说是比较客观的，但其“恩泽”“反哺”及“正”“反”等说法却隐含着“华夷观念”倾向。在从横向为中日文化关系定位时，我国学者则往往喜欢依据“东亚儒教文化圈论”，将中日文化定位为“内核”与“外缘”之关系②，或者根据日本文化的生成源自中国文明的根植，将中日文化定位为“亲子关系”。这种定位从一定意义上讲应该说不无道理。与此相对，日本汉学家内藤湖南对日中文化关系则这样定义：“一般认为日本文化犹如树木的种子，是从开始就存在的，它靠中国文化的养分而培育了起来。而我则认为日中文化关系就如同做豆腐，日本文化如同豆浆，本身就具有成为

① 季羡林．中日比较文化论集·序［M］．长春：吉林教育出版社，1990.
② 盛邦和．内核与外缘：中日文化论［M］．上海：华东师范大学出版社，2010.

豆腐的素质，而中国文化则是使之凝固成豆腐的卤水。”①无论是一般论中的“树木之种与养分之关系”，还是内藤湖南所认为的“豆浆与卤水之关系”，无疑都是基于“日本文化之根是自己而非中国”的立场而言的，表现了日本人自我文化本位的意识。究竟如何定位中日文化关系？我认为亨廷顿的观点比较中肯，即认为日本文明“是中国文明的后代”，但“中国文明”和“日本文明”属于性质不同的两种文明。②我之所以同意这种观点，是因为从文明类型上讲，古代中国属于原生型的典型大陆农耕文明，而日本文明虽是受中国文明的哺育而形成的，但基本属于外源型的岛国稻作文明，这种原生型的典型大陆农耕文明与外源型的岛国稻作文明的差异，以及双方长期的“自然隔离”“语言隔离”“社会隔离”“心理隔离”等“文化阻隔”，使中日这两个东亚的民族国家形成了不同的历史、不同的语言、不同的宗教信仰、不同的文化传统、不同的价值取向以及不同的思维方式和情感取向。在日本容受中国文化的过程中，之所以引进了律令制度而又将其“格式化”③，学习中国的封建制而不采用郡县制（明治维新前），引进了“大学寮”而不取“科举制”，仿学唐朝宫廷文化而不用“宦官制”，吸纳儒家思想而拒斥孟子的“易姓革命”说，崇尚古代中国礼俗而不学“缠足”，奉朱子学为官学（德川时代）而不学“八股文”，推崇儒家伦理却排斥“仁”而提倡“忠德至上”等，说明日本文化虽然是在容受中国文化的基础上而生成的，与中国文化有着千丝万缕乃至血脉联系，但在根本的文化机制上是不同质的。因而我们在中日比较文化研究中，不仅要重视对中日基于“文化交流”和“文化选择”而形成的文化关联性和同质性进行研究，而且要重视对中日基于“文化发生”和“文化隔离”而形成的文化类型的异质性和文化内涵的差异性进行研究。因为我们通常讲的“求同存异”原则可以用于中日交往，但在学术研究上应该坚持“同就是同”“异就是异”的实事求是原则。

---

① 内藤湖南．日本文化是什么？［M］//内藤湖南全集：第九卷，东京：筑摩书房，1969：3-4.

② 亨廷顿认为不能把“中国文明”和“日本文明”拼在一起，“而是承认日本文明是一个独特的文明，它是中国文明的后代”。参见塞缪尔·亨廷顿．文明的冲突与世界秩序的重建[M]．北京新华出版社，2010：28.

③ “格”本是律令的部分修正和补充的法规，而“式”则是律令实施的细则。但自桓武天皇797年颁诏“视时施政，量事立规”，实行以设置令外官和制定新的“格”和“式”为代表的格式政治，使从唐朝引进的律令制名存实亡，成为日本庄园制形成的重要原因。

四

进行中日民族文化比较研究，除了上述的文化关系之外，还需要关注中日两个民族之间的历史关系问题。纵观迄今的中日关系史，事实上并非像某些诗人所描述的“黄河之水通江户，珠穆朗玛连富士”，也并非如外交辞令所说的“两千年友好，五十年不幸”，而是一种“先师后徒”“先徒后师”“亦师亦徒”“师生强弱胜败角色反复易位”“恩怨情仇交织”的复杂关系。这种“师生强弱胜败角色反复易位”和“恩怨情仇交织”的关系史，对于中日跨文化认知和相互理解必然造成如海德格尔（Martin Heidegger）所说的理解主体之间作为理解前提之一的“先有”[①]——历史和文化传统之隔膜，因为中日基于各自的民族文化传统和立场对这种关系史的认知取向、情感取向和价值判断取向存在相当大的差异。

例如双方在对中日关系史实记忆、认知和体认方面：中国人记忆、体认的重点，多在于：（1）中国文明从衣食住到文物制度和思想文化给予日本的重大恩泽；（2）日本对中国长达50年的侵略战争和半殖民欺凌以及由此造成的割地赔款伤痛和被践踏的耻辱。日本人记忆、体认的重点，则多在于：（1）日本近代从语言文化到近代革命思想和经验对中国的输出和贡献（实际是伴随着殖民侵略）；（2）日本在两国邦交正常化后对中国现代化建设提供的所谓“变相赔偿式”贷助及诸多工业化经验和技术援助等。

再如在对中日古代关系的认知方面：在许多中国人的意识中，不仅认为中国当然是日本的老师，日本近代以前的文化都是从中国摄取的，而且基于“南蛮、北狄、西戎、东夷”的华夷观念和日本曾向中国古代王朝朝贡请封的历史，认为自己是“华”而日本是“夷”，中日古代是宗主国和朝贡国的关系；而在众多日本人的意识中，虽然承认在“华夷变态”[②]以

---

① “先有”：海德格尔在其《存在与时间》中提出的“前理解”的概念之一，意指每个人所属的特定历史与文化传统。

② 1672年林鹅峯的《华夷变态》已经开始强调，“应当把‘本朝’（日本）当作‘中国’，这是‘天地自然之势，神神相生，圣皇连绵’”，“使日本形成（自己）真正中华文化对蛮夷清国的观念”。

前是“以中国为师”的，但认为日本传统文化是以“绳魂弥才”[①]“和魂汉才”“国风化”“和魂洋才”等日本独特的方式创造而来的。

还例如在“历史认识”问题上：诸如“南京大屠杀”“抚顺万人坑”“七三一活人细菌实验惨案”及日军在中国的烧杀抢掠奸辱等暴行，对于持有“前事不忘，后事之师”历史价值观的中国人而言，是很难从记忆中抹掉的。尽管毛泽东战后曾说“过去的战争应由垄断资本、军国主义政府负责，而不应由日本人民负责”[②]，但在广大中国民众心中，无论如何也难以将日本政府和右翼与日本民众相分割，更难以将其“近代发展史与其侵略历史相分离”。与此相对，日本战后虽然也出现了批判日本军国主义文化和反省侵略战争的思潮，但作为加害者从心灵深处进行反省者并不占主流，因为日本“近代文明进程与对海外殖民掠夺同步，近代国家发展与对外侵略罪恶相伴”的近代发展史，使欠缺“对历史的敬畏心”、缺乏恒定性原则和无视“善恶区别”他律性的日本人，很难走出其“历史认识”的误区。因而中日历史关系以及双方对于彼此关系史认知的差异问题也应纳入我们的研究范畴。

五

谋求和建构中日民族间的文化认同，应该是我们进行中日民族文化比较研究最主要的鹄的之一。然而我们知道，文化认同（cultural identity）作为文化学中一种常见的文化现象，其含义是指不同文化在交流中对不同文化的承认、认可、接受，它既包括在跨文化交流中基于平等立场的价值理解，也包括个人对自身所处文化的认同。但无论是对异文化的认同还是对自身所处文化的认同，都需要在认知、理解和信任的基础上方能实现。尤其是不同民族国家之间的文化认同，往往还需要如葛兆光教授所说的“过去”“现在”“未来”三个向度的要素。[③] 第一，承认彼此过去曾经有一个共同的或紧密相连的历史渊源和文化传统；第二，承认我们现在与“其他人”（如欧美人、非洲人）是具有文化差异的一群人；第三，相信我们将

---

① “绳魂弥才”这一言说是梅原猛作为日本文化重层性的特点提出的，意为“绳纹的精魂、弥生的技能”。主要强调弥生农耕文明虽是大陆移民传入，但其只是“技能”或“才觉”，日本文化的精魂完全在于本土原初的绳纹文化。

② 毛泽东．毛泽东文集：第八卷．北京：人民出版社，1999：241—247.

③ 葛兆光．何为东亚？什么是文化？如何才认同？［M］//李卓．全球化过程中东亚文化的价值．天津：天津人民出版社，2013.

来都要走一个共同的道路，并在这条道路上会同舟共济。

关于第一种要素，从前述的中日间的文化传统关系看毫无疑问是存在的，加之两国人均承认“属于同一汉字文化圈”，所以这第一种要素的基础可以说是具备的。但第二和第三种要素就很难说具备了。由于日本近代化进程中的“脱亚入欧”和文化上的西方化等问题，所以第二种要素所要求的“我们现在与‘其他人’是不同的一群人”之意识是很薄弱的。可以预料，这两类要素必然会对文化认同所要求的第三种要素——“相信我们将来都要走一个共同的道路”产生重要影响。但真正的相互信任，却需要文化认同，因而消弭和缓解中日之间的“文化冲突”是建构“中日互信”和文化认同的关键。

然而要消弭或缓解中日之间的“文化冲突”，需要在认知对方时，按照“文化多元共生”理念所要求的“以异质性的他者文化的存在为前提”，尊重彼此文化的差异。中日之所以在经历了21世纪伊始长达七年的“冰河期”后将“尊重彼此文化差异”作为“中日战略互惠关系”的基础和保障写进了《联合声明》[①]，就是因为双方已认识到“尊重和认知彼此文化的差异”，对于缓解中日“文化冲突”和建构文化认同的重要作用。这种做法，对于培育中日文化认同所需的第三种要素，无疑是重要的一环。

当然，在中日这样“师生强弱胜败角色反复易位”和“恩怨情仇交织”之关系的两者之间，要建构文化认同并非易事。因为已有不少学者指出，中日之间在17世纪中叶以降，“过去的文化认同和相互尊重已经成为历史”，就如同《华夷变态》所表明的那样，中国在日本人眼中已经成为“夷狄”，“文化价值已经逆转”。[②] 这虽然是基于历史事实而言的，但是无论是中国的“华夷观念”还是日本的“华夷变态说”，实际上都是基于“自文化中心主义”的产物，在全球化语境和多元文化时代的主体意识下要谋求中日间的文化认同，首先需要摈弃“华夷观念”和“华夷变态说”的思维定式，确立“多元文化共存”全球化之理念，在相互认知和理解中倡导坚持“主体间性”原则。尤其作为中日比较文化和中日关系的研究者，更需要坚持跨文化认知和理解的“主体间性”原则（不是主体对客体的理解，而是主体之间的理解），不将异文化视为“客体”，而是将其视为与自己平等的主体，不追求主体与客体的同一性，而是以承认差异性为前

---

① 参见2009年10月10日《中日韩合作十周年联合声明》。

② 葛兆光．从“朝天”到“燕行”：17世纪中叶后东亚文化共同体的解体［C］//中华文史论丛，2006（1）．

提。只有这样，才能避免出现斯宾诺莎所说的“偏见比无知离开真理更远”之类的误读，尽可能能做到客观、理性地识解和认知彼此的文化传统，逐步走向文化认同。在《第七次中日关系舆论调查》结果中，中日的知识分子对对方民族国家的好感度分别为 43.1%和 40.6%，远远高于两国一般民众的 28.6%和 20.8%。如果说中日双方的相互好感度，在一定程度上反映了两个民族之间相互文化认同程度的话，那么两国知识分子与一般民众之间的这种相互好感度的悬殊差异，也正好验证了能否客观、理性地认知和识解彼此文化对于增进两国人跨文化理解和文化认同建构的重要意义。不言而喻，这也是我们从事中日民族文化比较研究者的重要使命之一。

“桐花万里丹山路，雏凤清于老凤声。”我们期待着《论丛》不断结出比较文化研究的硕果，并愿《论丛》同人“脱心志于俗谛之桎梏”，聚精于客观求真理，“不畏浮云遮望眼”，勇攀学术最高峰，为中日民族文化比较研究做出无愧于时代的应有贡献。

2012 年重阳节

引　　论

蔡凤林

一

日本列岛，孤悬太平洋西北部，环以汪洋，水天浩渺，波涌际天，在远古社会，是一个舟楫难抵、人迹罕至的遐方殊域。然而就是在这看似“旷然邈然不与邻接”的孤岛上，八九世纪时，人文荟萃、文教繁盛，出现了在古代东亚地区屈指可数的律令制国家，并在千余年的历史进程中创造出了内容丰富、独具特色的日本文明。这是一个令人深思的社会、文化现象。探究起来，其根本原因有二：一是日本列岛虽受阻重洋，远古时代人们很难履险蹈危、逾越惊涛骇浪移居那里，但是在其漫长的社会历史发展、演化过程中，这里始终与具有高度文明的中国保持着密切的文化和政治联系。古代日本列岛居民沐浴中国文明之光，受惠于中国各种文化之哺育，丰富、发展了自己的文化内容，提升了自己的文明层次——中国文明的滋育，为古代日本文明诞生提供了客观条件。二是古代日本列岛居民从中国文明中吮吸各种文化养分，推进了社会文明进程，同时这是他们根据自己的社会需求及审美情趣对其进行抉择，并使之与固有文化内容融合发展的结果——古代日本列岛居民本身具备的基于本民族文化特质的文化甄别能力和文化改造能力，对他们摄取中国文化、创造日本文明所发挥的积极作用，应予肯定。因此，可以这样认为，古代日本文明的形成，实际上是中国文化与日本文化融合的产物；日本古代统一文化的形成，从总体上说也是中国文明要素与日本文化交融的结晶。

周作人曾说：“中日同是黄色人种，日本文化古来又取资中土，然而其结果乃或同或异，唐时不取太监，宋时不取缠足，明时不取八股，清时不取鸦片，又何以嗜好迥异耶。我这样说似更有阴沉的宿命观，但我固深钦日本之善于别择。”[①] 日本人这一文化抉择、吸收能力和传统的形成，应从其文化结构的形成过程中去探寻成因。善于以“他山之石”攻“玉”，说明日本文化具有博采众长、兼容并蓄的开放性特点和对外来文化进行“移花接木”的嫁接能力。而造就这一优长的主因恐怕在于日本文化的“层累叠加”的形成过程，即从本质上讲，日本列岛起初是一个移民列岛，古代日本列岛文化的雏形或基础，是一个移民文化的重叠物、聚合体。历史上，各种外来文化要素多时期、多次数、多方向、多渠道传入日本列岛，为古代日本文化的形成提供了丰富的营养和素材。同时，这也致使日本文化机体很早就养成了应对外来文化的适应性及善取外来文化优秀因子为己有的文化吸收能力。古代日本人之所以能够从中国文明中广泛汲取养分而为己用，亦与其文化的这种开放性、兼容性特征有着密切联系。

中国文明首先是为日本古代国家的形成起到了“架构”作用（据最近日本学界的研究，3 世纪中叶稍后以大和盆地为中心形成日本列岛最初的广域政治联合体——邪马台国，其直接动因在于畿内、濑户内海等势力联合起来与玄界滩沿岸势力争夺以中国铜镜为象征的先进文物的流入渠道。[②] 至于中国的佛教、儒学及典章制度为古代日本人的思想意识的统一和日本律令制国家的建设，发挥过重要作用）；而且这一作用或古代中日两国间的这种文化格局的形成，具有其历史必然性。

在古代社会，一种文化类型或格局的形成，更多地受自然地理环境的支配和安排，诚如列宁所说，“地理环境的特性决定着生产力的发展，而生产力的发展又决定着经济关系的以及随在经济关系后面的所有其他社会关系的发展”。[③] 地理环境通过物质生产及其技术系统等中介，深刻而久远地影响人类历史及其文明的进程。

黑格尔曾说过：“历史的真正舞台所以便是温带，当然是北温带，因为地球在那儿形成了一个大陆，正如希腊人所说，有着一个广阔的胸膛。”作为中华文化最重要发祥地之一的黄河流域，即处于自成一恢宏地理单元的东亚大陆的这种“胸膛”地带；由于气候适中，黄河冲击而成的平原，为农作物的成长提供了充分的水分和沃野膏壤，使这里受惠于“自然之富，物产之丰”，很早就孕育、发展了农耕文明。世界文化犹如星光灿烂，

---

① 周作人．日本的衣食住［M］//鲁迅，郭沫若，巴金，等．我的日本印象．上海：复旦大学出版社，2005：21.

② 白石太一郎．日本の時代史 1 倭国誕生［M］．東京：吉川弘文館，2002：91-92.

③ 列宁全集：第 38 卷［M］．北京：人民出版社，1985：459.

璀璨夺目，辽阔无际涯，凝目细查，深邃不可测。但在西方工业文明以前，因悠久的历史传统和深厚的文化沉淀，只有农业文化积淤了高度文明产生的肥沃土壤。恩格斯在《家庭、私有制和国家的起源》一书中指出："农业是古代世界的决定性部门。"原始农业的出现，是古代人类本能地利用、改造自然条件的一个巨大成功，同时也与古代文明源头的产生息息相关。中国中原地区农耕经济一经产生，便以其特有的稳定性、积淀性、延续性，迅速向前发展，距今5000年前，在黄河中游出现了一个由若干人类集团及其文化汇聚、融合而成的核心，这个核心就是中原华夏民族及其文化华夏文化。这一核心形成后，在"以农立国""以农为本"思想的指导下，在中华大地的腹心地带，继续开辟草莱，披荆斩棘，耕之耘之，继续吸收周边众多的民族，在秦汉之际终于发展成汉民族；与此同时，其文化也与周边各种文化接触、激荡、融汇，创造出了博大精深、蕴蓄无穷的黄河文明。

黄河文明、印度河（恒河）文明、两河文明和尼罗河文明是世界上历史悠久，地域广阔，影响深远，自成体系的四大文明体系。但是在这些文明中，黄河文明不绝如缕、海纳百川般地延续发展下来。黄河文明所派生的"丝文化、衣冠文化、陶瓷文化、漆文化、纸文化、茶文化、酒文化、竹文化、宫廷文化、航海文化、园林文化、烹饪文化、玉雕文化等，或造型凝重，或流光溢彩，或五彩斑斓，或韵味醇厚，或气势磅礴，或玲珑剔透……可谓无所不赅、无业不精、无物不奇、美轮美奂、夐绝寰宇"，闪耀着勤劳奋斗的中原人民的无穷智慧。中国封建社会的经济主要是农业和手工业，因此与这些生产部门有关的科学知识，如天文、地学、物理、化学、生物学、药物学、印刷术、冶金铸造学、机械学、建筑学等，都在古代达到当时世界最高的水平，有过惊人的辉煌的历史，推动着中国古代璀璨文化前进，远远超过了欧洲中世纪的科学成就。英国著名科学史家李约瑟在他的《中国科学技术史》的序言中说："中国的这些发明和发现远远超过同时代的欧洲，特别是15世纪之前更是如此（关于这一点可以毫不费力地加以证明）。"

在亚洲大陆东端、太平洋西岸，有一呈狭长弧状的列岛。最后冰期结束，全球气候变暖，海平面上升，形成了这一列岛，古代中国人称这里的居民为"倭人"。大概在7世纪末至8世纪初，生息在这一列岛上的居民或"以其国在日边"，或"恶倭名"，而称自己的国家为"日本国"，所以近代以后人们习惯称这一列岛为日本列岛。

与中国地域广袤、腹里纵深的地理特征相比，日本列岛虽地形狭长，但回旋余地小，且山地、丘陵约占其总面积的80%左右。石田一良对日本列岛的地形、地貌特征做了如下描述：

> “日本人居住在被大海包围的到处都是山地的小岛上。看这个小岛的里面时，有受山脉、河流环绕的小平原。越过山岭就能看到群山环抱的小盆地，那里清流淙淙。在海岸，有很多上有山脉的半岛突进海中，沿着两个岬角之间形成的海湾深处，有小块平地。沿海的稍微开阔的平地，由激流划分成数块。”①

古代日本人居住在这种被山脉、河流、海洋包围的、各有“国魂”（地域神灵）把守的小平原、小盆地。在这样的自然环境和地理条件下，在以农业为主要经济类型的古代社会，日本列岛很难形成强大的统一封建王朝和席卷人类的“原生型”大思想大文化，其文明发展进程自然受很大影响。据最近的考古发掘成果，距今三万年至两万年前，虽有相当数量的人类从亚洲大陆北部地区来到日本列岛，留下了众多的后期旧石器遗迹，但学界认定目前日本列岛旧石器时代遗址没有超过三万年前的。② 日本的新石器时代虽从13000—12000年前开始，但其主要生产形式是狩猎、采集，与以发达的农业生产为主要内容的中国仰韶文化等新石器文化相比，文明进程明显滞后。③ 日本学界最近对青森市三内丸山绳文人聚落遗迹调查后一时兴起了所谓的“绳文文明”或“绳文都市”论，但因层次达不到“文明”的要求而被否定。④

进入历史时代后，中日文化间的发展落差依旧如故，池田温的如下阐述也能帮助我们了解其实情：

> “中国和古代日本的发展阶段差距显著。秦统一帝国诞生是在公元前3世纪末，因此，日本的国土统一即使从雄略朝算起，

---

① 石田一良．日本文化史［M］．東京：東海大学出版会，1989：3.

② 白石太一郎．日本の時代史1倭国誕生［M］．東京：吉川弘文館，2002：13-16.

③ 迄今为止，在中国已发现旧石器遗址200余处。其中，属于百万年以前的旧石器地点已知的有4处。发现于山西省芮城县西侯度的西侯度文化，距今180万年前，是东亚与北亚地区已知年代最早的旧石器文化。云南元谋人文化，距今170万年。另外两处在河北省北部阳原县小长梁和东谷坨。我国的新石器时代遗址，迄今在各省区已发现7000余处，黄河与长江两大河的中游与下游分布较密，尤其是黄河中游，仰韶文化遗址已发现1000余处。

④ 白石太一郎．日本の時代史1倭国誕生［M］．東京：吉川弘文館，2002：25-26.

> 也约有700年的差距。而且，秦汉帝国已经克服官僚的氏族世袭制，确立以推荐人才为基础的选举和官吏考课制；与此相对，八九世纪的日本的统治组织依然根深蒂固地留存着氏姓传统。在经济方面，当前汉已用五铢钱征收人头税，五铢钱流通全国时，与此相对，8世纪的日本的货币流通经济，不过是在首都开始使用货币而已。中国和日本的规模上的差距不必待言，在质的方面对比社会发展程度，在大陆，与8世纪日本相近的时代是春秋战国时期；而能与唐朝相比的，则是安土桃山以后的日本近世社会。德川封建时代也很难看出唐代科举和辟召（人才）所演示出来的阶层流动性。”①

传播是文化赖以广泛存在和发展的根本原因；人类历史的进步，与文化传播关系甚大。就古代中日文化发展进程不同而言，如同东亚地区多数民族在历史上均受黄河文明薰育一样，日本列岛受中国文明润泽是必然的，若决江河而水之就下，“沛然谁能御之”。对历史上东亚众多民族受惠于中国文明滋润的情况进行比较、分析时，我们会发现它们存在两种形式，一是“投入型”；另一是“摄取型”。前一种形式主要指中国北方民族（如契丹、女真、蒙古、满洲等民族），“慕中国之风”，文明的感召，促使他们主动入主中原，结果是融入中原文明的汪洋大海中，给中华民族的形成提供了许多新鲜血液；后一种形式主要指日本、朝鲜和越南。它们建立了自己的民族国家，它们大有与中国“相逢贺兰山前，聊以博戏”——与中国比肩而立甚或一比高下之野心。为此，积极主动地学习中国典章制度，输入中国的儒学、佛教等思想文化，自诩“论文有孔、孟道德文章，论武有孙、吴韬略之兵法”，日本是其典型代表。自江户幕府末期以来，日本社会兴起了“去汉字化”思潮，有人主张用假名记写日语中的“漢語”（汉语词）或将日文罗马字化。② 限用汉字的想法在日本社会持续至今。形、音、义结合而成的汉字不是拼音文字，每个字都有一定的意义。用假名或罗马字记录日语，因日语词汇体系中存在为数众多的同音异义的汉语词，书写者无法准确表达胸臆（只有他心里知道自己想要表达怎样的

---

① 池田温．唐と日本［M］．東京：吉川弘文館，1992：8.

② 如1866年（庆应二年），前岛密向末代将军德川庆喜提交了《汉字废止之议》，主张用假名记录日语中的汉语词汇。明治维新后，南部义等、西周、森有礼、矢田部良吉等人主张日文罗马字化。

意思，况且不学汉字就掌握日语汉语词的情况是不可能存在的），不具一定的汉字字义理解能力的阅读者也无法捕捉到文义，这是首先遇到的难以解决的现实问题。同时，如果弃用汉字这一奇想得以实现，则有很多日语汉语词汇退出现实生活，这样一来，现代日语词汇体系遭到严重破坏，日本人可能无法进行包括会话和书写在内的正常的语言生活了。与汉字“绝缘”，日本文化同样遭殃。比如，日本古代典籍多为由汉字撰写而成，无人能识读汉字，则《日本书纪》无人能读其原文，《怀风藻》《凌云集》《文华秀丽集》等代表古代日本人文化格调和重要文学成就的汉诗集也无人能赏析，这意味着日本传统文化的血脉被无情隔断，这对日本民族而言，同样不是什么好事。

平安时代初期，最澄和空海渡华留学，带回日本许多中国文化典籍，但据说就是大名鼎鼎的最澄也不解汉语，但他之所以能够留学中国，成为日本文化的一代巨擘，恐怕得惠于他具备能识读会书写汉字这一中国文化功力。一直到近代，很多日本人“不通华言”或“不谙夏音”，和中国人交往，很多时候还是靠“笔谈”，因此没有汉字为中日两国文人墨客“以文会友”、跨文化跨国界的交往发挥桥梁作用，历史上中日文化交流能否达到那种繁盛的程度，值得怀疑。

总之，没有汉字传入日本，日本古代社会恐怕是“凤鸟不至，河不出图”，文明发展上也就“吾已矣夫”；历史上汉字传入日本，对日本民族理性思维能力的提高，对日本文化内容的丰富和品位的提升，乃至对日语和日本民族的形成，发挥过巨大作用；汉字对日本文明的哺育、催化、锻造功不可没。因此，在众多的中国文化要素中，仅凭汉字的贡献，中国被称为日本文化的原乡，是当之无愧的。①

如果把历史上的东亚大陆比作一个大庭院，那么在位居院子中央的中国兴起某种政治军事风暴而“惊涛拍岸，卷起千堆雪”时，一些文化“雪片”总是要被吹到日本这个庭院“墙角”；或在中国掀起某种新的文化浪潮时，其涟漪也通过不同渠道总是要波及日本。日积月累，在数千年的历史进程中，向日本吹去了一层厚厚的中国文化“沙金”，除了日本人披沙拣金，从中提炼出自己所需的“纯金”之外，也使社会环境较为平静的日

① 近代以来，日本人创制了很多自然科学和社会科学术语并传给中国，对中国的近代化发挥了推进作用；但不能忘掉的是，这些术语既不是用假名也不是用罗马字创制的，而依然是用汉字创制的，如果不是考虑每个汉字的字义，并作为思维、记写工具，近代日本人也不可能创制出现代科学术语的，其背后起作用的依然是汉字。

本成为保存中国古代文化要素的“府库”。以至于在古代出现了传到日本的中国典籍由日本人送回中国的文化倒流现象。[①] 严绍璗先生焚膏继晷，历时十四载编写而成的皇皇巨著《日藏汉籍善本书目》[②]，对中土失传但在日本现存的中国珍本古籍进行了一次大搜集、大汇总，任继愈先生称赞其成就超过前人，“博得日本汉学家们的钦重”，“达到了文献整理的新天地”。[③] 通过此鸿篇巨制，也能证实古代日本对保存中国文化典籍做出了重大贡献，其背后隐然存在千余年中日文化交流的历史面影。古代中日文化交流不是中国文化单方面影响了日本，日本也曾向中国输送过本国文化产品，促进了中日文化交流，同时日本列岛客观上对保存中国文化要素发挥了积极作用，这些都应给予肯定。[④]

在古代，因中国文明的强势存在，使得中国文化内容大量东流，向日本社会机体注入了很多中国文化元素，润饰了日本社会，致使许多中国人身居日本时大有回到古代中国之感，周作人讲的如下一段话，很能代表近代中国人对日本的这种感受，他说：“我们在日本的感觉，一半是异域，一半是古昔，而这古昔乃是健全地活在异域的”；“日本生活中多保存中国古俗，中国人好自大者反讪笑之，可谓不察之甚”。[⑤] 中日两国虽地理上“山川异域”，但文化上在很多方面“风月同天”。

近几十年来，有关日本文化的起源，在日本学界兴起了所谓的“文明之海洋史观”。[⑥] 有些研究者参照某些欧美新理论强调日本历史发展与英国的共同性；有些研究者还试图在南太平洋地区或东南亚地区寻找日本文化

---

① 《宋史・日本国传》记载：“雍熙元年（984），日本国僧奝然与其徒五六人浮海而至……其国多有中国典籍，奝然之来，复得《孝经》一卷，越王《孝经新义》第十五一卷，皆金缕红罗褾，水晶为轴。”

② 严绍璗．日藏汉籍善本书录［M］．北京：中华书局，2007.

③ 严绍璗．日藏汉籍善本书录・序一［M］．北京：中华书局，2007：1.

④ 近代以来，日本吸收、接纳西方文化，在近代化道路上，在亚洲各国中开风气之先。首先，建立了近代国家，为中国提供了学习榜样，为中国人学习欧美提供了捷径；其次，近代日本友人大力支持中国仁人志士推翻清朝的统治，这些都值得称赞。

⑤ 周作人．日本的衣食住［M］//鲁迅，郭沫若，巴金，等．我的日本印象．上海：复旦大学出版社，2005：14.

⑥ 川勝平太．文明の海洋史観［M］．東京：中央公論社，1997. 川勝平太．日本文明と近代西洋［M］．東京：NHKBooks，1991.

的原乡①；有些研究者甚至主张日本稻作文化来自印度。② 对日本学界将日本文化的起源“脱中国化”的学术动态，中国学界应予高度关注。

历史上，中国文化对日本文化的影响可以说是源远流长、方方面面的，这不仅表现在中原文化对日本古代文化的形成、发展产生过巨大影响，还反映在历史上以民族地区文化为主要内容的中国区域文化对日本文化的形成产生过深刻影响。近30年来，承学者们孜孜以求之力，我国的日本语言文化以及中日文化交流史研究取得了长足进步。在肯定成绩的同时，还应看到我国学界对上述区域文化对日本文化的影响研究不够，相关著述寥若晨星，遑论形成学术阵营。能够认为，在汉字文化较大规模地传入日本列岛的6世纪以前，中国区域文化承担了中日文化交流的重要角色。③ 另外，在中日文化交流史研究领域，学界对中国少数民族所建王朝或政权对日本文化产生的影响也缺少研究。强调上述课题的学术意义，不仅有利于深入了解古代日本文化形成、发展的进程，而且能够促进对中日文化联系的全面把握。我自己目前有志于深入研究这些课题，虽早已“草过天赦”、更届“知天命”之齿，然伏枥志远，大有“登车揽辔，有澄清天下之志”。我们编辑出版《中日民族文化比较研究论丛》，希望给我国学界同仁深入系统研究上述学术领域发挥起航作用。

二

历史上，日本很多时候对中国采取抗衡态度。纵观中国正史“日本传”，自《隋书·倭国传》至《明史·日本传》，我们能读取到古代日本人的这种对华态度。古代日本人似乎始终没有忘掉自己的“やまとこころ”（大和心），从中国文化中吸吮文化营养，头脑愈健全，对本民族的这种文化自觉和认同就越增强，到近世后知识分子中形成了“国学派”，开始强调极端的日本主义。石田一良分析日本文化的发展历程时，提出了“函数主义”和“易服论”，强调千余年以来的“水稻农耕生活固有的文化意志”没有发生变化，日本人的“心”没有发生变化，切中肯綮。在外

① 1976年成立的“黑潮文化会”（江上波夫、金关丈夫、国分直一、井上靖等人任顾问），出版了相关著述。黑潮文化会．新・海上の道——黒潮の古代史探訪［M］．東京：角川書店，1977. 岩田慶治．日本文化のふるさと［M］．東京：角川学芸出版，2009.

② 大野晋．日本語の起源［M］．東京：岩波書店：1994.

③ 蔡凤林．关于构筑中日民族文化比较研究领域的思考［M］//蔡凤林．中日民族文化比较研究论丛：第一辑．北京：中央民族大学出版社，2013.

来文化冲击面前，日本文化是一边吸收其有用成分，同时在“复古”或“民族化”中进步。

通过吉光片羽般的史料，我们会发现自公元前 1 世纪和汉朝建立政治关系后，古代日本就已被纳入以中国为主的东亚国际体系，而且非常关注中国，对中国的政治气候的变化颇为敏感[①]，同时也非常擅长分析、把握东亚政治局势，在纷繁复杂的东亚地缘政治中善于合纵连横，以保全、壮大自己。对待古代东亚国家，日本采取的基本原则是“恃华御敌”和“师华抗华”。4 世纪以后，高句丽南下朝鲜半岛给那里带来巨大的政治、社会动荡时，日本试图依靠中国南朝与高句丽争夺朝鲜半岛，并得到南朝册封，成为除了高句丽、百济以外的朝鲜半岛诸国的头目。同时，对中国又实施了“师华抗华”的策略。首先是学习，学到一定程度后就抗衡。当中国因诸多原因国势衰微时，日本人的这种抗衡就会蜕变成对中国国土的想入非非，16 世纪末以后尤为如此。《东照宫御遗训》是德川家康总结其一生从军从政的经验，作为“守天下之心法，传给其子孙和家臣的宝典”[②]，其中有一条很能说明此点：“不舍武道乃我朝本意，日本太平怠于武道时，异国窥伺日本，又异国太平怠于武道时，鞑靼、日本窥伺大明，秀吉侵明治军是也。”“汉和相争，败是日本国之耻辱，胜则是日本国之荣誉，大事莫过于取异国也。”[③]

黄河文明的早熟，对古代中国人产生了一些负面影响，加之地理环境和当时科学技术发展程度的限制，古代中国人只把黄河滋润的那片沃土视为唯一拥有高度文明的“化内之区”，视中国为“声明文物之邦”，而把周边及远方看作偏远荒僻、声教不及的“化外之地”。汉代杨雄（前 53—18 年）在界定“中国”这一概念时就指出：“或曰：孰为中国？曰：王政之所加，七赋之所养，中于天地者，为中国。”

受这种思想的影响，古代中国对周边民族或国家不予太多的关注，出于国防需要，除了给中原王朝带来军事威胁的部分民族或国家，正史给它们立传，介绍其一些政治制度、社会文化现象之外，谈不上对它们进行深入研究。古代中国对日本的态度亦是如此。纵观中国正史，自《三国志·魏书·倭人传》，至《清史稿·日本传》，这些“日本传”很多是对前史“日本传”内容的抄袭或文辞上的变通，对日本社会文化的记载程度并没

---

① 白石太一郎．日本の時代史 1 倭国誕生［M］．東京：吉川弘文館，2002：224-243.
② 小沢富夫．武家家訓・遺訓集成［M］．東京：ぺりかん社，1998：234.
③ 李卓．日本家训研究［M］．天津：天津人民出版社，2006：127.

有太大的进步。如果说记述上有所细化，那也只是对当代中日关系的记载较为重视，而此类记载只能算作“当代中日政治军事关系史”，称不上是日本社会文化史，从这些“日本传”看不出那个时代日本更多的社会文化面貌（毋宁认为《三国志·魏书·倭人传》对3世纪以前的日本社会的记述详于以后的正史“日本传”）。对日本的不关注、不研究，一直延续到近代，所以黄遵宪（1848—1905）慨叹：“以余观日本士夫，类能读中国之书，考中国之事。而中国士夫好谈古事，足以自封，于外事不屑措手，无论泰西，即日本与我仅隔一衣带水，击柝相闻，朝发可以夕至，亦视之若海外三神山，可望而不可即。”① 戴季陶也在20世纪20年代末表白：“‘中国’这个题目，日本人也不晓得放在解剖台上，解剖了几千百次，装在实验管里化验了几千百次。我们中国人却只是一味排斥反对，再不肯做研究功夫，几乎连日本字都不愿意看，日本话都不愿意听，日本人都不愿意见，这真叫作‘思想上闭关自守’‘智识上的义和团’了。”② 黄、戴二氏的上述评论盖不失教示之意于今，中国需要更全面地了解日本。

与中国人的上述对外态度不同，历史上，中国周边民族或国家除了在政治、经济上对中国寄予浓厚的关心之外，对中国学术、文化的学习研究也投入了极大的热情，《隋书·东夷传》对当时辽东民族有这样一段描写：“或衣服参冠冕之容，或饮食有俎豆之器，好尚经书。爱乐文史，游学于京都者，往来继路，或亡没不归，非先哲之遗风，其孰能致于斯也?”这些话语也适用于对古代日本人崇尚、学习中国文化情况的描述。由于有很多人潜心于中国学术的研究，因此历史上在日本逐渐形成了研究中国思想文化的“汉学”。这一学术传统到近代以后，日本学者开始利用西方学术研究理论和方法对中国的语言文字、宗教哲学、历史文化等进行详尽、深入的研究。与此同时，为配合日本政府的政策，主要出于对中国边疆地区的觊觎，有很多人将研究领域扩展到对中国少数民族语言文化、社会历史等的研究上。如20世纪上半叶出现的白鸟库吉等“东洋史”家们对中国北方民族的研究。如果将日本人自明治维新至今对中国少数民族的研究成果加以汇总，可谓汗牛充栋。在近一个半世纪的研究进程中，日本从各个方面对我国少数民族进行了大量研究，可是对这些研究成果，中国学界从来没有进行系统整理讨。厘清、研究日本学者对中国少数民族的研究成果，益处有三：首先，在外国人的观察中，形形色色、林林总总的中国，

① 黄遵宪．日本国志·序［M］．天津：天津人民出版社，2005.

② 戴季陶．日本论［M］．北京：九州出版社，2005：3.

必然是色彩各异、修短不齐的形象。外国人研究中国的学术，也因其政治观点或立场、文化传统、思维方式及心理倾向等因素的干扰，对同样的问题产生与中国人不同的看法、结论，从其视角、立场、方法、理论、目的及研究领域和成果，能窥视到研究者本人的中国观以及对中国历史文化的另一种解读方式。比如通过日本学者对中国少数民族的研究情况，能够发现他们对中国民族问题、民族格局、民族关系的评价和看法。梳理、研究日本学者关于中国学术的研究成果，实际上也是在了解他们是以怎样的"异域之眼"观察中国文化和中国政治，故其学术意义不可谓不重要。其次，自明治维新以来，有很多日本人来到中国民族地区进行学术调查（包括考古、文献、民俗调查等）。近年来我国学界对日本敦煌学及日本人对新疆地区的考古调查情况的研究较为重视，出现了一些上乘的研究成果[①]，但是对自19世纪末到1945年为止日本人对中国其他民族地区的考古研究和文献收集情况，尚未给予很大关注。比如，自19世纪末开始，像鸟居龙藏、江上波夫、三上次男等知名学者对我国内蒙古和东北地区进行过大量的考古调查，可是到目前为止，很少有人对这些调查情况进行全面系统的整理、总结。从整体上讲，我国学界尚不了解这些调查、研究达到了怎样的程度。近年来，李庆著《日本汉学史》[②]等著作对近代以来日本人研究中国少数民族的情况有所论及，但与已有的研究成果相比，这些整理工作尚不全面、不系统。最后，学术研究的需要。学术史的研究，在任何学术研究体系中都是必要的，也是必需的，不了解前人的研究成果，很难推进该领域的研究深入下去。所以，希望《中日民族文化比较研究论丛》能为开辟上述研究领域提供一个平台。

"圣代无隐者，英灵尽来归。"希望《中日民族文化比较研究论丛》能成为有志于中日民族文化比较研究、日本文化史研究、中日文化交流史研究及日本中国学研究的各位俊彦治学问道、展示思想才华的学术阵地。

---

① 王冀青．斯坦因与日本敦煌学［M］．兰州：甘肃教育出版社，2004.

② 李庆．日本汉学史（1—3）［M］．上海：上海外语教育出版社，2002.

“东亚世界论”研究动态综述

蔡凤林[①]

古代中日文化交流是在文化的各个层面展开，日本古代文化是在中华文明哺育下形成、发展起来的。但是近年来，有关日本文化的起源，在日本学界兴起了所谓的“文明之海洋史观”[②]，有些研究者参照欧美某些新理论，强调日本历史发展的海洋性和独自性；有些研究者在南太平洋地区或东南亚地区寻找日本文化的原乡。[③] 对日本学界将日本历史、文化的形成、发展过程“去中国化”的现象，我国学界应予高度关注。笔者近年撰写《汉字与日本文化》一书[④]，阐明了汉字对日语乃至日本民族的形成产生的深刻影响，深感其具有重要的学术价值和现实意义。（1）有助于了解以中国为核心的古代东亚社会对日本古代国家和汉字文化圈的形成所发挥的重要作用；（2）有助于了解古代中日关系的焦点问题以及古代中日两国相互认知的特点和相互间采取的外交政策；（3）有助于推进东亚各国命运共同体的打造。基于这样的学理认识，撰写此文，旨在为我国学界深入研究这一重要学术领域贡献绵薄之力。文中谬误之处，敬请方家斧正。

一、前田直典的“社会发展平行论”

二战结束之前，为配合日本帝国主义侵略亚洲各国，日本社会出现了

---

① 蔡凤林，1963年生，黑龙江大庆人，历史学博士，中华日本学会常务理事、中国日本史学会常务理事、日本思想史学会会员、中央民族大学外国语学院日语系教授，主要研究方向为中日关系史及东亚区域史。

② 川勝平太．文明の海洋史観［M］．東京：中央公論社，1997. 川勝平太．日本文明と近代西洋［M］．東京：日本放送出版協会，1991.

③ 黒潮文化会．新・海上の道：黒潮の古代史探訪［M］．東京：角川書店，1977. 岩田慶治．日本文化のふるさと：東南アジアの民族を訪ねて［M］．東京：角川学芸出版，2009.

④ 蔡凤林．汉字与日本文化［M］．北京：中央民族大学出版社，2016.

“东亚文化圈”“亚洲是一体”等非学术性口号。① 从总体上观察，此时除了喜田贞吉、木宫泰彦等研究者从双边关系视角研究之外②，由于受皇国史观的影响和控制，日本史学界的主流态势是基于军国主义分子宣扬的日本的“神国”性，强调日本国家、民族形成的独自性，而将日本历史作为东亚史的有机组成部分，在广阔的东亚历史视域下研究日本社会发展史的学者极少。二战结束后，受民主化社会思潮的影响，并出于理性把握日本的历史和未来的目的，关于日本历史发展的形式，日本史学界打破以往的“独善”史观，开始较客观地阐释日本历史与古代东亚史之间的关联性和互动性，出现了将包括日本在内的东亚地区视为一体进行整体研究的“东亚世界论”。这不仅给当时的日本史学界注入了新的学术风气，且风生水起，对后来的研究者也产生了不小的学术影响力。

二战结束以后，基于民族主义思想，为了克服日本社会发展停滞论，前田直典最早关注日本、中国、朝鲜等东亚国家社会发展阶段的平行性和相互关系，将东亚历史作为不同于其他地区的历史进行整体把握。1948年，前田直典在学术刊物《历史》上发表《东亚古代的终末》一文③，对中国历史的阶段划分提出己见的同时，指出东亚各国历史的发展相互间存在并行性和关联性。前田直典在该文中认为，在石器时代末期，中国和日本、朝鲜之间的社会发展差距非常大；东亚各民族形成国家时期（公元前3世纪秦朝统一中国，4世纪日本大和国家形成，3世纪末至4世纪中叶高句丽、百济、新罗兴起）虽晚于中国中原王朝七八百年，但它们相互间具有并行性；9世纪时中国结束了奴隶制（古代社会），12—13世纪时日本和朝鲜也结束了奴隶制；古代结束、中世开始时，中国和日本、朝鲜的发展落差缩至三四百年；及至近世，发展差距已不复存在，两国并辔平行；在古代和中世，朝鲜和日本的发展具有相当的平行性；近代以后，日本的发展更迅速。

上述前田直典学说的理论基础是，历史上日本、中国、朝鲜都是“文明地区”，东亚各国虽有发展进程上的差异，但它们逐步缩小相互间的文

① 遠山茂樹．東アジアの歴史像の検討［J］．歴史学研究：二八一号．

② 喜田貞吉．喜田貞吉著作集：第八卷［M］．東京：平凡社，1979. 木宮泰彦．昔の日中交通［M］．名古屋：松坂屋，1929. 木宮泰彦．日宋關係［M］．東京：岩波書店，1933. 木宮泰彦．日中文化交涉一覧圖と年表［M］．東京：冨山房，1940. 木宮泰彦．日本喫茶史［M］．東京：冨山房，1940. 木宮泰彦．日華文化交流史［M］．東京：冨山房，1955.

③ 前田直典．東アジアにおける古代の終末［J］．歴史：一卷四号，1948（4）．前田直典．元朝史の研究［M］．東京：東京大學出版會，1973.

化发展落差而走向同一发展层次。前田直典在战后不久提出上述新观点，不仅对当时尚在思想迷茫中探索新的研究目标的日本史学界带来了极大冲击，而且为以后的学界提供了重要的研究课题。事实上，自 20 世纪 60 年代以后，学界积极展开的“东亚世界论”以及有关中国、日本、朝鲜三国历史的时代划分的争论，均以前田直典的上述学说为开端，这是前田直典对东亚史研究做出的重大贡献。但是令人遗憾的是，虽然前田直典提出了东亚各国由落后走向进步的发展平行性以及发展的相互关联，但是由于只强调了东亚各国发展的平行性，而忽视了各国发展的独自性和差异性，并且没有阐明东亚各国同一时期发展的相互规定性以及由此产生的发展方式上的结构性关联。①

二、松本新八郎的“世界帝国论”

松本新八郎从世界史的视角出发，作为古代各国、各民族相互关系与社会发展阶段论的统一，提出“世界帝国论”，描绘古代各国、各民族历史的完整图景。1949 年松本新八郎发表《关于原始、古代社会的基本矛盾》一文②，以世界史视野论述了古代国家的一般性发展规则。他认为古代国家有以下三种形态：（1）亚洲型专制形态；（2）古典式民主制形态；（3）日耳曼古代王国形态。在这些形态的国家中，前二者由于国内奴隶制经济形成以及随之展开的大土地所有制，导致农村共同体和自由农解体，农民遭受剥削而流亡，最后走向叛乱。为了解决国内阶级矛盾并给奴隶制经济补充新的奴隶、土地、手工业原料基地和市场，这些国家采取“帝国主义”政策，向外扩张。这种对外膨胀破坏了被征服者的民族共同体和政治秩序，进一步加剧了奴隶制的展开和矛盾激化，引发了新的征服，从而对外征服无止境地延续下去。随着征服的无限扩大，奴隶的反抗和面临解体的民族共同体以及自由农的反抗不断加剧。为了镇压这双重反抗，以统治广大的被征服地区，统治阶级（贵族、大地主和高利贷者等）联合起来，建立专制制度，于是形成了“世界帝国”。罗马帝国、亚历山大帝国、隋唐帝国、蒙古帝国等为其代表。虽然规模较小，历史上日本的律令制国

---

① 鈴木俊・西嶋定生．中国史の時代区分［M］．東京：東京大學出版會，1957. 前田直典．元朝史の研究［M］．東京：東京大學出版會，1973.

② 松本新八郎．原始・古代社会における基本的矛盾について［C］//歷史学研究會．世界史の基本法則：歷史学研究會 1949 年度大會報告．東京：岩波書店，1949.

家也带有帝国的特点。

松本新八郎提出上述"世界帝国论"，目的是通过这一理论统一把握东亚各国的历史及其特质。但是他将古代东亚国际关系和律令制影响等问题，分别和罗马帝国和罗马法进行类比，一切以奴隶制发展程度为基准，将东亚历史纳入以欧洲为中心的世界历史的一般性规律中加以考察，这忽视了东亚地区的特殊性。

堀敏一批判地继承了松本新八郎的"世界帝国论"而展开了"东亚世界论"。松本新八郎对罗马帝国和隋唐帝国进行比较后，认为唐帝国的体制特征是实施不成熟的奴隶制，对被征服地区采取了保留其村落共同体及政权机构的前提下，使其首领纳贡的统治方式。堀敏一认为，松本新八郎是站在以罗马帝国为帝国典型的立场上探究亚洲历史的特征，并没有阐明"东亚世界"特有的政治结构赖以形成的内在条件。①

堀敏一认为，中国社会的主要生产者不是奴隶而是小农家庭，为了获得奴隶而对外征服是古代"世界帝国"形成的动因这一观点不能成立。以中国为中心的"世界帝国"的形成，是基于"天下观"和"中华世界"这一理念。王权无限，中国皇帝希望将"中华"和"夷狄"全部置于至高无上的绝对皇权之下，但是这种体制的形成并不是由于松本新八郎所说的皇帝对周边国家进行单方面的政治统治和经济掠夺。中国对周边国家实施的主要统治方式是朝贡体制，但这不能认为是中国的经济掠夺；相反，比起朝贡品，中国的回赐更为丰厚巨额。中国欢迎周边国家朝贡，并不是希望通过朝贡得到经济利益，而考虑的是政治意义。通过周边国家的朝贡，显示皇帝威德，证实其权威，这对内政具有重要的现实意义。与此同时，受中华文明影响而进入国家形成阶段的周边民族，在国家制度和生产技术等方面须以中国为模版。这些周边民族和国家的君长为了保持、强化对本国人民的统治，对于他们而言，重要的是借助中国皇帝的权威确保其文化优势地位。而且构建小国间的国际秩序，解决小国间的纷争，还需要依靠中国的权威干预。由此，堀敏一从中国封建王朝对周边民族的统治形态的特质出发，在承认周边民族的相对独立性的前提下，强调以中国为中心的"世界帝国"是松散的结合体。形成这种松散的结合关系的动因，除了上述中国独特的"天下观"之外，还在于给东亚地区提供相同文化要素的佛教在理论和信仰上，容易和传播地的民族宗教以及国家权力融合。堀敏一

---

① 堀敏一．近代以前の東アジア世界［J］．歴史学研究：二八一号．堀敏一．東アジアの歴史像をどう構成するか［J］．歴史学研究：二七六号．

还认为，周边国家的统治者们通过朝贡从中国获得政治权威、经济利益、先进文物，形成自己的小帝国而君临周边小国。这些小帝国宛如太阳系中的行星，被定位于以中国为核心的“世界帝国”秩序中，从而在整体上形成从内外两个方面支撑东亚“世界帝国”的体制，这一政治体的外延就是“东亚世界”。

在松本新八郎的“世界帝国论”基础上，1972 年石母田正在《关于古代帝国主义》一文①中提出了“古代帝国主义论”。他主张，人类历史上不仅存在列宁提出的作为资本主义最高发展阶段的近代帝国主义，而且存在古代帝国主义。古代帝国主义不仅具有与近代帝国主义相同的压迫其他民族的特点，而且和古代社会的发展不均衡及其存在基础（经济制度和社会结构）有关。不同于松本新八郎的“世界帝国论”，石母田正认为古代帝国主义在人类历史迈入发达的奴隶制社会之前即已存在，因此古代帝国主义比“世界帝国”更具广泛内容。这一观点对思考日本古代国家的形成过程，具有重要意义。

松本新八郎认为，日本的律令国家具有“世界帝国”的性质。② 受此影响，1962 年及 1963 年，石母田正发表论文《关于日本古代的国际意识》及《天皇和“诸蕃”》③，提出了“东夷小帝国论”。

所谓的“东夷小帝国论”，就是将 4—10 世纪的倭国（日本）的外交关系置于朝贡关系中进行理解，同时把百济、新罗视为对倭国具有朝贡义务的属国，倭国实质性地统治朝鲜半岛南部；另一方面，倭国通过接受中国南朝的册封，要求中国南朝认可倭国对朝鲜半岛南部的统治权，以确立作为“小帝国”的地位。但是这个“小帝国”在 6 世纪中叶任那灭亡后事实上走向解体，推古朝时期要求百济、新罗、任那朝贡，只是名目而已。为了维持“小帝国”，大和王朝制定律令，确立将唐朝视为“邻国”，将朝鲜半岛三国和唐朝地方政权渤海国视为“蕃国”，将虾夷、隼人视为“夷狄”的体制。八九世纪时，日本、新罗、渤海国向唐朝朝贡的“世界帝国”秩序和新罗、渤海国向日本朝贡的“小帝国”秩序并存。这一秩序

---

① 石母田正．古代における「帝国主義」について——古代貴族の場合［J］．歷史評論：二六五号．

② 松本新八郎．原始・古代社会における基本的矛盾について［C］//歷史学研究會．世界史の基本法則：歷史学研究會 1949 年度大會報告．東京：岩波書店，1949.

③ 石母田正．日本古代における国際意識について——古代貴族の場合［M］//石母田正．石母田正著作集 4 古代国家論．東京：岩波書店，1989. 石母田正．天皇と「諸蕃」——大宝令制定の意義に関連して［M］．石母田正．石母田正著作集 4 古代国家論．東京：岩波書店，1989.

因10世纪初唐朝和渤海国相继灭亡而消失后，既是朝贡国又是宗主国的日本“东夷小帝国”也走向崩溃。

石母田正的“东夷小帝国论”由于把倭国（日本）明确描绘成朝鲜半岛各国、渤海国等国的宗主国及虾夷、隼人等日本列岛民族的征服者，不仅对古代日本的国际关系和国家结构的研究提供了新的视角，而且承认了包括日本在内的中国周边国家的主体性或独立性，这对东亚历史结构和日本古代国家形成史的研究具有重要意义。

石母田正受当时的研究水平的限定，其“东夷小帝国论”中也有很多问题，如任那问题就是其中一例。二战结束之前，历史上“任那日本府”曾统治朝鲜半岛南部之说成为日本社会的通说。石母田正继承这一观点，1962年提出任那是倭国的“直辖地”甚至是“殖民地”。① 但是自20世纪60年代后半叶开始，以金锡亨为首的朝鲜和韩国学者对此进行了批判，目前“任那日本府论”完全被学界否定。② 因此，古代日本作为“东夷小帝国”的特点，要比石母田正所设想的框架模糊得多。

另外，如果说在中国的东部存在“东夷小帝国”，那么它是以怎样的秩序和思想勾画出了这一政治图式。石母田正在其“东夷小帝国论”中，针对作为“世界帝国”的中国封建王朝，只是把日本一个国家描绘成“小帝国”。对此，酒寄雅志认为朝鲜三国、渤海国、越南等国也曾以“华夷思想”建构本国的主体意识，并试图以此形成以自己为中心的国际秩序。③ 酒寄雅志虽然只重视华夷思想对各国主体意识形成的作用，但是他发现了日本之外的各国也存在独自的国际秩序意识，于是不仅是石母田正的“东夷小帝国论”，甚至西岛定生的“册封体制论”和“东亚世界论”也有必要重新审视了。

三、西岛定生的“册封体制论”

针对松本新八郎提出的“世界帝国论”，石母田正提出：“不是经由有

① 石母田正．古代史概説［M］//石母田正．石母田正著作集12古代・中世の歴史．東京：岩波書店，1990.

② 鈴木英夫．加耶・百済と倭——「任那日本府」論［M］//鈴木英夫．古代の倭国と朝鮮諸国．東京：青木書店，1996.

③ 酒寄雅志．古代東アジア諸国の国際意識——「中華思想」を中心として［C］//歴史研究会．東アジア世界の再編と民衆意識——歴史学研究会一九八三年度大会報告．東京：青木書店，1983.

机交换和分工体系结合而成的孤立（存在）的古代各民族之间的国际关系”以及“使发展阶段相异的古代各国作为一环而形成的国际关系场域”，是否能够作为统一的历史记述对象而存在？如果存在这样的历史记述对象，则有必要弄清构成统一古代国际关系的具体形式及其结构，即规制古代各国关系的政治秩序；如果不存在这样的前提，古代国际关系将会变成各国间偶然发生的交涉史。①

为了解答古代东亚地区是否存在规制各国关系的统一的国际秩序这一问题，1962 年西岛定生在《六—八世纪的东亚》一文中提出了“册封体制论”。② “册封”就是中国皇帝“以封爵授给属国君长、少数民族首领、异性王、宗族、妃嫔等，都经过一种仪式，在受封者面前，宣读授给封爵位号的册文，连同印玺一齐授给被封人”。③ 西岛定生认为，中国皇帝和朝鲜半岛高句丽、百济、新罗三国、渤海国和日本统治者之间结成的册封关系构成了以中国为中心的东亚国际秩序，这就是关于探究“东亚世界”形成动因的“册封体制论”。

西岛定生在 1970 年发表的《总说》④ 及 1973 年发表的《东亚世界》⑤ 中提出，在地球规模的世界史出现之前，人类历史不仅受各自时代特性的限定，而且据以一定地域文化的共同性，出现了很多“自我完备的结构”，即不同的“世界”，如“地中海世界”“欧洲世界”“南亚世界”等。作为这种“世界”之一，西岛定生根据汉字、儒学、中国佛教、律令制等中国文化要素的传播范围，设定了“东亚世界”，这个“世界”在地域上包括中国、朝鲜、日本、越南。从此，“东亚世界”这一概念得以确立。西岛定生基于“册封体制论”提出的“东亚世界论”包括以下内容。

在汉代，以郡国制形式，封建制在中国复活。中国皇帝出于王化思想向其周边政权或国家首领授予官爵，由此形成了规定“东亚世界”的政治结构——册封体制的原型。继之，在南北朝时期，虽然中国南北对峙，但是以朝鲜半岛高句丽、百济、新罗三国和倭国的形成为背景，中国南北朝和朝鲜半岛三国、倭国之间形成了册封体制，并以此为媒介，汉字、儒

---

① 石母田正．日本古代における国際意識について［J］．思想：四五四号，1961.

② 西嶋定生．六—八世紀の東アジア［J］．講座日本歴史第二巻古代 2，1962.

③ 《辞海》编辑委员会．辞海（普及版）．上海：上海辞书出版社［M］，1999：221.

④ 西嶋定生．序説——東アジア世界の形成［M］//西嶋定生．中国古代国家と東アジア世界．東京：東京大学出版会，1983. 原题为「総説」。

⑤ 西嶋定生．東アジア世界の形成と展開［M］//西嶋定生．東アジア史論集 3 東アジア世界と冊封体制．東京：岩波書店，2002.

学、中国佛教、律令制等中国文化元素向东亚国家传播。隋朝统一中国后，册封体制走向一元化。及至唐代，不仅形成了"独自的文化圈"，而且政治圈和文化圈一致，共同构成了具有"自我完备的结构"的统一政治、文化体"东亚世界"。10世纪初由于唐朝、新罗相继灭亡，"东亚世界"失去了政治统一性而走向崩溃。再次统一中国的宋朝虽已不是主宰"东亚世界"册封体制的宗主国，但是宋代中国以强大的经济实力，形成了具有共同经济文化的"东亚交易圈"，从而使"东亚世界"的自律性和整体性以另一种形式再现。19世纪，欧洲资本主义合并包括"东亚世界"在内的各"世界"，形成了地球规模的世界史，在此之前，东亚地区始终作为文化和经济一体化的"世界"而存在。①

西岛定生的"东亚世界论"，体现了他对二战以后受美国占领的日本的未来的思考，他希望通过这一理论，使世界史研究摆脱欧洲中心主义史观。前田直典和松本新八郎是以社会发展阶段论为前提，通过分析生产关系构筑具有一般性世界史意义的"东亚世界"；与此不同，西岛定生则是在分析中国封建王朝和其周边国家之间形成的独特而具体的政治制度——"册封体制"的基础上，展示东亚各国历史之间存在的关联性，这是他的独到之处。

但是西岛定生的"册封体制论"提出后，学界对此臧否不一。持否定态度的首先是以朝鲜史研究者为首的研究东亚各国国别史的学者们。旗田巍在《十—十二世纪的东亚与日本》一文②中对西岛定生设想的以唐朝为中心的"东亚世界（圈）"是否存在提出了质疑。旗田巍认为，如果说9世纪后半叶至10世纪前半叶间的东亚局势的变动意味着固有的"东亚世界"走向崩溃，则有必要确认这个时期各国内部变乱（907年唐朝灭亡，935年新罗灭亡，939年日本"将门、纯友之乱"）相互间存在的联系性。只根据各国变乱在时间上存在同时性而认定相互间有影响，这没有意义。这一观点得到学界的普遍认可。旗田巍还提出，如果说起中国文化圈，至少从汉代存在到近世，没有必要对隋唐时代的中国文化圈赋予特殊的历史意义。

武田幸男和李成市根据高句丽和新罗的关系以及新罗和渤海国的关

① 西嶋定生．日本歷史の国際環境［M］．東京：東京大学出版会，1985.

② 旗田巍．十—十二世紀の東アジアと日本［C］//岩波講座日本歷史（旧）古代4. 東京：岩波書店，1962.

系，认为“册封体制论”在中国周边国家的相互关系中缺少有效性。① 布目潮渢则认为，如果只以政治外交史视角看待东亚社会，那么日本被完全排除在外的时间更长。即便是在被排除在外的时期，隋唐文化滔滔涌入日本，日本采用律令制，派遣留学生。由此他认为，与政治关系和社会结构无关，东亚各国形成了一个文化圈。②

另外，堀敏一和鬼头清明认为，“册封体制论”和“东亚世界论”原本是从中国、朝鲜、日本等少数几个国家的关系中提炼出来的理论。如果不把视野拓宽而将北方和西方地区包括进来，就无法描绘出东亚地区的全貌。③ 提出这些批评，主要由于西岛定生的“册封体制论”和“东亚世界论”是基于汉字、儒学、中国佛教、律令制等中国文化要素的传播范围提出的，而这些中国文化要素对突厥、回鹘等北方民族并没有产生太大的影响。近年，有关中国对东亚各国的国际政治论，堀敏一等研究者提出取代“册封”，应以“羁縻”为普遍概念。④

西岛定生的“册封体制论”规模宏大，以中国为中心，将前近代的东亚历史纳入研究视野，很大程度上决定了以后有关东亚国际关系史的研究方向。随着日本对外关系史和“东亚世界论”研究的深入，西岛定生的一些观点也受到质疑和重新审视。例如，西岛定生认为唐朝灭亡后形成了日本的“国风文化”和东亚交易圈。事实上，它们在唐朝灭亡以前的 9 世纪中叶时就已经形成了。⑤ 以唐朝为中心的国际秩序的构建，不仅册封关系，朝贡关系、羁縻州设立及和亲制度也起了一定的作用。总之，目前学界对

---

① 武田幸男．序説・五六世紀東アジア史の一視点——高句麗『中原碑』から新羅『赤城碑』へ［C］//東アジア世界における日本古代史講座 4 朝鮮三国と倭国．東京：学生社，1980. 李成市．渤海史をめぐる民族と国家——国民国家の境界をこえて［J］．歴史学研究：六二六，1991.

② 荒松雄ほか. 岩波講座世界歴史 5 古代［M］．東京：岩波書店，1970.

③ 堀敏一．古代東アジアの国際関係をめぐる若干の問題——史学会のシンポジウムを聴いて［C］//堀敏一．律令制と東アジア世界——私の中国史学（二）．東京：汲古書院，1994. 鬼頭清明．古代アジア史への接近［C］//鬼頭清明．日本古代国家の形成と東アジア. 東京：校倉書房，1976.

④ 堀敏一．中国と古代東アジア世界［M］．東京：岩波書店，1993. 朱振宏．唐代羁縻府州研究［C］//朱振宏．隋唐政治、制度与对外关系．台北：文津出版社，2010.

⑤ 榎本淳一．唐王朝と古代日本［M］．東京：吉川弘文館，2008.

西岛定生提出的"册封体制论"多有评论。[①] 总体上讲，该理论存在以下弱点：(1) 如果以中国为中心的册封关系规定古代东亚国际关系，那么古代东亚小国就被排除在东亚国际体系的主体性之外；同时，未加入册封体制但与中国存在外交关系的东亚各国也被排除在"东亚世界"之外。(2) 册封体制是中国皇帝自命为顶端的国际等级秩序，这种设定是出自中国皇帝单方面的政治意识，周边国家如何看待这一体制有待深入研究。(3) 东亚国际关系是受各国的权力集中程度和各国之间的力量对比关系规定，而不是由"册封关系"这一名分秩序所规定。

四、石母田正的"国际契机论"

二战结束以后，日本史学界摆脱了"皇国史观"倡导的"万世一系"的天皇制国家思想，开始科学地研究日本古代国家形成史，其最早的代表性研究成果是井上光贞著的《日本国家的起源》[②] 和石母田正以马克思主义史观撰写而成的《古代史概要》[③]。其后，有关日本古代国家的形成，石母田正提出了"国际契机论"。

关于国际关系和国内政治之间的关系，石母田正认为，国际关系是一国外交转化为内政的契机，内政反过来又规定对外关系。往往把政治和外交事件从主持国政的某一特定历史人物的作用、意图、政略加以说明的研究方法并不妥当，而是应该阐明外交作为内政上的一个策略、手段而发挥的作用及其所据的各种条件。例如，应该从全体统治阶级的思想意识和规定它的历史传统、当时的国家结构及作为独立领域存在的国际关系的现实

① 菊池英夫．総論［C］//唐代史研究会．隋唐帝国と東アジア世界．東京：汲古書院，1979. 山内信次．日本古代史研究からみた東アジア世界論［C］//民主主義科学者協会京都支部歴史部会．新しい歴史学のために：230・231 合併号，1998. 村井章介．〈地域〉と国家の視点［J］．新しい歴史学のために230・231 合併号，1998. 山内晋次．日本古代史研究からみた東アジア世界——西嶋定生氏の東アジア世界論を中心に［J］．新しい歴史学のために230・231 合併号，1998. 李成市．東アジア文化圏の形成［M］．東京：山川出版社，2000. 甘粕健・金子修一．解題［C］//西嶋定生東アジア史論集：第四巻．東京：岩波書店，2002. 廣瀬憲雄．古代東アジア地域対外関係の研究動向［C］//歴史科学研究会．歴史の理論と教育，2008：129–130. 金子修一．古代東アジア研究の課題［C］//専修大学東アジア世界史研究センター年報 1，2008. 金子修一．東アジア世界論［C］//荒野泰典ほか．日本の対外関係 1．東京：吉川弘文館，2010.

② 井上光貞．日本国家の起源［M］．東京：岩波書店，1960.

③ 石母田正．古代史概説［C］//石母田正著作集 12 古代・中世の歴史．東京：岩波書店，1990.

进行阐释。外交固有的性质之一是将所给予的各种国际条件用于内政，以解决国内矛盾、纷争，在错综复杂的国际关系中发现实现自己政治目的的可能性。关于国家形成时期登上外交舞台的国王或首领的作用和权限，应从他们所代表的共同体的性质和内部结构加以说明。这些统治者在国内受到蒙昧的咒术性权威的支撑，但是他们对外极为开明，尤其接触高度文明之后，这种对外特性不均衡发展。无论是商业贸易还是作为国家机构胚胎的官僚制度，与其说是在共同体内部，毋宁说是在与其他共同体相互接触的“境界领域”中形成的。[①]

基于这样的认识，石母田正提出，将作为通交形态之一的政治外交关系限定在七八世纪考察东亚社会时，发现这个时期东亚地区进入了与3—5世纪不同的新的战乱周期。此次战乱周期始于6世纪末至7世纪初，结束于676年唐朝从朝鲜半岛撤走统治机构安东都护府。对于朝鲜半岛三国和日本而言，这个战乱周期与它们生死攸关，作为一种历史契机，各国的对外关系反作用于各自的内政。由于此次战乱周期的出现，各国统治阶层共同产生了加强中央集权制的需求，从而推进了东亚各国律令制国家形成的进程。[②] 这就是石母田正有关日本古代国家形成的“国际契机论”，这一理论学说萌芽于他撰写的《关于古代帝国主义》和《关于为了国家史的前提》二文。[③]

石母田正有关“日本古代国家论”的研究始于二战结束以后，其动因是他对美国占领下的日本现实政治的忧虑。20世纪六七十年代以后，石母田正对日本现实政治的思考依然指导着他的“日本古代国家论”研究，只是从以往的日本政治史分析转向了对其背后存在的日本官僚制度及意识形态等方面的研究而已。[④] 这一学术思想集中体现在其所著的《日本的古代国家》和《日本古代国家论》。[⑤]

鬼头清明继承石母田正的上述观点，在其著作《日本古代国家和东亚》中以隋唐王朝的建立、发展为基轴，对6世纪末至7世纪末的东亚民族关系和国际局势进行了时期划分，较客观地阐释了隋唐王朝在不同时期与东亚各国、各民族之间的错综复杂的历史关系及它们相互间产生的历史

---

① 石母田正．日本の古代国家［M］．東京：岩波書店，1971.

② 石母田正．日本の古代国家［M］．東京：岩波書店，1971.

③ 石母田正．古代史のための前提について［J］．歴史評論：二〇一号．

④ 鬼頭清明．日本古代史への視座［C］//鬼頭清明．日本古代史研究と国家論．東京：新日本出版社，1993.

⑤ 石母田正．日本古代国家論（Ⅰ、Ⅱ）［M］．東京：岩波書店，1972.

影响。与此同时，鬼头清明提出：虽然东亚世界各国之间是否存在一个统一的政治世界是个疑问，但是东亚国际关系属于政治关系，而且这种关系主要体现为各国统治阶级相互间结成的政治结合和关联；根据历史条件，东亚各国的相互关系也不断发生变化，即东亚国际政治世界的范围盈缩不定。各国外交在受各国统治阶级面临的国内矛盾和国际政治利害关系规定的同时，相互间时断时续，由此东亚地区能够视为各国相互间规定政治进程的场域。鬼头清明试图从决定外交方针的一国统治集团在国内所面临的政治体制上的矛盾以及各国统治集团相互间的国际利害关系，描绘决定东亚各国统治集团参加东亚国际政治社会的态度、方针的客观背景。①

古代东亚国际关系对古代日本的国家形成产生巨大影响应符合历史事实。与此同时，森克己、石母田正、旗田巍、永原庆二、藤间生大、三浦圭一、小山靖宪、义江彰夫、石上英一等研究者还注意到了古代日本国家的“变质”及向中世国家的过渡，也与当时的东亚国际局势有着密切关系。②

五、藤间生大的“阶级斗争论”

关于前田直典提出的统一把握东亚各国和各民族历史的课题，松本新八郎、堀敏一等学者从历史变革的视角予以关注。他们对907年唐朝崩溃、935年新罗灭亡、939年日本发生“将门——纯友之乱”等东亚历史上具有变革意义的重大事件的同时发生进行了研究。这一研究方法试图通过寻找推进历史变革的重大历史事件同时发生的契机，发现当时的国际环境对事件发生带来的影响。对此，藤间生大提出，关注历史事件的“同时发

① 鬼頭清明．日本古代国家の形成と東アジア［M］．東京：校倉書房，1976.

② 森克己．森克己著作選集［M］．東京：国会刊行会，1975. 石母田正．古代史概要［M］//石母田正．石母田正著作集第十二巻，東京：岩波書店，1990. 首次发表于1962年。旗田巍．十—十二世紀の東アジアと日本［M］//岩波講座日本歴史4，東京：岩波書店，1962. 永原慶二．古代国家の変容と中世への移行［M］//永原慶二．永原慶二著作集：第三巻．東京：吉川弘文館，2007. 首次发表于1964年。藤間生大．東アジア世界の形成［M］．東京：春秋社，1966. 松本新八郎．東アジア史上の日本と朝鮮［M］//世界の歴史6. 東京：筑摩書房，1968. 三浦圭一．一〇世紀—十三世紀の東アジアと日本［M］//講座日本史2，東京：東京大学出版会，1970。小山靖憲．古代末期の東国と西国［M］//岩波講座日本歴史4，東京：岩波書店，1976. 義江彰夫．日本における中世世界の成立［M］//中世史講座1. 東京：学生社，1982. 石上英一．日本古代一〇世紀の外交［M］//東アジア世界における日本古代史講座7. 東京：学生社，1982.

生”会变成历史事件的“相互影响论”，这种研究方法很容易受主观判断的左右而止于“形势论”，因此有必要了解使这种影响变为可能的“装置”；要探明这种“装置”，首先要发现产生影响的历史契机。

藤间生大提出，在研究方法上，迄今为止，根据“文化移动论”“文化交流论”“文化圈论”等理论，发现不同国家和民族之间存在文化“同一性”后就认定那里存在一个共同的世界，这种方法需要充分考虑所强调的事项在国民生活和文化中发挥了怎样的作用。从“世界史”的视角提出问题时，需要缜密研究“同时存在”或“同一性存在”的功能。自二三世纪卑弥呼时代、中经倭五王时期到663年白村江战役，日本统治者对日中之间的国际关系反应敏感。2—7世纪后半叶，日本、中国、朝鲜创造出一种“东亚世界”，但8世纪时这一“世界”消失。虽然在具体问题上不能否认历史事件的“同时存在”或“同一性存在”，但是这些“存在”并没有发挥使东亚各国构成一个世界的功能。从2—7世纪的东亚历史能够了解到，东亚各国和各民族即使存在“同一性”，那也只是相互间无关的“同一性”；即使不存在“同一性”，它们相互间也构成了一个“世界”。以唐朝为中心形成的东亚政治世界，表面上看起来创造了统一的“东亚世界”，但是贯穿其中的“册封体制”及基于此产生的国际法原理使其他国家的使节送给唐朝的物品全部被视为入贡，唐朝赐给其他国家的物品全部被视为回赐。这种关系在构筑“单一世界”时有效，但是在调动各国积极性和自立性而构筑“一个世界”时却形成巨大障碍。通过国家间或统治阶级间交易得到的奢侈品，对国民生活整体，尤其是对生产力的发展不产生任何影响。因此，以册封为媒介形成的唐世界帝国的秩序，不但对以唐朝为中心的东亚世界的发展、持续没有做出贡献，反而在这个“世界”内部造就了日本这样的小帝国，因此东亚世界的政治必然走向分立，册封体制阻止了东亚各国人民的相互结合。在古代“东亚世界”的延续和发展方面，过高地评价唐世界帝国政治秩序的作用，会否定新的进步。基于这种认识，在研究方法上，藤间生大摆脱“册封体制论”，而采用了从推动历史前进的阶级斗争的视角以及生产力发展的作用建构“东亚世界”的方法。

藤间生大指出，在4世纪末至5世纪中叶的倭五王时代，日本处于中国的册封体制中。但无论是倭五王还是新罗国王，并没有认为册封体制规制了现实的国际关系，这种体制只是形式而已。魏晋南北朝时期，过去作为贱民存在的手工业者的社会地位获得提高，不仅在中国国内取得了一定的技术成果，而且他们移居朝鲜、日本，在政治经济领域发挥了决定性作用，成为推进这些国家律令制建设的动力，奠定了东亚世界形成的基础。

同时，在中国的南北朝时期，北方民族纷纷入主中原，实现了各民族间的平等、自由的交流，构成了中国变革的一个组成部分。在这个时期，随着信奉佛教的中国手工业者“归化”或“渡来”日本，为东亚世界的形成、发展方面发挥了巨大作用。总之，东亚各民族只依靠自己的力量无法达到的发展目标，却借助中国的生产力的发展和文化传播，从五六世纪开始逐步实现了。

藤间生大还认为，唐朝以前在东亚各民族的心理深层并不存在共同的思想意识，佛教、儒学等中国文化使各国和各民族体验了相同的文化，遣唐使和使臣的派遣也增强了中国、日本、新罗之间的联系。但是古代的这种关系经常是在国家层面上展开的，而不是人民之间的结合，国际关系也属于单线交往。“严密地说，这个时期所谓的东亚世界还不存在。”唐朝灭亡以后，以宋朝为中心形成的与人民生活密切相关的东亚商业贸易联系，超越佛教、册封体制、唐朝文化而成为连接东亚世界的新的纽带，这才是“东亚世界形成的端绪”。藤间生大将西岛定生提出的“册封体制论”视为一种“虚像”。这种制度妨碍了“东亚世界”的形成，其崩溃才标志着真正的“东亚世界”的诞生。藤间生大有关“东亚世界”的著作有《东亚世界的形成》《近代东亚世界的形成》《对东亚世界研究的摸索》《壬午军乱和近代东亚世界的形成》等。①

六、20世纪80年代以来的“东亚世界论”研究动态

20世纪80年代以后，西岛定生有关“东亚世界”的研究成果继续问世。② 除此之外，其他学者关于“东亚世界”以及古代日本与东亚各国之间关系的研究成果也增多，其代表性研究成果如下。

金铉球著《大和政权的对外关系研究》③，研究了五六世纪时的日朝关

---

① 藤間生大．東アジア世界の形成［M］．東京：春秋社，1966. 藤間生大．近代東アジア世界の形成［M］．東京：春秋社，1977.

② 西嶋定生．中国古代国家と東アジア世界［M］．東京：東京大学出版会，1983. 西嶋定生．日本歴史の国際環境［M］．東京：東京大学出版会，1985. 西嶋定生．邪馬台国と倭国［M］．東京：吉川弘文館，1994. 西嶋定生．倭国の出現［M］．東京：東京大学出版会，1999. 西嶋定生・李成市．古代東アジア世界と日本［M］．東京：岩波書店，2000. 西嶋定生．邪馬台国と倭国［M］．東京：吉川弘文館，2011. 西嶋定生．西嶋定生東アジア史論集（全五巻）［C］．東京：岩波書店，2002.

③ 金鉉球．大和政権の対外関係研究［M］．東京：吉川弘文館，1985.

系，书中否定了“任那日本府”的存在。它不同于历来的研究视角，关于百济和大和政权的外交关系，金铉球将分析的重心置于百济方面。铃木靖民的《东亚各民族的国家形成和大和王权》一文①，将5—7世纪的日本、中国、朝鲜之间的关系纳入研究视野，阐释了国际关系对朝鲜半岛三国和日本的国家形成产生的影响。铃木靖民的《倭五王的内政和外交》一文②，是关于日本府官制形成过程的专题研究。铃木靖民在该文中认为，大和王朝通过和中国结成册封关系，并从中国引入府官制后，大和政权内部形成了政治制度和秩序。铃木靖民著的《古代对外关系史研究》③ 对7—10世纪的日本与新罗、唐朝之间的国际关系进行了系统研究。该著汇总了铃木靖民自20世纪60年代以来发表的论文。山尾幸夫著的《日本古代王权形成史论》及《日本古代的国家形成》④，研究视野纵贯4—7世纪，阐释了古代东亚和大和政权之间的关系。平野邦雄著的《大化前代政治过程的研究》⑤ 与“册封体制论”保持一定的距离，其以史料提炼出来的事实为依据，以日朝关系为主线，将4—7世纪的东亚国际关系和大和政权的形成过程联系起来做了考察。佐伯有清著的《日本古代国家和东亚》⑥ 也从东亚国际环境视角研究了相同时期的日本古代国家的形成过程。石上英一著的《古代国家和对外关系》⑦ 批判地继承石母田正提出的“古代帝国主义论”，对7—10世纪的日本对外关系进行了研究。该书中提出：7世纪的大和政权是将百济王权包摄在内、视“夷狄”为贱民的体制；8世纪的日本外交是这一对外关系的延长，由邻国、诸蕃、“夷狄”三部分组成；9世纪时日本“小帝国”开始解体，东亚各国的经济、交通发展。酒寄雅志的论文《古代东亚各国的国际意识》⑧ 也提出了独特的研究视角。

---

① 鈴木靖民．東アジア諸民族の国際形成と大和王権［C］//歴史学研究会・日本史研究会．講座日本歴史1古代1．東京：東京大学出版会，1984.

② 鈴木靖民．倭の五王の内政と外交——府官制秩序の形成［C］//林陸朗先生還暦記念会．林陸朗先生還暦記念論文集——日本古代の政治と制度．続群書類従完成会，1985.

③ 鈴木靖民．古代対外関係史の研究［M］．東京：吉川弘文館，1985.

④ 山尾幸夫．日本古代王権形成史論［M］．東京：岩波書店，1982. 山尾幸夫．日本古代の国家形成［M］．東京：大和書房，1986.

⑤ 平野邦雄．大化前代政治過程の研究［M］．東京：吉川弘文館，1985.

⑥ 佐伯有清．日本古代国家と東アジア［M］．東京：雄山閣，1983.

⑦ 石上英一．古代国家と対外関係［M］．歴史研究会・日本史学会．講座日本歴史2古代2［M］．東京：東京大学出版社，1984.

⑧ 酒寄雅志．古代東アジア諸国の国際意識［C］//歴史学研究会．一九八三年度歴史学研究会大会報告：東アジア世界の再編と民衆意識：歴史学研究別冊特集．東京：青木書店，1983.

自20世纪90年代至今，有关"东亚世界"、古代东亚国际关系及将日本历史与东亚史联系起来进行研究的成果，在日本学界不断问世。20世纪90年代的主要著作有：上田正昭编《古代日本和东亚》①，田村晃一、铃木靖民编《从亚洲看古代日本》②，鬼头清明著《日本古代史研究和国家论》③，堀敏一著《律令制度和东亚世界》《东亚中的古代日本》等。④ 作为21世纪以来的代表性研究成果，铃木靖民编《倭国和东亚》及《东亚中的古代日本》阐述了倭国和东亚各国之间的关系、大和王朝府官制的形成、渡来人与大和王朝王权之间关系等问题。⑤ 21世纪以来，上田正昭以东亚视角研究日本历史的成果也陆续出版，其主要著作有《再发现亚洲当中的日本》《古代日本和东亚的新研究》《古代国家和东亚：倭五王到平城京、平安京》等。⑥ 2003年石井正敏著《东亚世界和古代日本》⑦ 出版。森公章著《东亚动乱与倭国》，分析了7世纪东亚地区的社会动荡对倭国的影响。⑧ 广濑宪雄著《东亚的国际秩序和古代日本》及《古代日本的外交史》，扩大研究视野，将吐蕃、突厥、回鹘、辽、金、西夏等王朝纳入古代东亚国际关系体系中，以中国长城南北的农牧王朝关系构成的东亚政治环境为背景，探讨了13世纪以前的古代中日关系。⑨ 堀敏一著《东亚世界的形成》⑩、李成市著《东亚文化圈的形成》⑪、金子修一著《隋唐的国家秩序和东亚》⑫、荒野泰典等编《律令国家和东亚》《东亚世界的成立》

---

① 上田正昭．古代の日本と東アジア［M］．東京：小学館，1991.

② 田村晃一，鈴木靖民．アジアからみた古代日本［M］．東京：角川書店，1992.

③ 鬼頭清明．日本古代史研究と国家論：その批判と視座［M］．東京：新日本出版社，1993.

④ 堀敏一．律令制と東アジア世界［M］．東京：汲古書院，1994. 堀敏一．東アジアのなかの古代日本［M］．東京：研文出版社，1998.

⑤ 鈴木靖民．日本の時代史2倭国と東アジア［M］．東京：吉川弘文館，2002.

⑥ 上田正昭．アジアのなかの日本再発見［M］．京都：ミネルヴァ書房，2011. 上田正昭．古代の日本と東アジアの新研究［M］．東京：藤原書店，2015. 上田正昭．古代国家と東アジア：倭の五王から平城京、平安京へ［M］．東京：角川学芸出版，2010.

⑦ 石井正敏．東アジア世界と古代の日本［M］．東京：山川出版社，2003.

⑧ 森公章．東アジアと倭国［M］．東京：吉川弘文館，2006.

⑨ 廣瀬憲雄．東アジアの国際秩序と古代日本［M］．東京：吉川弘文館，2011. 廣瀬憲雄．古代日本の外交史［M］．東京：講談社選書，2014.

⑩ 堀敏一．東アジア世界の形成：中国と周辺国家［M］．東京：汲古書院，2006.

⑪ 李成市．東アジア文化圏の形成［M］．東京：山川出版社，2000.

⑫ 金子修一．隋唐の国家秩序と東アジア［M］．東京：名著刊行会，2001.

也将东亚史视为一体进行了研究。① 另外，西岛定生著《西岛定生东亚史论丛》②（1—5 卷）也在 2002 年出版。

通过千宽宇编、旗田巍监修《韩国上古史的争点》③ 和洪淳昶的《七八世纪新罗和日本的关系》④，能够了解到 20 世纪 70 年代以前韩国学界有关东亚历史的问题意识、研究视野、研究动态以及韩国学界对日本学界的研究动态的评价。

欧美学界对东亚历史的研究，一般是站在远方观察者的立场，将中国、日本、朝鲜等国的历史总括为“远东史”进行研究。随着其研究视野的扩大，有些研究成果触及了目前学界存在的盲点。二战以后，欧美学界加强了对亚洲研究的力度，表现在细化研究方向和研究领域，在专题研究的同时还进行了广泛的比较研究，且研究成果值得关注。总的来看，目前欧美学界将古代“东亚世界”视为不可分割的统一体而进行系统研究的学术意识还极为淡薄。

改革开放以来，我国学界对日本史的研究取得了很大成绩，但是我国学界对日本史的研究，更注重对中日近现代外交关系的研究，将日本古代史置于东亚历史体系中进行系统研究的研究者尚少，近年韩昇在此研究领域取得了较大成就。⑤ 另外，宋成有、王小甫的相关研究成果也值得关注。⑥

七、结　　语

综上所述，二战结束以后，以日本史学界为主，开始较系统地将日本历史纳入古代东亚史体系和古代东亚国际政治体系中进行研究。在研究过

① 荒野泰典ほか. 律令国家と東アジア［M］. 東京：吉川弘文館，2011. 荒野泰典ほか. 東アジア世界の成立［M］. 東京：吉川弘文館，2011 年.

② 西嶋定生. 中国古代帝国の秩序構造と農業［M］. 東京：岩波書店，2002. 西嶋定生. 秦漢帝国の時代［M］. 東京：岩波書店，2002. 西嶋定生. 東アジア世界と冊封体制［M］. 東京：岩波書店，2002. 西嶋定生. 東アジア世界と日本［M］. 東京：岩波書店，2002. 西嶋定生. 歴史学と東洋史学［M］. 東京：岩波書店，2002.

③ 千寬宇編，旗田巍監修. 韓国上古史の争点［M］. 東京：学生社，1977.

④ 洪淳昶. 七八世紀における新羅と日本との関係——仏教文化との関係を中心とした［M］//田村円澄，洪淳昶. 新羅と飛鳥・白鳳の仏教文化［M］. 東京：吉川弘文館，1975.

⑤ 韩昇. 东亚世界形成史论［M］. 北京：中国方正出版社，2015. 韩昇. 海东集——古代东亚史实考论［M］. 上海：上海人民出版社，2009.

⑥ 宋成有. 东北亚传统国际体系的变迁［M］. 台北：易风格数位快印有限公司，2002. 王小甫. 盛唐时代与东北亚政局［M］. 上海：上海辞书出版社，2003.

程中，关于东亚历史的整体性，研究者提出了“社会发展平行论”“世界帝国论”“册封体制论”“国际契机论”等学说。学者们努力将东亚各国的历史视为相互关联的有机体而进行整体把握的研究思路和目标无疑是正确的。无论怎样，在东亚历史视域下研究中日关系史和日本历史，其学术意义重大。关于日本史研究，近年在日本史学界产生了研究内容的“个别分散化”倾向①，虽然这一方面意味着日本史研究内容的细化，但同时也表明研究工作逐渐失去了大视野。目前，尽管围绕东亚前近代的历史，东亚各国的研究者中存在不同的认识和观点，但他们以实证、冷静的态度推进着东亚社会的“超越境界”的多样化历史展开过程，并挖掘出了许多新的历史事实，提出了许多新的观点②，但关于整体把握东亚历史的研究依然不够。在日本史学界，犹有很多研究者在东亚历史的大视野下辛勤耕耘，研究古代中日关系和日本历史，但与传统的日本史研究及日本考古学研究等领域相比，对这一领域所投入的研究精力，不及其十分之一。③ 希望我国学界对这种研究态势有所关注。

参考文献

[1] 唐代史研究会．隋唐帝国と東アジア世界［M］．東京：汲古書院，1979.

[2] 前田直典．元朝史の研究［M］．東京：東京大學出版會，1973.

[3] 歴史学研究會．世界史の基本法則：歴史学研究會 1949 年度大會報告［M］．東京：岩波書店，1949.

[4] 西嶋定生．日本歴史の国際環境［M］．東京：東京大学出版会，1985.

[5] 西嶋定生．中国古代国家と東アジア世界［M］．東京：東京大学出版会，1983.

[6] 西嶋定生．邪馬台国と倭国［M］．東京：吉川弘文館，1994.

[7] 藤間生大．東アジア世界の形成［M］．東京：春秋社，1966.

[8] 藤間生大．近代東アジア世界の形成［M］．東京：春秋社，1977.

[9] 石母田正．日本の古代国家［M］．東京：岩波書店，1971.

[10] 堀敏一．東アジアのなかの古代日本［M］．東京：研文出版，1998.

[11] 堀敏一．東アジアの歴史像をどう構成するか［J］．歴史学研究，1963（5）．

[12] 堀敏一．近代以前の東アジア世界［J］．歴史学研究，1963（10）．

---

① 鬼頭清明．日本古代史研究の現状と課題［M］//鬼頭清明．日本古代史研究と国家論．東京：新日本出版社，1993.

② 佐藤信・藤田覚．前近代の日本列島と朝鮮半島・序［M］．東京：山川出版社，2007.

③ 池田温．東アジアの文化交流史［M］．東京：吉川弘文館，2002：15.

[13] 佐伯有清．古代の東アジアと日本［M］．東京：教育社，1977.
[14] 佐伯有清．日本の古代国家と東アジア［M］．東京：雄山閣，1986.
[15] 鬼頭清明．日本古代国家の形成と東アジア［M］．東京：校倉書房，1976.
[16] 鬼頭清明．日本古代史研究と国家論［M］．東京：新日本出版社，1993.
[17] 鈴木靖民．倭国と東アジア［M］．東京：吉川弘文館，2002.
[18] 鈴木靖民．日本の古代国家形成と東アジア［M］．東京：吉川弘文館，2011.
[19] 山尾幸夫．日本古代の国家形成［M］．東京：大和書房，1986.
[20] 上田正昭．古代日本と東アジア［M］．東京：小学館，1991.
[21] 上田正昭．古代日本と東アジアの新研究［M］．東京：藤原書店，2015.
[22] 上田正昭．古代国家と東アジア：倭の五王から平城京、平安京へ［M］．東京：角川学芸出版，2010.
[23] 廣瀬憲雄．東アジアの国際秩序と古代日本［M］．東京：吉川弘文館，2011.
[24] 廣瀬憲雄．古代日本の外交史［M］．東京：講談社選書，2014.
[25] 金子修一．隋唐の国家秩序と東アジア［M］．東京：名著刊行会，2001.
[26] 荒野泰典ほか. 律令国家と東アジア［M］．東京：吉川弘文館，2011.
[27] 荒野泰典ほか. 東アジア世界の成立［M］．東京：吉川弘文館，2011.
[28] 韩昇．东亚世界形成史论［M］．北京：中国方正出版社，2015.
[29] 韩昇．海东集——古代东亚史实考论［M］．上海：上海人民出版社，2009.

试论江户时代中国文化对日本文化的影响

——以九鬼周造的《“粹”的结构》中的引据为中心①

徐金凤②

一、引　言

文化的形成具有多样性。日本的现代文化包含了很多复杂的历史因素，但生活文化的实际形成，基本是在江户时代中期和末期，即元禄（1688—1704）和文化（1804—1818）、文政（1818—1830）时期。在现代日本社会中具有极强生命力的“粹”文化，就是形成于这一时期的审美意识。

二、关于“粹”的审美意识

在江户时代，德川幕府为了巩固自身的统治地位，实行参勤交代制，大名武士齐聚江户，这吸引了众多御用商人和新兴町人聚集江户。失去土地的农民为了寻求活路，也来到江户，成为武士或町人的奉公人，导致江户人口激增，成为当时世界上屈指可数的人口超越百万的大都市。当时，武士多、男性多是江户人口构成的一大特点，男女性别比例差距最高时达63∶37。③ 根据这一形势，幕府对“游廓”采取了由打击转变为支持的政策。将其集中于吉原，对游女和游客进行严格的控制和管理。

在当时，高级游女不仅姿色秀美、重情义，而且能吹拉弹唱，才艺出

① 本文为辽宁省哲学社会科学研究项目“九鬼周造哲学中‘粹’的审美意识研究”（项目批准号：w2014040）的阶段性研究成果。

② 徐金凤，1977 年生，女，博士，现为沈阳航空航天大学外国语学院副教授，主要研究方向为日本近现代哲学及日本文化。

③ 青木美智男．日本的近世 17 东和西．江户和上方［M］．东京：中央公论社，1994：169.

众。这与中国宋元明清时期对才女提出的标准，如出一辙。宋明清时期的李师师、苏小小等皆色艺俱佳，又兼通文墨，擅长作诗填词，具有较高的文化修养。据记载，至宽永 19 年（1642），吉原共有游女 987 人。其中，端女郎为 881 人，而太夫仅有 75 人。由此能窥知成为太夫不易。①

江户时代，日本社会稳定，商品经济繁荣，造就了大批经济实力雄厚的新兴町人，江户的繁华还衍生出了“江户子”“旗本奴”“伊达”等注重享乐的消费群体。而这一群体成为推动游廓发展的生力军。其中不乏极受游女欢迎的“通人”，亦称“粹者”。成为“通人”必须要有充足的金钱，出手阔绰；不仅有游乐的时间，还要有“义气地”，即心胸宽阔，风流洒脱，富有格调。当时比较有名的“通人”，有京都的石子、大阪的五兵卫、江户的有纪伊国屋文左卫门和奈良屋茂左卫门。纪伊国屋文左卫门是江户时代中期的富商，出身于纪伊国，富有冒险精神。江户发生火灾时，他趁机囤积木材，积累了巨额财富。奈良屋茂左卫门亦为江户时代中期木材商，他通过修建日光东照宫成为富商。继承其巨额家产的后代，在吉原有极高知名度。

对太夫和“通人”的定位，体现了“粹”审美意识标准的三大内涵。九鬼周造在《“粹”的结构》中认为，“粹”的内涵结构包含三个本质要素：“媚态”“自尊”“达观”。其中“媚态”以“肉体”性为先导，构成“粹”的实质性内容，是“粹”的质料因。“自尊”是理想主义带来的精神支撑，为“媚态”的二元性提供进一步的张力和持久力，以保持其可能性始终存在。“达观”是潜藏于自尊根底的自我对他者的变化无能为力时所采取的一种达观的态度。

与内涵本质相对的是“粹”的外延概念。九鬼周造认为“粹”的外延概念有上品、义气、张扬和涩味，分别代表了对自性有价值的和对他性非价值的情趣存在。从内涵和外延对“粹”做了哲学性分析之后，九鬼周造又从自然和艺术表现方面对“粹”的具体客观表现做了详细的解释。

在阐释“粹”的自然表现时，九鬼周造以为永春水的人情本为基础，站在异性他者的立场，从听觉表演、视觉表演（包括服饰、姿势、面部表情、发型、颈部、手、足、提左下摆）方面进行了细腻的分析。之后又从花纹、色彩、茶屋、音乐等方面剖析了“粹”在艺术方面的表现。

---

① 江户时代，游女分为四等，分别是局女郎、端女郎、格子、太夫。其中太夫为最高级别的游女。宽永时期（1624—1644），吉原的太夫须容貌秀美，会唱今样歌（平安时代至镰仓时代流行的新样式歌谣，多以七五调四句构成），能吟咏诗歌，能优雅完整的跳完一节持扇舞。

三、从《“粹”的结构》引据分析

九鬼周造从江户时代的文学、绘画、歌舞伎、净琉璃作品中引用了很多例证，兹将所引作品汇总于下：

<table>
<tr><td rowspan="9">文学</td><td>近松秋江</td><td>《义气事》</td></tr>
<tr><td>为永春水</td><td>《春色梅历》《春色辰巳园》《春色梅儿誉美》《春告鸟》《苋对暖语》《春色恋白浪》</td></tr>
<tr><td>式亭三马</td><td>《浮世风吕》《浮世床》《船头部屋》《船头深话》</td></tr>
<tr><td>井原西鹤</td><td>《好色五人女》</td></tr>
<tr><td>西泽李叟</td><td>《皇都午睡》</td></tr>
<tr><td>作者不详</td><td>《唐物语》</td></tr>
<tr><td>歌舞伎</td><td>《助六宿缘江户樱》</td></tr>
<tr><td>净琉璃</td><td>《助六阔的家樱》《花街色丝》《钵卷江户紫》《松内》《梅柳中宵月》《重妻闺之小夜衣》《夕雾伊左卫门曲轮文章》</td></tr>
<tr><td>长歌</td><td>《京鹿子娘道成寺》《教草吉原雀》《六个仙容彩喜撰》《一对斗笠》《轩端松》</td></tr>
<tr><td>绘画</td><td>喜多川歌麿</td><td>《风俗三段娘》《妇人相学实体》</td></tr>
</table>

其中引用最多的是为永春水的作品，多达28处。在“粹”的内涵结构部分中引用5次；在“粹”的外延结构部分中引用8次；在“粹”的自然表现部分中引用7次；在“粹”的艺术表现部分中引用7次。此外，在结论部分，“通过命运而获得‘达观’和‘媚态’，它活在‘自尊’的自由当中，这就是‘粹’”的注解中，引用的依然是为永春水《春色辰巳园》二篇第十回上中的内容。具体注释内容如下：

“粹”的语源的研究，必须交互着存在学性质，阐明生、息、行、意气（发音均为“iki”）的关系。“生”，不消说，是基础的视域。而“活着”（ikiru）有两个意义。第一个是生理上的“活着”。异性的特殊性便建立在这种基础上。因此，“粹”的质料因的“媚态”，就是从“活着”这个意义产生。“息”，是为了“活着”的生理条件。“在梅本茶屋和秋芒茶屋喝了酒又吵了架，那就潇洒地换个地方、换个对象继续喝吧！”这种情形的“粹”与“息”的关系，并不仅是音韵上偶然的关系。“息差”（ikizashi，意思为呼吸、气息）这个词汇形态就证明了此点。①

上文中，“在梅本茶屋和秋芒茶屋喝了酒又吵了架，那就潇洒地换个地方、换个对象继续喝吧！”就是为永春水《春色辰巳园》二篇第十回上中的台词。

为永春水（1790—1844）是江户时代人情本的代表性作家，本名佐佐木贞高，用过笔名有二代目南山楚满人、二代目振鹭亭主人、狂训亭主人、金龙山人等，曾师从伊东燕晋、林屋正藏、式亭三马。文化末年，他经营林青堂，并于1819年出版了人情本《明乌后正梦初篇》，后以《春色梅儿誉美》一作奠定了其人情本作家的地位，之后以“人情本元祖”自称。《春色梅儿誉美》继承了读本、洒落本、滑稽本、歌舞伎的文学要素，刻画了吉原游女、深川艺妓、净琉璃姑娘、发型师姑娘等平凡而具有代表性的普通人物形象。

《春色梅儿誉美》作为为永春水的代表作，用四篇十二册的篇幅讲述了唐琴屋的养子夏目丹次郎与唐琴屋主人的女儿阿长（丹次郎的未婚妻）、米八（唐琴屋艺妓）、仇吉（艺妓）之间复杂的恋爱故事。唐琴屋主人去世后，奸诈的掌柜设计将重病之中的丹次郎赶出唐琴屋，并使其背负了巨额债务。阿长、米八、仇吉三人无怨无悔，拒绝一切诱惑，尽心尽力地帮助丹次郎，最终以丹次郎与阿长结为夫妇、以纳米八为妾的大团圆结局。奸诈的掌柜最后也得到了应有的惩罚。这一故事情节颇有中国才子佳人小说的影子。

四、中国才子佳人文学对日本人情本的影响

唐宋至明清时期，中国文坛上涌现出了大量的才子佳人小说。才子与佳人相互欣赏，在经历磨难后终有团圆结局。这些小说传到日本后，得到了当时作家的翻刻。如山东京传的《樱姬全传曙草纸》就是《金云翘传》的翻刻本。酷爱读书并博览群书的为永春水在写作时一定会受到才子佳人小说的影响。

江户时代幕府虽然实行了闭关锁国政策，但与中国的贸易往来从未中断过。除了从中国输入大量纺织品、药品、陶瓷、工具、纸张、书画等商品外，还从中国商人手里获得了大量的汉籍。据大庭脩著《江户时代中国文化受容研究》，虽然在唐船中书籍算不上最主要的商品，但仅正德元年

① 徐金凤．九鬼周造的哲学思想研究［M］．北京：社会科学文献出版社，2012：295.

(1711) 随商船带到日本的汉籍就达如下所示数量:

十号宁波船二部、十五号南京船九十三箱,十九号宁波船四箱,二十五号南京船一箱,五十一号南京船四十箱。①

所输入的书籍种类繁多,有史学、儒学、方志、诗学等方面的书籍。作为“持渡书”,中国的通俗小说也随着“唐船”大批带到日本,或在日本得到翻刻。在宝历四年(1754)的持渡书清单中,仅通俗小说就有30部之多,《金云翘传》与《平山冷燕》也在其中。书目中才子佳人小说居多。

另据《小说字汇》统计,江户时代传到日本的明清白话小说达160种之多,因而江户时代也是日本翻案文学的顶峰时代。其中最为著名的当属山东京传对《水浒传》的翻本《忠臣水浒传》,再如都贺庭钟依据《三言二拍》写成的《古今奇谈英草纸》。此外还有浅井了意根据李昌琪《剪灯夜话》改编的《伽稗子》;西田维则(口木山人)将《西游记》前二十六回改写成《通俗西游记》在京都出版;宽延四年(1751)《金瓶梅》传到日本后,松村操译成《原本解译金瓶梅》;神田为民将《聊斋志异》译为《艳情异史》;山田秋成的《雨月物语》也多是翻拍《三言二拍》的短篇小说集。

上举翻刻小说多数是保持原作的故事情节,将背景、时间、人物等改写成日本的内容。为了使作品更趋于日本化,作者还根据日本的风俗习惯以及审美情趣等进行了改写。以下以山东京传对《金云翘传》翻刻的《樱姬全传曙草纸》以及曲亭马琴对《平山冷燕》翻刻的《松浦佐用姬魂录》为例,分析日本作家在翻刻中国小说时的特点。

首先,从故事梗概上来讲,日本的才子佳人小说一般遵循以下情节展开:相遇—生情—定下终身大事—小人阻止—历尽艰辛而大团圆。《樱姬全传曙草纸》第七回中讲樱姬遭遇灾难时英雄宗雄救美,二人相遇一见钟情;第十回讲樱姬对宗雄念念不忘而相思成疾,恰在此时,樱姬家的猫将项圈挂在邻居家的树上,而送来项圈的正是樱姬日思夜想的宗雄,二人以风筝书信传情,私订终身。但从第十五回开始讲樱姬家道中落,落魄出逃,途中遇到兄长清玄纠缠不已。此处符合了“小人滋事”的故事情节。与中国的才子佳人小说中的“小人”所不同的是,《樱姬全传曙草纸》中的小人清玄并非十恶不赦之徒,而是受自己母亲的怨灵控制后才做出了非常之举。而清玄母亲的怨气则来自樱姬母亲对自己的陷害。如此冤冤相报

① 大庭脩.江户时代中国文化受容研究[M].京都:同朋社,1984:30-31.

的情节符合日本怨灵文化的特征，也暗示出与传统才子佳人小说大团圆结局不同的结尾。

在第二十回，殒命的樱姬托梦给已出家的宗雄，送给宗雄一枝樱花，宗雄把樱花植于庭院中，自此与樱花朝夕相伴，直至圆寂。这从某种程度上说，也部分地安排了才子佳人团圆的结局。

《松浦佐用姬魂录》则借用日本古代松浦佐用媛的故事，把松浦佐用媛改为秋布，狭手彦改为濑川余女，汲取《平山冷燕》的旨趣写成《松浦佐用姬魂录》。才貌双全的女主人公秋布邂逅勇武潇洒的武士松太郎，二人一见钟情，倾心相许；后遇到小人喜二郎、六太等作乱，节外生枝；后又有松太郎出征，二人生死别离，两地相思；有情人历经艰辛，最后终成眷属。这一故事情节完全符合才子佳人小说的模式。但为了迎合日本人的尚武习惯，把才子改为武士。

其次，从对女主人公佳人的形象描写来观察，《金云翘传》中的王翠翘柔媚无比，吴侬软语；不仅唱得出类拔萃，而且能弹一手好琵琶，顾曲者趋之若鹜，红极一时。尤为可贵的是，她对客人从不曲意奉承。富商巨贾厚赠金银，希望博得她的青睐，但她只要不高兴，便不理不睬。日常得到阔人赠金，都毫不吝啬地用来周济穷人。由此可知，王翠翘具有“粹”的所有内涵本质——媚态、自尊和达观。《樱姬全传曙草纸》中的樱姬则生得“娟婵两鬓似秋蝉之翼，婉转双蛾犹远山之色。如秋夜待月，微见出山之清光；如夏日思莲，洁胜初穿水之红艳。诚非人间所有。只疑是月宫之嫦娥下凡，贝阙之龙女出凡”。[①] 此段描写尽显樱姬的媚态，而对于清玄的纠缠无动于衷，则显示出其对爱情的忠贞与自尊。

《平山冷燕》第二回中描写山黛的美貌为“生得美如珠玉，秀若芝兰，洁如冰雪，淡若烟云”，“眉如初月，但安鬓角正思描；脸似含花，艳敛蕊中犹未吐。发绾乌云，梳影垂肩复额；肌飞白雪，粉光映颊凝腮”。“肢体轻盈，三尺将垂弱柳；身材娇小，一支半放名花。”不仅容貌秀美，而且才华横溢。《平山冷燕》第十六回中写道山黛仅十岁就因作《白燕诗》被天子赏识，御前作诗“拈起御笔，略不经思，也不起草，竟在龙笺上端端楷楷一直书去。就如宿构于胸中一般”。《松浦佐用姬魂录》中的女主人公秋布也是才貌双全。

以上以山东京传对《金云翘传》的翻本《樱姬全传曙草纸》与曲亭马琴对《平山冷燕》的翻本《松浦佐用姬魂录》为中心，分析了才子佳人小

---

① 李树果．日本读本小说名著选［M］．天津：天津人民出版社，2003：260.

说对日本翻案文学的影响。为永春水的《春色梅儿誉美》在某种程度上也与才子佳人的小说特征相契合。

《春色梅儿誉美》所讲述的尽管是丹次郎与长吉、米八、仇吉之间复杂的恋爱关系，但从情节模式来讲，基本是定情—小人（唐琴屋掌柜）拨乱—历尽艰辛—大团圆的故事情节设定，而女主人公尤其是米八则是才貌双全、重情重义的才女。九鬼周造《“粹”的结构》中所引用的描述基本都与米八有关。

由以上分析可以得出，尽管“粹”是产生于日本本土的审美意识，但进一步考察就会发现，“粹”这一产生于游里的审美意识的形成与表现都与中国文化有着密切的关联。

五、中国文化对江户日本文化的影响

中日两国一衣带水，自古以来中国文化极大地影响了日本文化的形成。但由于近代以后，日本过度崇拜西欧，历史观与文明观主要以西方为重点，故对于江户时期及以后中国文化的影响很少关注。实际上江户时代中国文化对日本近现代文化形成的影响是不可估量的。

政治上的影响，江户幕府用以统治的思想原理的中心是儒学。江户时代，以藤原惺窝、林罗山为开端，日本的儒学向着程朱理学方向发展。后来山鹿素行发起古学派，伊藤仁斋和荻生徂徕都属于这一学派。在整个江户时代，男子最重要的基础教养是汉学。对当时的日本来讲，《四书》《五经》是极为重要的古典著作。除了上文提到的藤原惺窝、林罗山、伊藤仁斋、荻生徂徕之外，江户时代具有代表性的儒学家还有中江藤树、熊泽蕃山、目下顺庵、新井白石等，包括五代将军都热衷于《四书》《五经》的讲授。如上野的圣庙以林家为大学头讲授中国学，德川纲吉在汤岛也设立了圣庙讲授儒学。

史学上的影响，具体表现在史学观念和修史笔法方面。在江户时代历史著作的编撰中体现了儒家纲常伦理等级名分的思想。宽永十八年（1641）幕府命林罗山编修《宽永诸家系图传》。正保元年（1644）又命其修国史，当年即完成《本朝编年录》。以后继续编纂、修改文武天皇纪以后的内容，到安庆三年（1650）编修至宇多天皇，多达40卷。林罗山卒后，其子林鹅峰受命继续编修《本朝编年录》，至宽文十年（1670）完成。《本朝编年录》较为明显地体现了儒学的正统论和鉴戒论。

文学上的影响，主要表现为汉诗文的进步和通俗汉文学的发展。从江户时代诗歌作家的变化情况来看，参与者的身份由贵族及庙堂逐渐走向民间。这也体现了江户时代文学素养的普及，反映了当时文化的庶民化倾向。在通俗文化方面，如前文所述，中国文学在流传到日本后丰富了日本文学创作者的素材，如很多翻案小说就是在中国小说素材的基础上对原作的背景、人物、时间等进行日本化改写而成的。另外，当时日本的落语、漫谈、讲话等的题材多取自中国文学。宋元明清白话小说在日本的翻译和翻刻，对近代日本庶民文化的形成产生了重要作用。

绘画方面，在17世纪初的万历朝后期，中国的版画制作迎来了全盛期。随着通俗文学的流行，插画本大量诞生，并作为持渡书传到了日本。此外，写生画家沈南蘋也在长崎有过短暂的停留。虽然他在长崎居住的时间不长，但如果没有他的影响，没有大批中国插画本的传入，就没有葛饰北斋，也不会产生浮世绘版画的多色印刷，也不会有《水浒传》等读本翻案文学以及洒落本、人情本等绘本中的版画流行。在江户时代乃至明治时代前期，书道、南画、汉诗一直被称为“三绝”。

医学方面，在韩籍持渡书中，本草书特别是医学本草书被大量购进。据学者研究，江户时代传入日本的医学书籍有804种，共1917册。这些书籍传入日本之后，进行和刻的多达314种，共刻679次。这些医学书籍大部分在中国已经失传，而现在仍存于日本的竟然有259种。[①] 另据《长崎志》记载，吴载南、陈振先、朱来章等曾在长崎传播医学，中国的医学书通过长崎流向日本各地。每年都有数十万斤的汉方药输入到日本，仅1804年一年达到909218斤。现在的汉方药依然非常受日本人的欢迎，汉方医药品占了很大的比重。

此外，各种工艺品尤其是陶艺、染织品、染色材料及技术等，都对日本人的日常生活产生了极大的影响。

如上所述，在江户时代，中国文化对日本文化的影响极大。尽管当时中日两国统治者均出于维护自身统治地位的目的而相互间限制通商贸易，但在江户时代，日本政治稳定、经济发展，对中国的关心扩大到了社会各阶层，因此能够认为这个时期中国文化对日本的影响，超过了历史上的任何时期，对此影响应予公正的评价。

九鬼周造在《日本的性格》一文中曾提出，日本文化是摄取中国和印度文化后，与自身文化浑然结合为一体的文化。九鬼周造认为与“粹”相对应的是儒教，这亦是“粹”这一审美意识的形成受中国文化影响的有力佐证。

---

① 牛建强．江户时代中国文化对日本之影响［J］．暨南学报，2008（1）．

六、结　　语

江户时代文化的特点是庶民文化极其成熟。江户时代250余年间，日本社会稳定、城市人口骤增、商品经济繁荣，具有雄厚经济实力而无社会地位的新兴町人追求都市“上品”生活的时髦、新奇与潇洒，创造出极富活力的町人文化，即城市庶民文化。

众所周知，代表日本贵族文化的上方文化（即雅文化）可以划分为两个时期：第一期是平安朝文化，第二期是中世文化。平安时代文化的中心是宫廷，中世文化的中心是武士官邸和名山寺院。而江户时代文化属于庶民文化，其发源地是游廓。在当时，高级游女艺妓及“通人”的言谈举止、服饰装扮、技艺修养等被认为是流行的风向标，为世人所模仿。正如现今社会的艺人引领社会时尚潮流一样，艺妓在日常起居、行住坐卧、一举一动所体现的教养和美感，被认为是理想与艺术的完美结合。

基于艺妓身姿及艺术道德修养的这种美感，被九鬼周造提炼为“粹”这一审美意识。这种审美意识在当时的流行文学——浮世草子、洒落本、滑稽本、人情本及歌舞伎、净琉璃等文学作品中得到了完美体现，故九鬼周造在《“粹”的结构》中大量引用了上述文学作品中的内容加以阐释。宣扬“粹”的审美意识的文学作品在传播过程中又反作用于现实社会生活，其主人公的言行举止对现实中的人们起到了引领作用，这进一步促进了“粹”审美意识的提升与推广。在这一反作用的过程中，中国文化元素亦随之融入日本民族的审美意识中。

参考文献

[1] 青木美智男．日本的近世17东和西、江户和上方［M］．东京：中央公论社，1994.
[2] 徐金凤．九鬼周造的哲学思想研究［M］．北京：社会科学文献出版社，2012.
[3] 大庭脩．江户时代中国文化受容研究［M］．京都：同朋社，1984.
[4] 李树果．日本读本小说名著选［M］．天津：天津人民出版社，2003.
[5] 牛建强．江户时代中国文化对日本之影响［J］．暨南学报，2008（1）．

胡床对日本文化的影响及意义

黄晓星[①]

一、引　　言

在被称为“丝绸之路最东端”的日本正仓院，珍藏着光明皇太后献给东大寺的大量宝物（御物）。其中有很多是经由中国传入日本的西域文物。正仓院南仓藏 67 号“朱漆灌木胡床”，作为正仓院藏品中的唯一坐具，体现了奈良时代弥漫日本宫廷的“胡风”。充满西域风情的胡床成为圣武天皇（724—749 年在位）的“玉座”，并发挥着彰显天皇威仪的作用，说明当时胡床对日本文化的影响很大。西域器物的输入，不仅影响了日本人的物质生活和精神世界，而且是古代日本通过丝绸之路与西域进行文化交流的重要见证。本文就胡床对日本文化产生的影响做一简要阐述，谬误之处，望方家指正。

二、中国的胡床

“床”是古代坐具，胡床来自西域或北方民族，故称为“胡床”。在胡床输入中原之前，汉族人主要采用“床座”的坐法，坐具则主要是“牀”或“榻”，可以坐或横卧，坐具的位置也较为固定。来自北方游牧民族的胡床于东汉末年传入中原地区，东汉灵帝（168—189 年在位）时开始进入宫廷，并在贵族阶层中流行。《后汉书·五行志》中记载：“灵帝好胡服、胡帐、胡床、胡坐、胡饭、胡箜篌、胡笛、胡舞，京都贵戚皆竞为之。”[②]

---

① 黄晓星，1990 年生，女，北京外国语大学在读博士研究生，主要研究方向为中日比较文学与区域文化。

② 范晔．后汉书卷二十三五行志一［M］．郑州：中州古籍出版社，1996：65.

足见灵帝时包括胡床在内的胡文化盛行，西域文化逐渐渗入中国文化中。汉朝以后，北方游牧民族纷纷南下，中国历史进入了五胡（匈奴、鲜卑、羯、氐、羌）十六国和南北朝时期。在这一历史过程中，汉族与草原游牧民族的文化大规模地走向融合，胡床的使用在中原地区更加普及。

据日本东洋史学家藤田丰八考证，胡床传入中原地区后，汉族人的坐姿分成“跪”和“踞”两种。[①] 原本依照礼教的“床座”逐渐演变为在胡床上垂足而坐。据当时的文献记载，胡床主要用于战场、猎场、船中或室外，显然是由于其轻便，易于搬运。胡床只能坐一人，而此前中国的“牀”和“榻”可以坐两人以上。坐在胡床上时双腿无须屈膝或相叠，可以将双腿自然垂放。藤田丰八曾指出，胡床的这种坐姿，应该是骑马民族所特有。[②] 因为习惯骑马的人很难将膝盖弯曲而坐。在北方游牧民族的影响下，中国开始了一场关于坐姿的重大改革。到隋文帝（581—604 年在位）时期，又出现了交床。《资治通鉴》对其有描述：“交床以木交午为足，足前后皆施横木，平其底，使错之地而安；足之上端，其前后亦施横木而平其上，横木列窍以穿绳絛，使之可坐。足交午处复为圆穿，贯之以铁。斂之可挟，放之可坐；以其足交，故曰交床。”[③] 可以看出，交床的坐面为木板或布，腿可以折合，近似于今天的小板凳。到唐朝时，又陆续出现了“逍遥座”、绳床、高凭几等，垂足而坐的坐姿和坐具已经在中原地区的日常生活中占据了主流，同时也形成了一套于高坐相适应的礼仪制度。

三、日本的胡床

中国的坐具、坐姿发生的重要变革也影响到了日本。古代日本人居住在竖穴式房屋或低矮的草房，基本上席地而坐。由于受中国文化的刺激，日本的坐具和坐姿发生了很大变化。胡床作为大放异彩的西域物件，也漂洋过海传到了日本。在日本的古代典籍中，多次出现了有关胡床的记载。日本沿用中文名称，把坐具称为“床”，把西域传来的高足椅子称为“胡床”。《古事记》中曾提到「胡床居の神のみ手もち」。《日本书纪》的《应神纪》中出现了“吴床”（即胡床）。《日本书纪》的《雄略纪》中出

① 垂脚坐在胡床上，称为“踞”。

② 山折哲雄.「坐」の文化論［M］. 東京：佼成出版社，1981.

③ 胡三省. 资治通鉴音注［M］. 北京：中华书局，1956.

现了“阿娱罗”（胡床）。此外，《日本书纪》还记载了507年（继体天皇元年）继体天皇即位时带领大臣坐胡床的情形：“于是，男大迹天皇晏然自若，踞坐胡床。齐列陪臣，既如帝坐。”① 从继体天皇坐胡床时“晏然自若”的神态，能够看出继体天皇“好胡床”的程度不亚于汉灵帝。《日本书纪》敏达天皇十四年三月条记载了物部守屋的“毁佛”事件。其时，物部守屋是“踞坐胡床”下达命令的。② 此外，“踞坐胡床”的记载还出现在《日本书纪》钦明天皇十五年十二月以及用明天皇元年五月条中。《令义解》杂令中有对胡床的描述：“凡厅上，及曹司座者，五位以上，并给床，其制从别式。”③ 说明胡床在日本贵族和权臣中已是常见之物，但不能随意使用，要根据官阶和地位而定。胡床除了灵便轻巧、垂腿而坐的优点之外，坐在胡床之上还有居高临下之感，这也是日本的贵族阶层青睐胡床的重要原因之一。

关于胡床的制作过程，日本古代典籍也有记载。在《大日本古文书》中出现了用波多板制作坐具的记载。《延喜式》中也出现了很多可以倚坐的坐具的名称。宫中的木工寮严格规定了大椅子、小椅子、大床子、小床子、枪床子等的制作标准，在尺寸大小、木材种类、钉子的长度和数量、胶的用量等方面有严格的规定。在左右近卫府的式文中，载有胡床制作的标准：“凡胡床三百，机织料绯丝，基别八两，涂料漆，基别一合，随损申官请。”④ 据《西宫记》记载，负责宫中清扫工作的扫部寮规定了铺在椅子、床子上的席子的制作标准。如下所记，使用者的身份不同，坐具的规格及坐垫的颜色也有很大差异：

> “凡御座者，清凉后凉等殿设锦草墩，紫宸殿设黑柿木倚子，行幸赤漆床子，草墩，赤漆小床子，大纳言两面草墩……参议已下侍从已上中床子，女御锦子，草墩，囊床子，四传命妇……其座次第如掌仪。”“凡厅座者，亲王及中纳言子，已上倚子，五传已上漆床子，自余白木床子……”“凡诸司座者，随官人员子，三年一充。”⑤

① 山折哲雄.「坐」の文化論［M］. 東京：佼成出版社，1981.

② 山折哲雄.「坐」の文化論［M］. 東京：佼成出版社，1981.

③ 福井晃一. 日本古代における倚坐の史的研究［J］. デザイン学研究，1969（10）.

④ 福井晃一. 日本古代における倚坐の史的研究［J］. デザイン学研究，1969（10）.

⑤ 福井晃一. 日本古代における倚坐の史的研究［J］. デザイン学研究，1969（10）.

胡床、胡坐对于日本宫廷礼制的深刻影响，从扫部寮对于房屋内摆设的规定可见其一斑。木工寮也明确规定了从太政大臣、左右大臣至四位出位官员的坐具的制作标准。《延喜式》中有对于兀子（四条腿的长方形板凳，主要是在官员上朝时使用）的记载，《伊吕波字类抄》还对其进行补充说明："公乡座也。"《北山抄》中则指出，兀子是亲王以下、纳言以上等级的王公大臣的坐具。此外，《延喜式》兵部式文中也提到了胡床，在立仗日时，"凡诸门立仪仗日，卫府人等见皇太子及亲王，大政大臣出入，皆坐胡床而揖"。[①] 由此可以看出，胡床虽小，但对于日本的古代礼制至关重要。在古代日本，胡床是只有位高权重者才能使用的坐具，普通百姓很难接触到，这也造成了胡床的使用人群十分狭小，影响了胡床在日本的广泛传播。

3—7 世纪，日本处于古坟文化时代，古坟文化对古代日本的生活产生了重要影响。埴轮是古坟文化的重要代表，它是摆放在古坟上的土偶殉葬品，反映了古代日本人对死后世界的幻想。在这些埴轮中有一部分属于人偶，反映了当时的日本人的坐姿。在这些人形埴轮中出现了很多交脚、胡座的座像及某个人垂脚坐在椅子上的形象。日本考古学家原田淑人对古坟时代的人形埴轮进行整理后，将埴轮中的坐具分为以下三种类型：

第一类，坐具的上部面板扁平，下部具体形态不明。群马县佐波郡出土的弹琴男子像即属于此类。

第二类，坐具面板的左右有横木，中间呈弧线向下凹陷，表面上贴了一层布或皮革，坐具下部的形态不明确。

第三类，在背部安上板子的靠椅式坐具，这一类坐具主要是男子使用。

总之，早在古坟时代，胡床就传入了日本，对日本人的坐具和坐姿产生了影响。

四、正仓院的朱漆灌木胡床

正仓院的朱漆灌木胡床是光明皇太后在 756 年圣武天皇驾崩后献给东大寺的天皇遗物，为日本的国宝。[②] 朱漆灌木胡床是用坚硬的灌木加工而

---

① 福井晃一．日本古代における倚坐の史的研究［J］．デザイン学研究，1969（10）．

② 服部等作．胡牀の形態とその座法について（1）［J］．広島市立大学芸術学部芸術学研究科紀要，2012（17）．

成的具有柔和曲线的四脚靠椅。其外表用漆涂饰，四脚及转角、端头处有包角，两侧扶手在双腿之上分别有短柱，两端出头，床宽而深，外观接近于后世的禅椅。据推测，其制作年代大约是在8世纪后期。精湛的制作技术、上乘的选料及简洁的造型体现出当时胡床制造的高超技艺。其使用情况在《延喜式》中亦有记载。宫廷扫部寮在幡宫殿举行仪式时使用朱漆灌木胡床，即将其作为举行天皇登基等重要典礼时彰显威仪的器具。

正仓院宝物主要有以下几种来源：(1) 唐朝时遣唐使或留学生从中国带入日本的文物；(2) 经由中国传入日本的西域文物；(3) 日本模仿中国文物所制之文物。① 其中既有大量来自中国唐朝的珍贵文物，又有来自西亚、中亚地区甚至是欧洲的珍宝。关于朱漆灌木胡床的来源，学界观点不一，其中一种观点认为它属于西域文物，经由丝绸之路传到了日本。② 无论其来源如何，正仓院藏朱漆灌木胡床无疑与西域文化关系密切。

五、结　语

由于胡床在日本的特殊作用与地位，其在日本的发展和命运也与在中国截然不同。平安朝末期的《类聚杂要抄》中用大量的图记录下了在东三条殿举办的大型宴会。从当时大殿内的情形来看，基本以平坐为主，倚坐的坐具几乎不见踪迹。到近世之后，榻榻米式的坐具逐渐占据了日本坐具的主流，室内的各种活动也多以平坐的姿势进行，日本已形成了一套适应席地而坐的礼仪制度。那么，在日本历史上，胡床是否只是昙花一现后就退出了历史舞台呢？事实并非如此。例如，在室外活动中仍使用胡床；在武家当政时期，战场、狩猎场上等都会使用胡床；在能剧的舞台上，演出者也使用胡床；江户时代的东宫御元服也会使用理发椅子和加冠椅子等。不过，这些都是在一些特定的场合使用，普通百姓接触到胡床的机会仍非常稀少。

西晋时，坐胡床已成了中国的社会风气，并逐渐演变出胡床的新形态，延续至后世。这与其使用者范围的广泛密不可分，上至皇帝、贵族、将相，下至村妇走贩，都使用胡床。并且，胡床的运用体现在生活的方方面面，无论是居家休息还是行军打仗，都可以派上用场。与胡床在中国的

---

① http://baike.so.com/doc/5760584-5973347.html

② 服部等作．正倉院の御椅子と西方的デザインについて［J］．広島市立大学芸術学部芸術学研究科紀要，2010（15）．

传播不同，虽然胡床也曾受到日本天皇的喜爱，并曾在王公大臣中流行，但它只是作为权力威仪的象征，见过、坐过胡床的人毕竟只有极少数的权臣和贵族。因此，胡床并没有在日本庶民阶层中得到推广，或在社会上普遍流行。胡床最终没有能够走入日本人的日常生活中，而只留存于古代仪式中。

参考文献

［1］李昉，等．太平御览·服用部［M］．上海：上海古籍出版社，2008.
［2］胡三省．资治通鉴音注［M］．北京：中华书局，1956.
［3］朱大渭．中古汉人由跪坐到垂脚高坐［J］．中国史研究，1994（4）．
［4］李忠民．从胡床到圈椅［J］．中华遗产，2011（6）．
［5］胡德生．古代的椅和凳［J］．故宫博物院院刊，1996（3）．
［6］曾维华．论胡床及其对中原地区的影响［J］．学术月刊，2002（7）．
［7］黄正建．唐代的椅子和绳床［J］．文物，1990（7）．
［8］山折哲雄．「坐」の文化論［M］．東京：佼成出版社，1981.
［9］福井晃一．日本古代における倚坐の史的研究［J］．デザイン学研究，1969（10）．
［10］服部等作．胡牀の形態とその座法について（1）［J］．広島市立大学芸術学部芸術学研究科紀要，2012（17）．
［11］服部等作．正倉院の御椅子と西方的デザインについて［J］．広島市立大学芸術学部芸術学研究科紀要，2010（15）．
［12］藤田豊八．東西交渉の研究（西域篇）［M］．東京：荻原星文館，1943.

福建与冲绳饮食文化比较①

李明华　刘逸静②

一、引　　言

冲绳的前身是古琉球国，位于中国台湾地区与日本九州之间，是明清时期与中国往来最为密切的藩属国之一。琉球国本是一个贫瘠的荒岛。1372 年，明太祖朱元璋派使者东渡，与琉球建立宗藩关系，此后开始了长达 500 余年的交流。中国作为历史悠久的文明古国，民俗文化底蕴深厚，民间习俗通过各种途径传入琉球，对琉球习俗的形成与发展产生了深远影响，可以说琉球的诸多习俗与我国民间习俗一脉相承。我国福建省与琉球纬度相近、气候相似，在历史文化上也颇有渊源关系，在民俗、饮食文化等方面存在着诸多共性。

二、福建与冲绳的历史渊源

（一）福建与冲绳的自然环境

福建省地处我国东南部，是我国重要的出海口，也是与世界交流的重要窗口。全省陆域面积 12.14 万平方公里，海域面积 13.63 万平方公里。福建省属于亚热带季风气候，雨量充沛、光照充足，年平均气温在 20 摄氏

① 本文为 2013 年国家社科基金西部项目“日本南部与我国华南几种民俗事象的比较研究”（批准号 13XMZ037）的阶段性研究成果。

② 李明华，1966 年生，女，广西师范大学外国语学院教授，硕士生导师，主要研究方向为中日文化比较。刘逸静，1993 年生，女，广西师范大学日语专业本科生，主要研究方向为日语语言文学。

度左右。

从地理位置来讲，冲绳与我国台湾地区仅隔640公里，与我国福建省的福州市和泉州市仅有935公里，而远距东京1400公里。从气候上讲，冲绳位于亚热带，年平均气温为摄氏23度，有难得一见的亚热带旖旎景观。

福建和冲绳气候相似，海域面积广阔，渔业发达。两地的森林覆盖率高，多为山地。两地同属于亚热带季风气候，夏季高温多雨，冬季温和少雨，都非常适宜植物生长与人类的生存，两地都多栽培稻谷、小麦、甘薯、蔗糖等农作物。

（二）福建与琉球的历史渊源

如前所述，冲绳的前身是琉球王国，明朝洪武五年（1372）明太祖“命行人杨载以即位建元诏告其国，其中山王察度派遣其弟泰期等随载入朝，贡方物”。[①] 直至清朝光绪五年（1879）琉球王国被日本强行吞并，这种朝贡册封关系延续了500年之久。

福建文化通过各种途径传播到琉球，并极大地影响了琉球社会。早在明宪宗成化八年（1472），福州已成为与琉球通商的重要口岸。明朝万历七年（1579），“取福州者，自医画、书办、行匠六十余人”。[②] 他们将知识与技艺传授给琉球世居民，同时也将福建的生活习俗和饮食习惯带入了琉球。

琉球除在政治上得到明清王朝的庇护外，还先后派遣留学生来中国学习。明清时期来中国的琉球人约20万人次，居住在福州的柔远驿站（俗称琉球馆）。这些琉球人成为福建文化、民俗风情的体验者和将福建文化传入琉球的文化传播者。

明洪武二十五年（1392），明廷派遣“闽人三十六姓”移居琉球。此后“闽人三十六姓”在琉球繁衍生息，并和琉球人相互融合，逐渐形成“久米三十六姓”。闽人的生活习俗、岁时节庆等也渐次被琉球贵族和平民效仿，尤其是福建的饮食文化对琉球人产生了深刻影响。

---

① 张廷玉．明史·琉球传［M］．北京：中华书局，1974.

② 张廷玉．明史·琉球传［M］．北京：中华书局，1974.

三、福建与冲绳的饮食特征

（一）福建的饮食特征

福建料理是中国八大菜系之一。闽菜以福州菜为基础，后又融合闽东、闽南、闽西、闽北等地风味形成。由于与海外的频繁交流，海外的饮食习俗也逐渐渗透到闽人的饮食生活中，从而使闽菜成为具有开放特性的独特菜系。

冬不严寒，夏不酷暑，草木常绿的自然环境，使得福建享有瓜果蔬菜及山珍海味之乡的美誉。闽菜以善制山珍海味著称，同时也拥有选料精细、刀工严谨、讲究火候、注重调汤、喜用佐料、口味多变等特征。另外，做工考究、风味独特的汤菜也是闽菜的精髓所在。

1. 食材多为山珍海味

闽菜的原料离不开山珍海味。福建地处山海之间，地理条件优越，山珍海味富饶，为闽菜系提供了得天独厚的烹饪资源。原料是烹饪的物质基础，是烹饪质量的保证。在烹饪作用的发挥，烹饪效果的产生和烹饪目的的实现诸环节中，烹饪原料至关重要。在这方面，福建名料理“佛跳墙”最具特色。其名字来源于诗句“坛启荤香飘四邻，佛闻弃禅跳墙来”。

“佛跳墙”是使用多种高级食材，焖、炖、蒸、煨数日而做成的福建传统高级料理。根据食用者的消费预算以及所用食材和调味方法的不同，食谱也有所不同。由于干货需要发泡时间以及食用者的要求，加之食材需要数日到一周的准备时间，食用者通常需要提前数日向料理店预约。

2. 独特的调味——红糟料理

福建人喜欢用红糟作为调味。红糟产于福建，是制红曲酒过程中的衍生物，经过筛滤出酒后，剩下的渣滓就是酒糟（即红糟），再次利用为食材。红糟一直是我国江南人调制红糟肉、苏式酱鸭、红糟蛋等红糟食品的原料，具有浓郁的酒香，更有难得的天然红色素，是珍贵的美味健康食品。

历史上，中原汉族两次大量南下入闽，对福建饮食文化产生了巨大影响。移民不仅使福建的人口结构发生了巨变，而且将中原古老的饮食文化带到福建，并使之与当地的自然食材相融合，创造出了闽味菜肴。红曲由中原移民带入福建后，被大量使用，于是红色成为闽系菜肴的主要色调。有独特香味的红色酒糟也成为烹饪时常用的佐料，红糟鱼、红糟鸡、红糟肉等都是闽菜中的主要菜肴，成为闽菜体系中的重要元素。

3. “无汤不行”的闽菜

汤菜种类繁多也是闽菜的一大特色，更是区别于其他菜系的重要标志之一。这种烹饪特征与福建丰富的海产资源有着密切关系。福建人始终把烹调和确保质鲜、味纯、滋补紧密联系在一起。在烹调中，汤最能体现食材的原汁原味，而闽菜的“重汤”或“无汤不行”正体现了重视食材的特点。如享有盛誉的“鸡汤氽海蚌”就是用三茸鸡汤与鲜嫩海蚌汇合而成的经典菜品。

善于调和五味也是闽菜的亮点之一。闽菜的调味多为甜、酸、淡。这一特征的形成也与烹调原料多取自山珍海味有关。闽菜厨师在长期的实践中积累了丰富的经验，他们根据不同的原料、不同的刀工和不同的烹调方法，使菜肴的口味丰富多彩，变化无穷，构成闽菜别具一格的风味。

4. 丰富的海外舶来品

福建是我国最早对外开放的沿海地区，也是华侨的主要祖籍地之一。福建人的生活中有很多舶来品，沙茶就是一种。沙茶原产于马来西亚，旅居外国的华侨从海外引进的食物品种和新的调味品，这对丰富福建的饮食文化，充实闽菜体系内容所起到的影响不容忽视。

福建沿海港口密布，早在唐朝初年，泉州沿海一带就有人前往海外谋生。宋元时期，泉州对外交往频繁，成为我国主要对外贸易商港。郑和七次下西洋有六次是从闽江口的长乐出发的。下西洋的船员中也多为福建人，有些人就留居当地。这些人也把一些珍贵的海外烹饪技术及原料带回了福建。清朝末年，福建因“五口通商”，门户开放，成为对外贸易的重要地区，为了适应半殖民地商品经济的发展，闽菜在种类和口味上发生了很大变化。

5. 饮食中的“医食同源”

闽菜作为我国八大菜系之一，历史悠久，蜚声海外，其药膳也是构成福建菜系的重要元素。福建菜系在具体制作过程中，除讲究色、香、味、形、器之外，还特别注重“补”的功效，采用中医传统食疗原理。在营养科学的基础上，将现代医学理论与古老的烹调技艺有机结合，配制出诸多著名的药膳菜肴。如“枸杞开边虾”“当枣焖山獐”“当归烧河鳗”“冬虫炖溪鳖”等。福建药膳符合我国“饮食有节、五味调和”的食疗原则，备受国人的推崇。

（二）冲绳的饮食特征

冲绳独特的历史发展轨迹，造就了冲绳文化具有“混血”“多元”的鲜明特性。一方面，琉球的诸多习俗与华南地区习俗一脉相承，延续至今。另一方面，日本吞并琉球后在生活习俗等方面也发生了变化。二战结束以后，美国文化也不断地渗入，影响了冲绳传统文化。饮食文化方面也如此。能够认为，冲绳的饮食文化是在冲绳传统饮食文化的基础上，受福建饮食文化的影响而发展起来的，从而形成了有别于日本本土的风味独特的冲绳饮食文化。

1. 肉食料理

一般来说，日本本土属于“食鱼文化圈”，肉食以鱼肉为主，猪肉较少，羊肉更不多见。与本土不同，冲绳属于“食肉文化圈”，料理中肉类比例很高，而且日常食用及庆典所用肉类是猪肉或羊肉。冲绳的饮食文化深受我国华南饮食习惯的影响，烹饪方法也与十分相似，主要使用料酒、八角和五香粉等香料来调味提鲜。

在日本本土几乎见不到的羊肉也是冲绳人餐桌上的家常菜。在冲绳，不仅有专门的羊肉料理店，人们在年中祭祀活动或庆典上常常食用羊肉，也有很多农户养羊。其主要食用方法是做成有滋补作用的药膳山羊汤及山羊刺身、山羊肉炒蔬菜等，有着鲜明的冲绳地域特色。

日本列岛平原少，不利于饲养牲畜，于是历史上日本人很少食用牛羊肉。由于冲绳没有受到江户幕府“禁肉令”的影响，因此在明治时代以前就有饲养家畜、食用畜肉的饮食文化。冲绳人食用畜肉的另一个原因是，琉球王府出于接待明朝册封团的外交需要。琉球王府为了以肉食接待使节，还派厨师专程来中国学习肉食制作技术。

2. 蔬菜与昆布（海带）料理

在冲绳，蔬菜也与日本本土有着很大不同。由于气候原因，蔬菜的运输与贮存十分艰难，所以经常食用西红柿、黄瓜等无须烹煮的蔬菜。这也是冲绳饮食文化的一大特色。烹饪方法几乎是「チャンプルー」（蔬菜豆腐大杂烩）和干烧。因冲绳属于四季不够分明的亚热带气候，与适宜寒冷气候的食材相比，亚热带属性的食材很容易得到。苦瓜、芋头、艾蒿、空心菜等蔬菜在冲绳料理中扮演着重要角色。在冲绳，以苦瓜作为原料的家庭料理很盛行，如「ゴーャチャンプルウ」（苦瓜鸡蛋豆腐）是冲绳的传统菜肴，也是消暑去热的食品。

以海带为原料的料理在冲绳也十分流行。海带料理在祭祀庆典中更是不可或缺。冲绳之所以大量消费海带，其根源在于“大贸易时代”（江户时代）。在江户时代，日本向清朝大量出口产自北海道的海带，中日海带贸易兴盛。由于气候及流通不便等原因，冲绳人发明了干面、海藻腌肉等容易保存的独特料理。

3. 繁荣的食品加工业

第二次世界大战结束后，美国占领冲绳长达27年之久。其间，冲绳的饮食文化中融入了许多西方饮食文化的要素。冲绳人也十分喜爱加工食品，其食用率非常高。「ポーク」在日本本土指的是猪肉，而在冲绳指的是午餐肉。冲绳自古以来就有吃猪肉的习惯，猪肉罐头也受到普遍推崇，这和冲绳的饮食传统有着密切关系。

4. 独特的烹饪技术和调味品

在冲绳，由于气候原因，造成食品不易保存。在保鲜技术欠发达的古代，如何保存食物是一个棘手的问题。于是，冲绳人多采用油炸或油炒的方法制作食物。这一传统延续至今。传统和食多为生冷食物，以清淡为特色。但冲绳料理多油多盐，且多肉食。这是因为冲绳料理中烩菜占有重要地位，其种类繁多、味道独特。

在冲绳，用猪的内脏做的“中身汤”和猪的背骨做的“骨汤”也十分受欢迎。

5. 食疗养生——以药入膳

传统的冲绳料理还以来自我国的“医食同源”理论为基础。冲绳人将对健康有益的食物称作“kusuimun”（可以当作药的食物）。历史上，琉球从福建输入了大量的药材，中草药不仅对琉球人的健康做出了巨大贡献，而且中药入馔的食疗观念也被琉球社会推崇，进而药膳成为冲绳饮食文化中最具特色的食俗。与日本本土喜食酱汤不同，冲绳料理中，汤的种类极其丰富，尤其是以肉类、海产品为原料的汤类中加入中草药，长时间熬煮而成的药膳汤享有盛誉。

四、福建与冲绳的饮食文化比较

冲绳的饮食文化深受福建饮食文化的影响。随着历史的发展，冲绳人依靠自己的聪明和智慧，在饮食习俗中巧妙地融入了自己的特色，孕育出了独特的饮食文化。

在源流上，闽菜是由闽侯菜系①演变而成。闽菜的形成是历史上中原人口向华南大迁徙的产物，闽菜具有鲜明的中原饮食文化的特征。冲绳饮食文化也属亚热带海洋性特性，海产品异常丰富，但其海洋性并不强，食用海产品的数量和频率远低于素有“鱼肉文化圈”之称的日本本土；相反，被人们视为“猪肉文化圈”，与福建的饮食文化接近。

在食材的选择上，由于自然环境的高度相似，加之历史上悠久的密切关系，闽菜与冲绳料理在选材上十分相似，甚至有很多相同的菜肴。

在烹饪方法上，福建人喜欢采用煸炒和炖煮的方法制作菜肴，而冲绳人则喜欢通过烩菜和煎炸的方式来处理食材。由于气候的原因，冲绳料理中烩菜居多。福建料理中汤菜占重要地位，有着无汤不成席的说法。福建人认为最能保持原料本质和原味的当属汤菜，所以汤菜多而考究。闽菜还十分注重刀功，通过刀功体现原料的本味。而冲绳料理以历史悠久、风味独特、艺术美感、营养丰富而久负盛名。

在调味方面，福建和冲绳虽然都使用料酒、茴香、五香粉等调味，但闽菜调味品偏于甜、酸、淡，缺少辣味，常使用红糟、沙茶等地域特色浓厚的调味品。虽不使用香料但能在清淡中品尝到鲜美味道是闽菜的特点。冲绳传统料理中常用的调料品有盐、酱油、砂糖等，尤其值得一提的是冲绳特有的泡盛酒也成为重要的调味品。冲绳人虽然会使用大量的油和盐，但由于烩菜、炖菜居多，料理的味道并不那么浓重。

在食疗养生方面，由于冲绳深受我国“药食同源”传统医学思想的影响，中药入馔的食疗养生观与我国福建一脉相承。两地都擅长利用当地的特有食材与中草药有机结合，进而达到补充体力、提高免疫力的目的。目前福建已有三地（宁德、泉州、漳州）获得了“中国长寿之乡”的美誉，而冲绳也是享誉世界的长寿之地。不言而喻，食疗养生观念在两地的长寿文化中发挥着重要作用。

在文化地位上，“佛跳墙”代表着福建饮食文化的高水准，成为重要的文化遗产。2008 年国务院公布的第二批国家级非物质文化遗产名录中，具有百年历史的“聚春园佛跳墙制作技艺”荣列其中。对冲绳人来说，有别于日本本土的肉食料理、泡盛文化凝聚了冲绳人的智慧，别具一格。

① 闽侯菜系是由福州、闽南、闽西三个地方菜构成。

五、结　语

饮食文化是民俗文化的重要组成部分，各地、各民族都有自己绚烂多彩、独具特色的饮食文化。饮食文化的丰富性和多样性，体现了不同民族的历史传承与创造性。由于相似的地理环境与气候条件，福建和冲绳具有了相似或相同的文化现象，加之它们相互间独特的历史交往关系，使得两地在风俗习惯、饮食文化上存在着诸多同一性。其中，冲绳的饮食文化深深刻印着福建饮食文化的烙印。通过探讨福建和冲绳饮食文化的异同，也能够窥知其中的渊源关系。

参考文献

[1] 张廷玉．明史［M］．北京：中华书局，1974.
[2] 贾慧萱．中日饮食文化比较研究［M］．北京：北京大学出版社，1999.
[3] 吴永宁．琉球民俗文化研究［D］．福州：福建师范大学，2008.
[4] 方宝璋．闽台民俗研究［M］．北京：人民教育出版社，2013.
[5] 陈贡群．福建饮食文化综述［J］．东南文化，1990（3）．
[6] 谢笑喜．冲绳文化的混血儿［J］．明日风尚，2011（10）．
[7] 廖国一．中国广西与日本冲绳饮食文化比较研究——以横县鱼生和冲绳刺身为例［J］．考古农业，2015（3）．
[8] 廖楚强．闽菜的源流与特色［J］．闽都文化研究，2006（3）．
[9] 吴先辉．闽菜的研究［D］．福州：福建农林大学，2008.
[10] 高良勉．沖縄生活誌［M］．東京：岩波新書，2005.
[11] 島袋正敏．沖縄の豚と山羊——生活の中から［M］．東京：ひるぎ社，1989.
[12] 崎原恒新，山下欣一．沖縄奄美の歳時習俗［M］．東京：明玄書房，1975.
[13] 窪德忠．中国文化と南島［M］．東京：第一書房，1981.
[14] 外間守善．沖縄の歴史と文化［M］．東京：中公新書，1986.
[15] 渡邊欣雄．世界のなかの沖縄文化［M］．那覇：沖縄タイムス社，1993.
[16] 平敷令治，恵原義盛．冲縄奄美の衣と食［M］．東京：明玄書房，1974.

关于日本料理中的“慈姑”①

刘敬者②

一、引　言

“御节料理”是日本新年时食用的食物，其食盒分成三层或五层，每一层装入不同的菜肴，每一种菜都有吉祥寓意。其中，慈姑被赋予了多种吉祥寓意，是人们祈求吉祥的心理载体。作为菜蔬食用的慈姑，为中日两国饮食文化交流提供了良好素材。

二、日本的慈姑

慈姑是多年水生草本植物，在温带和热带地区的浅湖、池塘和溪流普遍种植。很多时候是作为观赏或盆栽植物受到了人们的青睐。其球茎可食用，但因略带苦味，除了中国和日本之外，作为蔬菜食用并不普遍。李时珍在《本草纲目》中记载：慈姑“达肾气、健脾胃、止泻痢、化痰、润皮毛”。慈姑含蛋白质、碳水化合物及钙、磷、钾、铁等多种微量元素，在中国和日本备受欢迎。

慈姑原产于中国，传播到日本的途径有两种说法：一种说法是奈良时代初从中国传到日本；另一种说法是16世纪从朝鲜半岛传入日本。慈姑的日语汉字表记与中国相同，均写作“慈姑”，但日语读音是「くわい」。关于其日语读音的来源，有很多种说法。其中一种说法是，古代日本人看到慈姑在泥土中的球状根类似「いも」（薯），慈姑的叶子很像铲子，日语称铲子为

① 本文为河北师范大学科研基金资助项目——“日本‘和食’文化中蕴含的吉祥元素研究”（批准号：SK2014Y05）的研究成果。

② 刘敬者，1968年生，女，河北师范大学副教授，主要研究方向为中日文化比较研究。

「くわ」，于是命名这种植物为「くわいも」，后来缩略为「くわい」。此后，随着中日交流的增多，日本人了解到中国称这种植物为“慈姑”，于是也开始用“慈姑”表记这一植物了。

现在，日本种植的慈姑主要有青慈姑、白慈姑和吹田慈姑等品种。

（一）青慈姑

青慈姑的球茎呈球形或扁球形，表皮呈青紫色，肉质较紧实，有苦味。《料理早指南》是醍醐山人于1801—1804年整理、编辑而成的菜谱书。该书中最早出现了“青慈姑”这一名称，但没有更详细的说明。1828年成书的《本草图谱》记载：“慈姑扁圆，为青紫色球茎。”明确提出慈姑球茎的颜色是青紫色。

青慈姑是日本种植面积和产量最大的慈姑，目前主要在广岛县种植。日本农林水产省网站2014年6月9日公布的数据显示，2012年日本全年慈姑种植面积达34公顷，总产量为333吨，其中广岛县种植17公顷，总产量达230吨。关东地区埼玉县的种植面积位居第二，2012年种植11公顷，总产量为63吨。

（二）白慈姑

白慈姑的球茎呈卵形或椭圆形，个头比青慈姑略大，表皮呈黄白色，肉质较松。17世纪时，日本栽培的慈姑以白慈姑为主，现在却很少种植，在我国还有不少地区种植。

（三）吹田慈姑

吹田慈姑的球茎呈球形或卵形，表皮呈青紫色，皮薄。比起上述两类慈姑，吹田慈姑个头小，因此又名「姫くわい」（姬慈姑），或「豆くわい」（豆慈姑）。“姬”在日语中指皇室、公卿、将军、大名等地位尊贵人家的女儿，给慈姑取名“姬慈姑”，体现出其在食材中的重要地位以及百姓对这种蔬菜的喜爱程度。

吹田是大阪地区的一个地名，位于大阪湾北部。土壤中含有的丰富养分，使得这里的野生慈姑不断进化，吹田慈姑因此得名。据考证，吹田慈姑是由当地河边或水田中自然生长的野生品种逐渐进化而成。与《本草纲目》中所记载的“慈姑一株多产十二子”不同，吹田慈姑的块茎由15—20条匍匐茎顶端扎入泥土中长成。被誉为日本植物分类学家之父的牧野富太郎（1862—1957）一生发现并命名了2500多种植物，吹田慈姑便是其中之一。

吹田慈姑肉质紧密，带有甜味，有板栗的口感。在明治维新之前长达200年的时间里，吹田慈姑一直是给当时京都御所进贡的食材。吹田慈姑在贝原益轩的《大和本草》中有专项记载。二战结束后，由于住宅的开发，野生吹田慈姑的生长地被破坏，再加上除草剂的使用，野生吹田慈姑曾一度失去了踪迹。1963年，在一家农户的水田里又发现了吹田慈姑，人们加以保护并恢复种植，还专门成立了“吹田慈姑保存会”。在吹田慈姑保存会和相关部门的支持下，种植面积逐步恢复。日本农林水产省网站2014年6月9日公布的数据显示，2012年大阪的慈姑种植面积是1公顷，产量为8吨。

三、食用的慈姑

从上述介绍中可以看出，日本一直种植并食用慈姑。但与其他品种的蔬菜相比，其消费量不大，属于特殊蔬菜。在日本农林水产省定期公布的统计信息中，慈姑被列在“地域特产蔬菜”一类中，也说明慈姑的特殊性。虽然特殊，但一直有着稳定的需求且持久不衰。

一种食材长期受到青睐，可能是由于以下几种情况：一是鲜美可口；二是富有营养；三是具有药用价值；四是饮食习俗的传承。

陈淏子的《花镜》是我国现存的最早的园艺专著，其中对慈姑有以下描述：“至冬煮食，清香，但味微苦，不及凫茨（荸荠）。”能够看出，微苦的慈姑并不属于可口的食材。日本人开始食用慈姑的年代，还没有分析食物营养成分的技术和设备，当然也无从了解其营养价值。既然不知道其营养价值，自然也不会了解慈姑是药食。既然日本人食用慈姑不是出于以上原因，那么一定和特殊的文化传统有关了。

（一）御用菜肴

据记载，大阪地区的吹田，自奈良时代就是退位天皇的御用蔬菜产地。到了平安时代，吹田慈姑成为进贡京都御所的蔬菜之一。幕府时期，慈姑属于幕府将军的特供菜。在江户时代，包括慈姑在内的蔬菜，如莲藕、山药、芋头、芥末、蘑菇和辣椒，都是日本幕府的御用菜，并由特定商人专供。慈姑多用于正月或庆典，作为高级根菜备受珍视。后来，因为新市场供应与专供批发商的矛盾，严重影响了专供商的生意，1817年7名慈姑专供商向幕府请愿，要求禁止慈姑投放千住等普通市场，重新确立神田为专供御用慈姑的市场。

（二）慈姑成为“御节料理”

日本的“御节料理”，原指新年或节庆时皇室或贵族为神灵供奉的食物。不同季节的食材供奉神灵，祈祷五谷丰登，平安健康。到了江户时代，这种做法普及到寻常百姓家，随着时间的推移，原本供奉神灵的过年过节菜被称为“御节料理”。

“御节料理”一般装在三层或五层的漆木食盒中。每层摆放不同食物，食盒中盛放的菜肴可以冷食。

这些菜肴的平衡被称为五香五味。摆到餐桌上时，酸甜苦辣咸，五味俱全；红绿黄白黑，五色咸备。

四、文化意义的慈姑

“御节料理”是新年期间人们食用的美食，令人大饱口福。每种食物都被赋予了带来吉祥的寓意，体现着新年吉祥、祈祷健康长寿、祝愿子孙满堂的心愿，也给食用者带来精神享受。其中，慈姑就是“御节料理”不可或缺的佳肴。

（一）慈姑寓意吉祥

如上所述，慈姑是“御节料理”中不可欠缺的菜肴，被赋予了很多文化意义，给人以很多美好想象。首先，慈姑带有长长的顶芽，寓意着「芽が出る」，吃了慈姑会好事萌生，出人头地；其次，「芽が出る」令人联想到「めでたい」这一具有喜庆意义的日语词；慈姑一词的日语读音「くわい」，可以理解为「くわえる」，象征增加、积累财富；再次，慈姑“一株多产十二子”的生长特点，使人联想到多子多福。慈姑的字面意思也令人心生美意，尽管其口感特殊，有的人不喜欢吃，但是“慈姑”这一名称颇有寓意。富于匠心的日本职业料理人，将慈姑加工成松塔形状，削成六面体或八面体，称之为“慈姑龟甲”，慈姑又多了一层“长寿”寓意。与此同时，慈姑产地还研制出了发泡酒“慈姑乐我”、油炸慈姑片等产品。

慈姑在年节菜中仅放置一两枚而已，但这一两枚慈姑，成为年节菜中的核心，在日本年节大餐中占据重要位置。年节菜作为日本料理的重要组成部分，越来越得到日本乃至世界的关注。

（二）从文人墨客的钟爱之物到旅游新产品

吹田位于大阪府北部，是东海道线的必经之地。自奈良时代开始，吹田一直是皇室、贵族的庄园所在地和天皇御用蔬菜产地。该地产的慈姑，在各种文献中均有出现。据学者考证，《万叶集》中两首和歌中出现的「ゑぐ」，指的就是吹田慈姑。为此，吹田慈姑保存会在当地的千里南公园建立了“万叶集歌碑”。

“吹田慈姑”这一名称正式出现在1701年冈田溪志编写的《摄阳群谈》一书中。其后在贝原益轩的《大和本草》、寺岛良安的《和汉三才图绘》、小野兰山的《本草纲目启蒙》、岩崎灌园的《本草图谱》等史书中，都对吹田慈姑做了介绍。

太田南亩是江户时代的饮食达人和诗人，曾在大阪为官。卸任回到江户后，回忆大阪的美食时，特意提到了吹田慈姑，并专门作诗称其为大阪的最美食物。

赖山阳是江户时代的历史学家、儒学家、诗人，也是一个大孝子。为了母亲一饱口福，他特意从京都到吹田讨要吹田慈姑，母亲食用后大加赞赏。

葛饰北斋是江户时代著名的浮世绘画家，他的画风对后来的欧洲画坛影响很大，德加、马奈、梵高、高更等许多印象派绘画大师都曾临摹过他的作品。北斋的日常生活非常不规律，据说他嗜好慈姑。一到慈姑上市季节，每天必吃。有人说他活到88岁高龄与经常食用慈姑不无关系。

吹田当地政府和研究会对这些历史事实做了深入的挖掘和细致的梳理。自2008年开始，举办一年一度的慈姑节。2014年，大阪学院大学的学生与吹田慈姑保存会、吹田市政府合作举办的活动中就有再现当年慈姑进贡宫廷的队伍，并设计了慈姑吉祥物。慈姑不但形成了新的旅游产品，还大大丰富了慈姑文化，保护和宣传了地方特色农产品。

五、日本饮食文化的启示

日本的慈姑饮食文化一直推动着慈姑的种植，并对慈姑的推广和产品创新注入了活力。在日本，慈姑从区域性蔬菜发展成了全国性食材，在新年期间家家户户食用慈姑；慈姑从昔日的宫廷菜走上了寻常百姓家的餐桌，而且不断出现新的食用方法；从普通食物发展成了吉祥菜品、健康蔬菜。目前，日本的慈姑产地，研发出了慈姑烧酒，这也将促进慈姑的需求。吹田的慈姑节和为慈姑节设计的吉祥物成为慈姑衍生的新的经济增长点。

历史上，中国人早已认识到慈姑具有重要的药用价值。目前，我国北方各地区并无食用慈姑的饮食习惯。但是随着保存技术的提高、运输的快捷，相信慈姑的食用价值会广泛得到人们的认识和喜爱，从而成为大众化的餐桌新秀。笔者认为，发掘传统文化中优秀成分为现代人服务，慈姑食用文化具有重要的启示意义。

参考文献

［1］吉田伸一．成熟的江户［M］．北京；北京大学出版社，2011.
［2］谷本忠芳．日本慈姑栽培技术与菜肴历史变迁［J］．农业考古，1999（4）.
［3］高嶋四郎．原色日本野菜図鑑［M］．大阪：保育社，1982.
［4］吹田くわい保存会．吹田くわいの本——なにわの伝統野菜［M］．東京：創元社，2010.

中日歌垣文化比较研究

魏宇哲①

一、歌垣释义及其研究意义

（一）中日歌垣概况

追溯历史，8 世纪的日本列岛存有十数种与歌垣相关的文献史料。关于歌垣，《国史大辞典》释文："作为集团活动的歌垣，最初是在初春时节进行的游山、野游活动，是一项伴随着共同饮食和性解放的野炊活动。"②《广辞苑》解释歌垣："上古时代，男女聚集在山野、集市等地，以相互对歌、跳舞的形式进行娱乐的活动，是一种求婚方式，并伴有性的解放。"③现在的日本列岛已不存在原始风貌的歌垣，以上所引词典释义是以文献资料为基础做出的解释，与歌垣实际情况有一定的出入，没有全面描绘出歌垣的真实风貌。

中国西南少数民族至今依然保留着与日本歌垣相似的对歌活动。实际上，歌垣是日语词，中国并没有这一表达方式。中国各少数民族对歌垣具有不同的称呼。例如，壮族的"歌圩"、瑶族的"歌堂"、仫佬族的"坡会"、苗族的"游方""坐寨"等，都是对歌垣的不同称呼。以下笔者对歌圩、对歌、踏歌、游方的内容进行介绍。

---

① 魏宇哲，1990 年生，女，北海道大学博士研究生，主要研究方向为中日文学及民俗比较研究。

② 国史大辞典編集委員会．国史大辞典：第二巻［M］．東京：吉川弘文館，1980：98-99.

③ 新村出．広辞苑：第六版［M］．東京：岩波書店，2008：254.

1. 歌圩

有关歌圩，《现代汉语大词典》“歌墟”条目的解释：“广西壮族农村中一种传统的群众性歌唱活动。又称歌圩。这种活动多在节日或农闲时举行，一般有数百人至上千人参加。届时男女青年从四处汇集，进行对唱，歌词多是临时编的，主要内容是表述爱情、庆贺丰收、祝福平安、增进友谊等。”说到歌圩，一个十分具有代表性的例子是“三月三”。“三月三”是壮族、苗族、侗族等中国少数民族从古至今十分重要的传统节日之一，很多少数民族都在这一天载歌载舞，举行盛大的庆祝活动。广西壮族自治区自 2014 年起将“三月三”设为地方性法定假日，全区放假两天。其中，歌圩是壮族“三月三”的一项主要活动，也是青年男女进行社交的场所。青年男女通过对歌择偶，如果双方情投意合，就互赠信物，以此定情。每到“三月三”，方圆几十里的群众都前来参加歌圩，进行赛歌、抛绣球、碰彩蛋等活动，场面十分盛大。自 2011 年至今，广西壮族自治区南宁市武鸣区连续举办了六届“三月三”歌圩暨武鸣骆越文化旅游节。“三月三”歌圩已成为当地极具特色的活动和文化品牌。

2. 对歌

对歌就是用歌唱形式相互问答，为一种民间活动，流行于某些民族地区。

3. 踏歌

踏歌是古时一种边歌边舞的艺术形式，舞时成群结队，以脚踏地为节拍，连臂而歌。目前，苗、瑶等民族还保留这种艺术传统。

4. 游方

游方，苗语音译。黔东南苗族青年男女谈情说爱的一种方式。一般在村寨附近都有固定的游方场或游方坡。只限本寨女子与外寨男子参加。男女整装相聚，通常是两男两女对歌。

通过上述阐释可知，“歌圩”“游方”等虽然叫法不同，但实际上都是不同民族对歌垣的不同表达方式，其内容、形式基本与古代日本的歌垣活动相似，均为青年男女以歌会友、谈情说爱的一种方式。而对歌、踏歌则是泛指群体间的相互唱和，其所示范围比歌垣更广。

（二）专业用语的选择及歌垣定义

在日本，“歌垣”是被学术界广泛使用的专业用语。歌垣也被称为“嬥歌”，二者含义基本相同。中国各少数民族对此类活动则有不同的叫法。为了避免词义表达上发生混乱，笔者将使用日语“歌垣”一词作为本文的术语。

日本学者工藤隆对日本古代歌垣文献进行了深入研究，并在中国西南少数民族地区开展了多年的田野调查，取得了很大的研究成果。他提出："所谓歌垣，是指人数不定的多名男女以获得配偶或恋人为目的集合在一起，在一定旋律的基础上相互交替唱出即兴歌词的活动，是一种歌曲对唱形式。"① 这是迄今为止对歌垣所下的较为准确的定义。本文笔者以此定义为基础对歌垣文化进行考察。

（三）研究意义

在现代中国和日本，虽然对歌垣都有一定的深入研究，但依然有很多尚未解明的问题。歌垣活动虽然在当代日本社会已经消失，但在中国的很多民族地区得到传承。因此，通过对中国歌垣的研究，能够在一定程度上推知古代日本的歌垣文化。这是研究歌垣的重要意义所在。

二、关于歌垣的文献资料

（一）日本的文献资料

古代日本的歌垣又被称为嬥歌，通过 8 世纪编纂的《古事记》《日本书纪》《万叶集》《常陆国风土记》等文献能够寻觅其踪迹。日本的歌垣活动延续至近现代。据 1925 年寺石正路编纂的《土佐风俗与传说》记载："每年农历七月六日，在长冈郡西丰永山有药师如来的祭典。（略）此药师如来被称为柴折药师，每年值此祭典之时，方圆数里的数千男女都会来此祭拜，其热闹情景无法用语言表达。入夜，男女相互进行问答（对歌），问答的内容不限，大多是男问女答。若女人无法回答男人的问题，就不得不遵从男人的意愿。"②

这段有关歌垣的文献记载表明，男女对歌比赛时，女性失利就要顺从男性的意愿。据日本民俗学家宫本常一调查，1950 年前后，歌垣依然存在于长崎县对马市北端的佐护地区。附近村落的男女结伴到佐护的观音堂朝拜，并投宿于当地的民宅。在此期间，当地村子里的年轻人聚集到朝拜者的住处，进行对歌比赛。

---

① 工藤隆．歌垣の世界——歌垣文化圏の中の日本［M］．東京：勉誠出版，2015：3.

② 寺石正路．土佐風俗と伝説［M］．郷土研究社，1925：18-19.

对于歌垣的解释，日本各辞典有所不同，但也存在很多共同点，笔者对此进行了整理。

选项	《广辞苑》	《日本大百科全书》	《日本国语大辞典》	《国史大辞典》
参加者	男女青年	男女青年	男女青年	男女青年
活动	舞蹈、性解放、供奉	祈祷丰收、性交往、饮食歌舞	饮食、跳舞、性解放	山野游玩、共同饮食、性解放
目的	求婚	求婚、预祝农耕丰收仪式	求婚、预祝农耕丰收仪式	选择妻子

如表所示，歌垣是男女求婚的场所和活动。但是，这些释文主要以 8 世纪的日本古代文献及文学作品为依据，距今已有 1300 多年，并且文献数量较少，并不能完全说明歌垣的真实情况及细节。

（二）中国的文献资料

在现代中国，“三月三”歌圩作为旅游业的重要内容得到保护和发展，并得到社会各界的广泛关注，这对少数民族传统文化的保护和发展来说是一件十分值得庆幸的事情。歌圩的内容、目的在长期发展过程中也发生着变化，逐渐脱离其原始形态，而歌圩转化为旅游观光的资源，进一步加速了这个进程。

据《汉书》记载：“卫地有桑间濮上之阻，男女亦及聚会，声色生焉，故俗郑卫之音。”① 宋代《宣和书谱》（1120 年前后）卷五记载以下关于吴彩鸾的传说：“南方风俗，中秋夜，妇人相持踏歌。婆娑月影中，最为盛集。

此外，清代文献也有记载。如《粤西丛载》记载：“宾州罗奉岭，去城七里，春秋二社，士女毕集。男女未昏嫁者，以歌诗相应和，自择配偶。”《粤游小志》也记载：“西省、平、梧等郡，离城数里，男女夜半对歌。”

通过上述文献记载，能够了解到举行这些活动的地域（中国南方）、场所（远离城镇）、时间（主要在夜晚）、参加者（男女）、活动内容（对歌）、目的（恋爱）等要素。

① 班固．汉书·地理志（下）［M］．北京：中华书局．1997.

三、结　语

歌垣是传统文化的重要组成部分。通过文献记载，能够了解到古代日本曾有过发达的歌垣文化。本文分别考察了关于歌垣的中日文献记载。自20世纪80年代起，以手冢惠子、工藤隆、远藤耕太郎为代表的日本研究者，开始在中国西南少数民族地区进行关于歌垣活动的田野调查。同时，以朱刚、田素庆为代表的中国学者也对国家非物质文化遗产——云南剑川石宝山歌会展开了一系列的田野调查及学术分析。通过这些宝贵的研究成果可知，中国各少数民族的歌垣活动既有相似点，也存在差异，各具特色，不能一概而论。关于歌垣活动的复杂性，日本学者土桥宽曾言："民俗学研究法是进行古代研究的重要方法，但也存在随着漫长的时代变迁而发生变化的情况，因此我们必须警戒仅通过个别特殊的民族事例类推其起源的危险性。"① 这也提示我们，要提高对中国西南少数民族丰富多彩的歌垣文化的重视程度，并进行更深入系统的调查研究。

参考文献

[1] 国史大辞典編集委員会．国史大辞典：第二巻［M］．東京：吉川弘文館，1980.
[2] 新村出．広辞苑：第六版［M］．東京：岩波書店，2008.
[3] 工藤隆．歌垣の世界——歌垣文化圏の中の日本［M］．東京：勉誠出版，2015.
[4] 植垣節也校注．風土記［M］．東京：小学館，1997.
[5] 寺石正路．土佐風俗と伝説［M］．郷土研究社，1925.
[6] 網野善彦．中世の非人と遊女［M］．東京：講談社，2005.
[7] Luis Frois. ヨーロッパ文化と日本文化［M］．東京：岩波書店，1991.
[8] 工藤隆，岡部隆志．中国少数民族歌垣調査全記録 1998［M］．東京：大修館書店，2000.
[9] 土橋寛．古代歌謡と儀礼の研究［M］．東京：岩波書店，1965.

① 土橋寛．古代歌謡と儀礼の研究［M］．東京：岩波書店，1965：380.

文化视角下的中日电视广告发展历程比较研究

张　帅①

一、引　言

广告，最初由商业行为产生。广告商千方百计地把销售观念、情感渗透进广告中，以获得消费者的青睐。经济全球化和区域一体化的发展大势，要求广告又以一种大众文化使者的身份，积极融入由不同地域冲击所形成的文化环境中。广告早已成为一种成熟的产业和重要的文化载体，并以其商业特性和文化载体使命形成了自身的广告文化。

然而，每个区域都有自己的文化，包括思维方式、生活方式、价值取向、审美意识。地域文化拥有各自的地方特征，不免与异域文化发生碰撞，许多广告便以此为创意背景，反映文化的差异。商品的宣传，特别是跨国广告更需要适应当地文化才能更好地被消费者所接受。广告在制作过程中，针对特定文化群体改变宣传重点，这种文化感知能力作为营生行为的重要环节被跨国企业及跨国广告频繁使用。一种文化对人的价值观念、思维方式等方面的影响是潜移默化的，所以现代的广告不可避免地就会受到大众文化的影响。一则 15—30 秒的电视广告，可以说凝聚了当国、当地、当前阶段的最凸显的文化特征。在信息技术日新月异的今天，中日广告文化比较研究将使中国的广告业在发挥自身长处的基础上，吸收日本文化的精华以得到进一步发展，而且对两国电视广告相互取长补短，正确理解对方的广告内容，促进文化交流与发展具有更为深远的意义。本文通过梳理前人研究成果，以电视广告文化为切入口，将中日电视广告发展历程进行比较，探索社会背景与地域文化之间的关系，探求电视广告是否能反

① 张帅，1989 年生，男，日本明治大学教养设计研究科博士生，主要研究方向为中日文化比较研究。

映其所处时代的特征，是否和其所处的社会文化历史环境和谐统一。

二、日本电视广告的发展历程

在日本，广告与文化的学术认知始于大正末期。东京的知名广告代理店正路喜社召开“广告文化演讲会”，并于 1925 年出版讲演集《广告文化》。演讲会及演讲集标题中着重提及“文化”一词，表明当时已经将广告宣传视为一种文化现象，并借此提升广告业界的社会地位。①

日本的电视产业发展始于战后时期，电视广告起始于 1945 年。其前半期为广播广告的创始期及高速增长期。1953 年到 20 世纪 60 年代中期，黑白电视机进入日本市场，与洗衣机、电冰箱并称为“三种神器”②，随后彩色电视普及，家电产品广告大量增加③，电视广告同时迎来增长期。广告学者岛村和惠与石崎彻认为，20 世纪 50 年代初期的广告多注重在广告表现形式上下功夫，文案和画面是否能吸引眼球一类的“how-to”，即方法与技术等实用性功能方面的研究较多。譬如面向广告制作初学者的『広告の考え方・作り方』（1951）一书，包含广告文字、印刷解读等内容。这一期间，具有代表性的电视广告作品「くしゃみ3 回ルル三錠」，因其背景音乐旋律新颖，获得了“为战后的日本社会灌入了新鲜空气”的评价。④

20 世纪 60 年代，日本经济进入高速增长的时期，推崇美国文化的风潮越发兴盛，美国著名广告创意人的著作大量译成日文出版，电视广告的表现内容与形式也深受美国文化的影响。如 Renown 服装厂商的「イエイエ」系列广告中，女主人公身穿针织衫套装，通过传统表现形式的广告将西方的时尚理念广泛地传播到日本。画面中的现实人物置身于二维空间，去脉络化⑤的表现方式突出了主体人物的潇洒感。这则广告也为日本女性形象的变革起到了推波助澜的作用。

---

① 山本武利，津金澤聡廣．日本の広告——人・時代・表現［M］．東京：日本経済新聞社，1986：316.

② “三种神器”，日语为「三種の神器」。名称由来说法不一。一说仿照“神武景气”“伊弉诺景气”等经济现象的叫法，依托于日本国民神话中的形象。特指当时社会的重要物品，类似中国的“三大件”。

③ 吉見俊哉，土屋礼子．大衆文化とメディア［M］．京都：ミネルヴァ書房，2010：184.

④ 日本アド・コンテンツ制作社連盟．THE CM：テレビよりも面白く、映画よりも美しく：JACテレビCM500 選［M］．東京：宣伝会議，2012：78.

⑤ 去脉络化（De-contextualization）是指将物件或符号从原本的关联中抽离，再现其本身在功能层面的意义。

伴随经济的高速增长，70 年代的日本迎来了电视广告的隆盛期，电视台陆续推出富有全新创意的节目。与此同时，电视广告开始被认为牵引着时代的喜好。作为当时具有象征意义的广告作品之一，1974 年松下电器的彩电商品“Panacolor Quintrix”的广告画面中，身材矮小的艺人坊屋三郎面对高大魁梧的欧美男士，对其进行「く、い、ん、と、りっ、く、す」（“Quintrix”的假名标记）发音指导。当时，日本人眼中的欧美人是处于好奇心和戒备心之间的新奇对象。在这样的大环境下，广告中的日本人表现外向，以居高临下的姿态教授欧美人英语的假名发音，表达了不同的对外态度。

20 世纪 80 年代，电视广告步入成熟期。“泡沫经济”预示着经济高速增长的结束，公共及社会意识提高，消费观念发生质的转变，社会和广告环境迎来了大转换时期。仅就当时广告创意现状进行分析，即可发现 80 年代日本广告创意的主流。人际交流开始从单向朝双向转变，“漫才”（日本相声）热潮风靡，普通大众交流的感官方式也在这个时期出现变化。与社会潮流相呼应，此时焦点放在语言部分的广告表现研究出现了增多迹象。①80 年代初，中日合拍的大型纪录片《丝绸之路》在日本 NHK 播出后反响热烈，引发“敦煌热”。同时，日本电视广告中的中国元素增多，三得利乌龙茶以中国为主题的系列广告出现，广告创意以亲情、爱情及自然风景为主。

而后，平成不景气时期开始，这段时间被认为是“失掉的 10 年”。20 世纪 90 年代后期，日本因特网全面普及，开始了与电视机等既存媒体的竞争。另一方面，电视广告创作的图形化和循规蹈矩，导致这一时期广告表现的新鲜感丧失，略显乏味。2000 年以后，手机功能应用发展迅速，带来了所谓的“加拉帕戈斯化”②。而作为网络连接获取信息的媒介，包括电脑在内各种数字媒体播放器迅速普及、升级。日本软银通信公司从 2008 年开始的“亲情通话，同学会”系列服务，给日本人通讯方式的变化带来了深刻影响。在这样的潮流中，电视广告与网络等电视之外的宣传媒介的比较研究显著增加。

东日本大地震期间，广告行业自律停放商业电视广告，商业广告出现短暂空白，公益广告一度成为主流。2013 年 9 月，东京获得 2020 年夏季

① 嶋村和恵，石崎徹．日本の広告研究の歴史［M］．東京：電通，1997：132.

② 加拉帕戈斯化，即企业固守封闭式创新模式。秉承“独立主义”，对自身的尖端技术过度自信，与外部技术交换水平过低，风险投资发展迟缓，固守封闭的垂直统合型分工体制。

奥运会及残奥会举办权，奥运赞助商结合奥林匹克精神播出的电视广告作品开始增多，日本的电视广告进入新时期。

三、中国电视广告的发展历程

中国的电视广告发展比日本晚了近20年，始于20世纪七八十年代。日本经历广告初创期的同时，中国正经历计划经济体制时期，广告主要以宣传私营工厂及娱乐宣传海报等形式出现。此前，以个体形式开展商业广告的行为虽然存在，但从现代广告的总体发展情况来看，依然属于广告表现的空白年代。

1978年，十一届三中全会开启了改革开放的历史新时期。1979年1月14日，广告人丁允朋在《文汇报》发表《为广告正名》一文，强调商业广告的经济作用，对后来的中国广告业产生了深远影响。中国广告史的研究者，常常以此文及唐忠朴等人编著的《实用广告学》一书的出版作为中华人民共和国广告学术研究的开端。[①] 此后，上海电视台播放了中国第一则电视广告，标示着中国广告产业的兴起。当时关于广告表现的研究，多从美国消费文化着眼，如《美国电视广告片的生产》（1981）、《美国影视明星爱拍日本广告》（1988）等著作即如此。

20世纪80年代中期到90年代中叶是中国电视广告在摸索中发展的增长期。1990年，日本大学艺术学部派遣教员到中国传媒大学讲授“现代广告”课程，协助编辑《广告学》教材。次年，八卷俊雄来华讲授日本广告知识，中国与日本在广告理论上的交流增多。同时，《电视广告创意的表现手法》（1990）、《国外电视广告创意谈》（1996）等广告创意和广告文案相关的研究成果相继出现。西方文化逐渐渗透到广告表现中，以美国广告风格为模板制作的电视广告出现，轻松快乐氛围的影像作品一度成为主流。

20世纪90年代末至21世纪初，中国经济及消费结构再一次迎来了巨大转变。20世纪50年代至70年代的“四大件”自行车、缝纫机、手表、收音机，在八九十年代中期被电冰箱、彩电、洗衣机、录音机取代，90年代再次升级为空调、电脑、手机、汽车。新四大件中，用于通讯交流的手机、电脑占了两项，手机用户跃居世界第一，国人的消费观念已由实物消

---

① 祝帅．新中国前30年广告研究的格局及其基本面向——1949—1979年间中国的广告学术论著的历史与分析［J］．广告大观（理论版），2009（4）：87.

费向信息消费倾斜。电视广告逐渐转向注重广告文案创意，崭新的广告表现形式陆续出现。如 2003 年中国移动通信的动感地带《拆墙篇》等系列广告铺天盖地的宣传，侧面印证了手机等移动终端时代的到来。广告语“动感地带，我的地盘，听我的”成为流行语，独特的幽默手法特别受到当时年轻人的喜爱。此后，2008 年夏季奥运会及残奥会在北京举办，奥运相关电视广告作品数量达到高峰。鸟巢、水立方等标志性建筑频繁出现于广告之中，体现出强烈的民族自豪感。同时，电影中植入广告成为人们谈论的话题，在介绍新型广告概念的同时，议论广告业的前景和启示等相关文献也逐年增多。进入 21 世纪后，以 WEB2.0 互联网应用为核心的新媒体迅速崛起，国人的收视渠道和收视习惯发生改变，电视产业的转型与可持续性发展得到重视，媒体融合背景下的电视广告研究相继出现。

四、结　语

电视广告文化与其所处国家的时代背景以及地域文化有着密不可分的关系。电视广告是时代的产物，它蕴含着深刻的时代文化内容；反过来，它又能促进时代前进发展。广告反映其所处时代的特征，是和其所处的社会文化历史环境和谐统一的。日本的广告产业发展呈阶段性，特别是政治因素带来的成长阻力小。与中国由国家制定法律统一监管不同，日本广告行业以自主规制为主，广告表现相对丰富大胆。中国的近代广告由于出现空白时代，广告整体发展出现断层，道路较为曲折，广告发展起步较晚。

电视广告蕴含的价值观念、文化底蕴和行为暗示等，对受众的价值取向和行为方式产生直接或间接的影响，体现出文化及其表现形式的差异性，但随着区域一体化的发展趋势而呈现出不断融合和包容的特点。

参考文献

[1] 阮茉莉．战后经典广告词隐含的日本社会时代特征探究［J］．日语学习与研究，2015（4）．

[2] 曹时炯．为商业广告恢复而呐喊的人——访“为广告正名”一文的作者丁允朋［J］．中国广告，1999（1）．

[3] 祝帅．新中国前 30 年广告研究的格局及其基本面向——1949—1979 年间中国的广告学术论著的历史与分析［J］．广告大观（理论版），2009（4）．

[4] 吉川尚宏．ガラパゴス化する日本［M］．東京：講談社現代新書，2010.

[5] 山本武利，津金澤聡廣．日本の広告——人・時代・表現［M］．東京：日本経済新聞社，1986.
[6] 嶋村和恵，石崎徹．日本の広告研究の歴史［M］．東京：電通，1997.
[7] 吉見俊哉，土屋礼子．大衆文化とメディア［M］．京都：ミネルヴァ書房，2010.
[8] 宮山峻．広告の考え方・作り方［M］．東京：誠文堂新光社，1951.
[9] 日本アド・コンテンツ制作社連盟．THE CM：テレビよりも面白く、映画よりも美しく：JACテレビCM500選［M］．東京：宣伝会議，2012.
[10] 全日本シーエム放送連盟．CM殿堂：時代を超えるアイディアとクリエイターたち［M］．東京：宣伝会議，2000.
[11] 内田隆三．テレビCMを読み解く［M］．東京：講談社現代新書，1997.
[12] 全日本CM協議会．ACC CM年鑑' 75［M］．東京：三彩堂，1975.
[13] 田雅哉．中国乙類図像漫遊記［M］．東京：大修館書店，2009.

认知语言学视角下趋向补语“出”的语义扩展路径及动因研究

——兼谈对外汉语词汇教学的启示①

韩　涛　丸尾诚②

一、引　言

认知语言学是20世纪80年代兴起的一门关于语言、交际和认知的科学（文旭，2014）。近年来，国外不少学者开始关注并尝试将认知语言学的基本理念、相关概念及理论模型应用到二语习得中，取得了不少成果，如Littlemore（2009）；荒川、森山（2009）等。相比之下，国内对应用认知语言学（applied cognitive linguistics）的研究才刚刚起步（文旭，2012、2014），有关这方面的研究尚处在探索之中。那么，什么是应用认知语言学呢？谷口（2011）认为，所谓应用认知语言学就是尝试将在一语习得研究中取得的一些相关成果应用到二语习得或教学中去（谷口，2011）。

比如，Tomasello（2000、2003）和Goldberg（2006）等通过对一语构式习得的研究发现，儿童的构式习得与抽象化（或图式化）等认知能力的发展密不可分。具体来说，儿童的早期话语都是图式或结构的具体体现，即无法运用抽象的图式或结构。然而，随着时间的推移，他们开始学会概括，即从观察到的类型变化中概括出抽象的图式和结构；再通过修改和调整他们已知的话语来创造新的话语以满足交际需要（李福印，2008）。当然，一语习得和二语习得的过程有所不同，我们无法也不可能将有关一语

① 本文为中央高校基本科研业务费专项资金资助项目“概念隐喻与思维的隐喻性研究”（项目号：2016JJ001）的阶段性成果。

② 韩涛，1981年生，男，河北邯郸人，日本名古屋大学文学博士，现为北京外国语大学日语系讲师，主要从事认知语言学和概念隐喻等方面的研究。丸尾诚，1968年生，男，日本宫崎县人，日本名古屋大学人文学研究科教授、博士生导师，主要从事现代汉语语法研究。

习得的研究成果全部照搬到二语习得中去，但其中有些部分，比如词汇学习是可以应用到二语习得中去的（谷口，2011、2013）。

本文以趋向补语“出”为例，通过引入认知语言学中的网络模式以及概念隐喻、意象图式等概念，分析趋向补语“出”的语义扩展路径，给出其语义扩展的动因，以期为对外汉语教学中的词汇教学提供有益的参考和借鉴。

二、应用认知语言学与词汇教学

无论是外语教学，还是对外汉语教学，词汇学习都是其中的一项重要环节（戴曼纯，2000；张和生，2005）。Littlemore（2009）认为，二语习得中的词汇学习至少包括以下三个方面的内容：

（1）词汇广度（vocabulary breadth）。

（2）词汇深度（vocabulary depth）。

（3）网络知识（network knowledge）。

词汇广度主要指词汇的数量。过去的外语教学以及对外汉语教学往往以此为重心。词汇深度是指对一个词词义的把握。网络知识是有关语义扩展关系的知识。由于大多数词都具备多个义项，且义项与义项之间相互关联，因此，能否在外语教学以及对外汉语教学中，让学习者把握住一个词的词汇深度和网络知识就显得尤为重要。

众所周知，汉语中的补语，特别是趋向补语的用法复杂，一直困扰着对外汉语教学界（刘月华，1998）。丸尾（2010）就指出趋向补语的引申义是日本人学习趋向补语的一个难点。在趋向补语的几种类型中，趋向补语“出”不仅具有大量引申义，如例（1c）～（1e），还与其他语法成分构成一些不对称现象，如例（2），值得我们深入研究。

（1）a. 跑出大门（趋向义 1）。

b. 拿出一张纸（趋向义 2）。

c. 露出本性（引申义 1）。

d. 看出问题的所在（引申义 2）。

e. 高出许多倍（引申义 3）。

（2）a. 教室里多了一个人。 *教室里多出一个人。

b. 教室里少了一个人。 *教室里少出一个人。

刘月华（1998）将趋向补语的主要意义分为“趋向意义”“结果意义”“状态意义”，并认为趋向补语“出”不具备“状态意义”，主要表达

“趋向意义”和“结果意义”。

趋向意义：表示通过动作使人或物体由某处所的里面向外面移动。

结果意义：表示通过动作使事物从无到有，由隐蔽到显露。

不过，这种分析方法既没有明确趋向意义及结果意义之间的关系，也没有阐释两种意义背后存在的动因，正如金涛（2015）指出的那样，“趋向补语的趋向意义和结果意义之间并没有严格的区别，核心问题是物理空间位移语义与更为抽象的结果语义如果利用一个语言符号来表达，这就表明它们之间存在关联，而关联的基础是在具体的语言文化中某一空间关系原型可以映射某一或某些非空间关系”（金涛，2015）。很显然，刘月华（1998）只是对趋向补语“出”的语义做了必要的归纳和语义区分，并未就语义背后的关联机制做深入分析。

有关趋向补语“出”的习得情况，也不太理想。土手（2012）在调查日本学生汉语趋向补语引申义习得状况后，发现趋向补语“出”的引申义是日本学生最容易出错的趋向补语引申义之一。比如，很多日本学生受母语「書き上げる」的影响，误把“写出来”写作“*写上来”。刘汉武（2013）也指出，虽然越南语中有与趋向补语“出”对应的形式，但越南学生在使用时仍然会产生诸如冗余、混淆、遗漏等类型的偏误，例(3)～(5)。

(3) 她把鞋商店发展成生产出鞋的小工厂。(→生产)

(4) 说实话要把这个坏毛病改出去确实很不容易。(→改过来)

(5) 但是我不敢吐只好吞下去。(→吐出来)

过去虽然有不少研究从偏误分析、不对称性等角度考察了趋向补语“出”的意义用法，但这些研究往往缺少一个认知层面的理论框架，因而导致解释上首尾不连贯，且缺乏理据。对此，我们认为，可以将一语习得中的词汇学习机制引入二语习得或教学中去，为其提供有益的借鉴。比如，儿童在某个特定的时期见到天上的飞机会喊：“鸟儿!”飞机显然不是鸟，但却具备鸟的一些抽象特征，如“典型的鸟都会飞”等。因此，同样在天上飞行的飞机便被划入了鸟的范畴，但处于边缘地带。随着年龄的增长，飞机将从这个范畴中脱落，而新的成员，如“企鹅”“鸵鸟”等又会加入进来。因此，范畴具有可动性。从儿童的词汇学习过程中不难发现，“抽象特征”，即认知语言学所说的图式（schema），是从各个具体事例中概括出来的，这些事例有的是典型事例，有的是扩展事例，它们共同构成了一个动态的范畴。

同样，我们也可以把语义看作是一个以义项为成员的动态范畴。这样一来，二语习得中的词汇学习就可以借鉴一语习得中的认知机制，对义项间的关系及其背后的动因做出合理地解释。我们认为，认知语言学倡导的“多义性原则”是这一认知机制的具体体现，而网络模型是描述这一认知机制的主要理论工具，以下引入这两个概念。

三、多义性原则与网络模型

一种词汇形式拥有两个或两个以上义项的现象，是一种极为普遍的语言现象。在二语习得的词汇教学中，如何处理这种一词多义的现象呢？过去普遍的做法就是采用单义性的立场，即抽取出一个高度概括的核心图式（core image），所有的用法都围绕这个核心图式展开。比如，田中等（2006）将英语前置词 to 的核心图式概括如下：

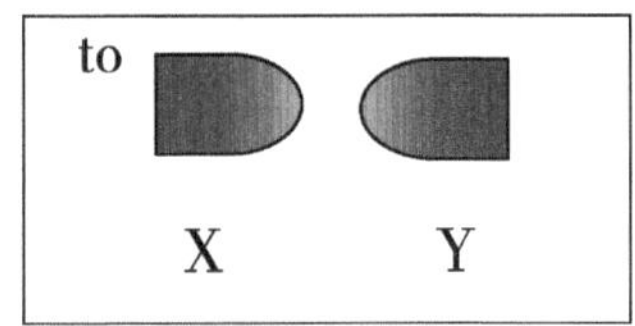

图 1　前置词 to 的核心图式（田中等，2006）

依据上图，学生似乎很容易掌握前置词 to 的以下用法：

（6） a. stand face to face.

　　 b. 110 yen to the U. S. dollar.

但像例（7）这样的用法，图 1 所起的作用似乎就没有那么大了。

（7） a. That road leads to Beijing.

　　 b. Please give the book to me.

　　 c. It's ten minutes to six.

此外，图 1 也很难将前置词 to 与和其相似的前置词（比如，with）区分开来（荒川、森山，2009；谷口，2013）。

与此相对，认知语言学主张多义性（polysemy）立场，认为义项间不仅彼此关联，而且构成一个动态的语义网络，并通过各种理论模型，如 Taylor 的语义链（meaning chain），Lakoff 的散射范畴（radial category）以及 Langacker 的网络模型（network model），来解释一词多义现象背后的认知机制。在这些模型中，我们认为，网络模型融入了原型范畴理论的基本理念，可以合理有效地解释一词多义现象。以下是该模型的概要。

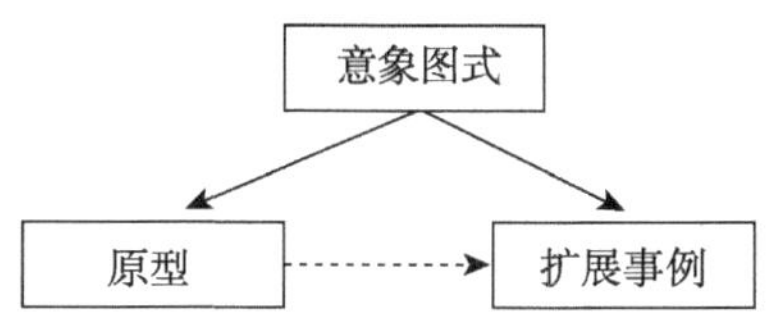

图 2　Langacker 的语义网络模型

图 2 描绘了原型、扩展事例及意象图式三个节点，代表了三个已经确立的义项。① 而且从图 2 中不难看出，义项与义项之间通过虚线箭头表示的扩展关系和实线箭头表示的范畴关系②连接在一起，形成了一个网络。也就是说，网络模型可以分解为两个部分，一个是关于动因的，一个是关于意象图式的。需要注意的是，图 2 只是一个最小的语义网络，通常情况下，语义网络会更加复杂。

网络模型和核心图式的最大区别在于前者允许不同抽象程度的意象图式存在，而非只有一个高度概括的核心图式，这样可以更加自然地描述出语义扩展路径，也便于学习者掌握。因此可以说，以网络模型为代表的多义性立场，更加符合语言习得的认知规律及语言的经济性原则。

以下，就以趋向补语“出”为例，从多义性立场出发，结合网络模型、概念隐喻、意象图式等概念，分析趋向补语“出”的语义扩展路径及其动因。

四、趋向补语“出”的语义扩展路径及其动因

趋向补语“出”的用法虽然复杂，但大致可以分为两类，即空间用法和非空间用法。我们可以从趋向补语“出”的空间用法中，抽取出三种不同的意象图式（如图 3），而非空间用法可以依据这三种意象图式得到合理的解释和说明。

---

① 与“语法规则”不同，意象图式并不是通过自上而下（top-down）的方式实现的。它是从众多实例中抽取出来的，是可变的，具有动态特征（谷口，2013）。

② 有研究者将这种关系译作阐释关系或细化关系（详见李福印，2008）。我们认为，它们之间反映的是一种上位范畴与下位范畴的关系。因此，译作范畴关系。

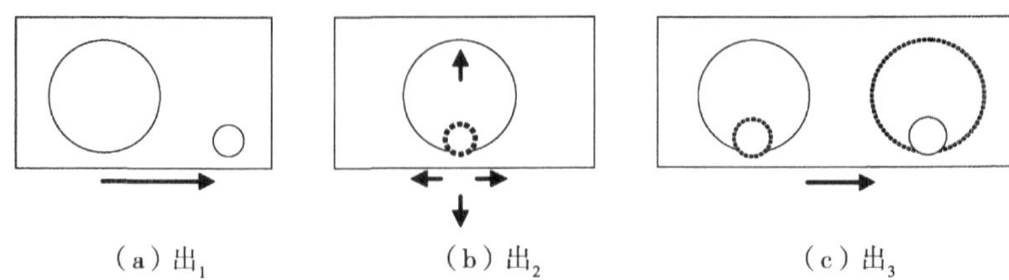

图3 趋向补语“出”的三种意象图式

（一）意象图式“出$_1$”及其对应的用法

（8）刘招华曾笑着夸说自己会在偶尔的夜晚，走出山洞，看看天空上的星星和月亮。①

（9）女儿一边说，一边拿出这位猎头公司老板的名片给我看。

例（8）和（9）都属于趋向补语“出”的空间用法，前者表达的是空间主体移动，后者是空间致使移动，我们可以将两者概括为“由容器内部向外部的空间移动”②。这与图3（a）表达的含义相符，因此例（8）和（9）可以看作图3（a）的一个具体事例。此外，例（10）～（13）也可以看作是这个意象图式的具体事例：

（10）李翠云立刻从箱子内把九龙杯取出来，是用锦匣装着。

（11）出了小院，从旁边角门来至后墙，打百宝囊中掏出如意锁来，系在包公腰间。

（12）正巧这时有邻居来找蒋母，蒋介石乘母亲开门之机，从床下爬出，疾奔到街上。

（13）正在危急的时候，忽听得“嗖”的一声，林子内飞出一支箭来。

但需要说明的是，我们必须将图3（a）中的容器理解为一个意象图式。这个意象图式既包含典型的容器，如例（10）、例（11）中的“箱子”和“百宝囊”，也包含非典型的容器，如例（12）、例（13）中的“床下”和“林子内”。

与上述空间用法相对应的是以下非空间用法，例如：

（14）高安同志对优势的理解已经跳出固有的框框。

（15）在新的一年里，中国电影要走出困难，必须先走出上述三大误区。

---

① 如无特别说明，文中汉语实例均出自北京大学中国语言学研究中心（CCL）语料库。

② 例（9）在语言层面上隐去了容器的存在，但可以轻易地补充出来，如“一边从包里拿出这位猎头公司老板的名片给我看”。因此，在概念层面上，容器是存在的。

（16）蓝苹又搬出了她对唐纳使用过的那番理论。

在（14）~（16）中，充当容器和内容物的，如“困难”“理论”已经不再是一个具体的、可以直接通过人的五感感知的概念。因此说，例（14）~（16）表达的是一种由容器内部向外部的抽象移动。在这个由具体的空间向抽象的非空间的语义扩展过程中，两种概念隐喻分别起到了动因的作用，一种是容器隐喻，一种是物体隐喻。

首先，我们来看容器隐喻是如何推动语义扩展的。一般来讲，容器对置于其中的物体有制约和限制作用，比如，笼子的大小制约着鸟的活动半径；杯子如果被打破，里面的液体便会流出。我们将“固有的框框”视为一种容器，也是因为它束缚和限制了“理解”的范围。既然是“容器”，我们便可以依据处理容器的方式，从中“跳出”，如例（14），或者将其“打破”（如“打破固有的框框”）。这是一种基于容器的隐喻思维。同样的，例（15）中的“困难”虽然是一种状态，但“陷入”这种状态，便“举步维艰”。因此，例（15）也是基于容器隐喻的用法。

其次，物体隐喻也可以推动趋向补语“出”由空间用法向非空间用法进行语义扩展。我们知道能够“搬”“拿”是物体（physical entity）最基本的属性。在隐喻能力的作用下，这种物理性操作可以用来理解和把握一些抽象的概念，如例（16）中的“理论”。通过物体隐喻，抽象的概念被赋予了物理属性。因此，我们不但可以“搬出理论”，还可以“编织理论”“构筑理论”，甚至可以“推翻理论”“重建理论”。因此，例（16）也是一种基于隐喻的表达。需要说明的是，除了物体隐喻，例（16）中还隐含了容器隐喻——“人体（部位）即容纳抽象事物的容器”。

（17）冠晓荷憋着一肚子话，想找个人说一说。

（18）那一瞬间，我的脑子挤满了各种稀奇古怪的想法。

（19）其实，他已经在心里 酝酿一个方案了。

如（17）~（19）所示，人的“肚子”“脑子”“心”，可以像“瓶子”“罐子”那样，容纳“语言”“想法”“方案”等各种抽象物。例（16）中没有明确“搬出”的起点，但如果将人体视作是一个容器，这个问题就能够迎刃而解了。

从语义扩展的关系和动因的角度看，上述空间用法和非空间用法都是图3（a）的具体事例，而后者是前者基于隐喻的方式扩展而来的用法。

（二）意象图式“出$_2$”及其对应的用法

（20）春夏间，是工蜂们大忙的季节，他们都四散出去，寻找花儿集中开放的地方。

（21）白宫和国会在同一轴线上，然后让这两处向西面八方辐射出许多条街道。

（22）一瞬间，从潭中溅出亿万颗水珠，碎玉一般，向四面抛洒，故而此潭被命名为碧玉潭。

例（20）~（22）也属于趋向补语“出”的空间用法，可以视作图3（b）的具体事例。如果我们把移动前所处的位置和移动后所处的位置分别视作一种容器，那么，移动前的位置相当于图3（b）中的虚线小圆，而移动后的位置相当于实线大圆。从这个意义上讲，图3（b）是图3（a）的一种意象图式转变（image-schema transformation）。

此类用法对应的非空间用法有：

（23）常吃烧烤的女性，患乳腺癌的危险性要比不爱吃烧烤食品的女性高出两倍。

（24）为鼓励创作，本届评奖不仅在名额上比其他奖项多出一倍。

（25）平原地区，所挖地道总长度达到12500多公里，比万里长城还要长出一倍。

不难发现，在上述用法中，趋向补语“出”前接形容词，而且该形容词不能是负向形容词，必须是正向形容词。请看：

（23’）* 比不爱吃烧烤食品的女性低出两倍。

（24’）* 比其他奖项少出一倍。

（25’）* 比万里长城还要短出一倍。

如果想要句子成立，需要将趋向补语“出”换成结构助词“了”：

（23”）比不爱吃烧烤食品的女性低了两倍。

（24”）比其他奖项少了一倍。

（25”）比万里长城还要短了一倍。

这种句法上的不对称现象，依据图3（b）所表示的意象图式就可以得到解释，即正向形容词与图3（b）中箭头的方向一致，因此成立；而负向形容词与图3（b）中箭头的方向相反，违背了语义上的要求，因此不成立。前文中的例（2）也可以由此得到解释。

从意义上看，例（23）~（25）表达的是一种状态变化，而状态变化也可以理解为一种抽象的移动，这种语义扩展也是依赖隐喻得以实现的。因为在概念层面上，状态往往可以识解为一种场所，而状态变化往往可以识解为一种空间移动，例如：

（26）a. 他在那儿 。

b. 他回到了原来的地方。

（27）a. 他在状态。

b. 他回到了原来的状态。

（28）a. He is in the office.

b. He got into the office.

（29）a. He is in trouble.

b. He got into trouble.

如例（26）~（29）所示，我们可以借助对更加具象、更容易被认知的“场所”和“移动”的理解方式来谈论和把握更为抽象的“状态”和“变化”，即“状态即场所”“变化即移动”。这是一种非常普遍的隐喻思维（Kövecses，2002），它们构成了事件隐喻的主要部分（Lakoff，1993）。也就是说，例（23）~（25）同例（27）~（29）一样，也是概念隐喻“状态即场所”“变化即移动”的隐喻性表达。由此可见，上述非空间用法也是其空间用法通过概念隐喻的方式扩展而来的。

（三）意象图式“出$_3$”及其对应的用法

（30）这样，挖出了几个凹凸的地方，在凹凸的地方打了几个树桩。

（31）只要有一把泥土，我就能盖出广厦千万。

（32）白藤一边沿着大树往上爬，一边长出新的小钩刺。

（33）皮带被拉断了，乔尼的身上被皮带勒出一道血印。

例（30）~（33）都属于趋向补语“出”的空间用法，从意义上看，相当于刘月华（1998）说的结果意义，即“事物从无到有，由隐蔽到显露”，如图 3（c）。但刘月华（1998）并未指出意义背后的动因是什么。我们认为，此处的趋向补语“出”表达的移动义，也是基于容器隐喻和事件隐喻获得的。

容器，除了前文提到的可以制约和限制内容物以外，还具有将内容物从视野中隐去的特性，即容器具有可视性，置于容器中的内容物具有不可视性（韩涛，2009）。这就是为什么密封的容器往往给人一种神秘感、期待感的原因所在，因为直到打开的瞬间，我们都无法透过容器看到里面的东西。这里衍生出两个重要的推论：（ⅰ）当物体因 X 隐去存在时，我们把 X 视为容器，如“消失在人群/夜幕中”，此时的“人群”和“夜幕”被视为一种容器。（ⅱ）当 Y 的存在由不可知到可知发生变化时，我们把 Y 视为从容器中脱离出来的内容物，如“一轮红日出现在东方”，此时的

“红日”被视为脱离容器的内容物。因此，例（30）~（33）都可以看作是推论（ⅱ）的具体事例。以（33）为例，当“勒”这个动作发生前，我们无法感知“血印”的存在。但伴随着“勒”这个动作的执行，“血印”的存在逐渐进入我们的视野，可以为我们所感知。这种视觉上的（从无到有的）感知变化与我们对容纳内容脱离容器时的感知相吻合。从形式上看，这种从无到有的感知变化与复合趋向补语“出来”所表示的出现义相对应。因此，我们只能说“勒出来（一道血印）”，不能说“勒出去（一道血印）”。

当容纳内容隐藏在容器内时，容器处在凸显状态；当容纳内容脱离容器时，容纳内容处于凸显状态。也就是图形与背景在“勒”前和“勒”后发生了反转，图3（c）中用加粗的黑线表示凸显。在概念层面上这种感知变化可以视为一种抽象的移动，其动因依旧是前文提到的“变化即移动”的概念隐喻。因此，可以认为这一用法也是通过容器和事件两种概念隐喻扩展而来的引申用法。

此类用法十分广泛，有着大量的非空间用法，例如：

（34）她自信可以靠自己的实力考出好成绩。

（35）刘翔的比赛能力就这么练出来了。

（36）毅力是锻炼出来的，不是娘胎里带来的。

（37）柏拉图学园存在了900多年，培养出无数弟子。

（38）她们两个人都听出来是玉生媳妇的口音，都觉着这一下可惹起麻烦来了。

（39）但是好景不长，军统局二处处长×××很快警觉地嗅出×××的行踪和落脚点。

（40）他通过对比中外语言，力图摸出汉语的真正特点。

如例（34）~（40）所示，趋向补语“出”前接的动词类型十分广泛。包括：“考核”类动词，例（34）和例（35）；“教育”类动词，例（36）和例（37）；“感知”类动词，例（38）~（40）等。从抽象程度上看，上述非空间用法要高于空间用法，如例（34）~（37）的动词“考”“练”“锻炼”“培养”为抽象动词，例（38）~（40）中相当于容纳内容的“口音”“行踪和落脚点”“特点”为抽象事物。尽管如此，例（34）~（40）仍然保持了图形与背景反转的特点，并且从形式上看，这些抽象用法也只能与复合趋向补语“出来”相搭配，如“锻炼出来—*锻炼出去、培养出来—*培养出去、听出来—*听出去”等。因此，可以将上述抽象的非空间用法视为图3（c）的具体事例，并且是空间用法通过概念隐喻的方式扩展而来的引申用法。

五、结　论

以上，通过引入认知语言学的“网络模型”“概念隐喻”“意象图式”等概念，从应用认知语言学的角度阐释了趋向补语“出”的语义扩展路径及其动因。通过考察发现，容器隐喻、物体隐喻和事件隐喻这三种概念隐喻对趋向补语“出”的语义扩展起到了主要的推动作用。[①] 这里需要强调的是，这三种隐喻并不是相互独立存在的，容器隐喻其实是物体隐喻的一个小类，而当容器和内容物的位置关系发生变化时，必然会涉及移动的概念，这样就给事件隐喻留出了参与的余地。除此以外，我们还发现，具有一定抽象程度的意象图式可以帮助我们更好地理解和归纳趋向补语“出”的各种用法。和以往的核心图式的立场不同，我们从趋向补语“出”的空间用法中抽取出三个不同的意象图式，而更加抽象的、难以理解和把握的非空间用法可以根据这三个意象图式得到合理的解释。将以上两点合在一起就是网络模型应用的基本思路。

依据上述思路，我们回过头来再来审视一下例（3）~（5）的问题所在。首先，例（3）看似是意象图式出$_3$的一个具体事例，实则不然。通过和下面例（41）中的“迷彩服”对比不难发现，例（3）中的“鞋”并未经历一个“从无到有”的过程，因此，不能视作意象图式出$_3$的一个具体事例，趋向补语“出”自然也就是冗余的了。

（41）根据同样的原理，后来人们还生产出了迷彩服，大大减少了战斗中的伤亡。

再来看例（4）。之所以会产生此类偏误，是由于汉语学习者没能充分掌握、区分趋向补语所表达的意象图式，从而造成了趋向补语“出”和“过”的混淆。趋向补语“过”的意象图式可以简单概述为“从 A 到 B”，而“A”和“B”在表达抽象概念时往往是一对正反相对的概念（如“活过来—死过去”）。例（4）中的“坏毛病”对应的是“好习惯”，正好与

① 金涛（2015）认为，有三种隐喻，即位移隐喻、变化隐喻和划界隐喻构成了趋向补语“出”的隐喻机制，其中占主导地位的是“位移隐喻”和“变化隐喻”。这一结论和我们的不同。我们认为，金涛（2015）所说的位移隐喻和变化隐喻都可以纳入“事件隐喻”，划界隐喻和本文中提到的“容器隐喻”类似，而“物体隐喻”金文中并未涉及。而且我们认为，容器隐喻、物体隐喻和事件隐喻三者相互交织在一起，共同构成了趋向补语“出”的隐喻机制，很难判断孰主孰辅。

趋向补语“过”的意象图式相符，所以，“改出去”应该改为“改过来”（这里暂不讨论“来、去”的问题）。最后来看例（5）。很明显，例（5）可以看作意象图式出$_1$的一个具体事例，而汉语学习者却遗漏了趋向补语“出”，这说明学习者的大脑中并未真正树立起趋向补语“出”的意象图式，才造成了这种偏误。儿童在学习“鸟”的过程中也会产生各种各样认知上的错误（如将在天上飞的“飞机”误认为是“鸟”等），不过，一旦“鸟”的意象图式在儿童的大脑中确立，这种错误认知就会减少或消失。我们认为，儿童在词汇习得中产生的错误与学习者在二语词汇习得中产生的偏误具有相同的认知机制，如果汉语学习者能够逐渐形成趋向补语“出”的意象图式，像例（3）~（5）这样的偏误是可以减少甚至消失的。然而，在目前的对外汉语教学中，当遇到像趋向补语“出”一样具有多个意义用法的词汇项目时，往往缺乏对意象图式和动因的深入剖析和阐释。因此，意义用法之间的关系是被打断的，汉语学习者很难真正掌握一个词的词汇深度和网络知识，也无法做到举一反三，达权通变。因此，我们建议，今后的对外汉语教学中的词汇学习也应该强调意象图式和动因的重要性，特别是注重动因的讲解和学习。因为动因是语义扩展的理据，如果没有动因，意义用法只能是一盘散沙，杂乱无章，毫无头绪。当然，要做到这一点，也要求教师必须对认知语言学的相关理念、概念有所了解。本文只是我们从应用认知语言学的视角提出的一个学习词汇的具体教学方案。此方案是否有效，还需要今后从习得的视角进一步开展相关调查。

参考文献

[1] 戴曼纯．论第二语言词汇习得研究［J］．外语教学与研究，2000（2）．

[2] 金涛．趋向补语“出”语义隐喻机制分析［M］//邵敬敏，等．汉语语法研究的新拓展（7）．上海：上海教育出版社，2015.

[3] 李福印．认知语言学概论［M］，北京：北京大学出版社，2008.

[4] 刘汉武．越南学生“出”组趋向补语习得考察［J］．海外华文教育，2013（4）．

[5] 刘月华．趋向补语通释［M］，北京：北京语言文化大学出版社，1998.

[6] 丸尾诚．日本人学习趋向补语的难点［C］//《第十届国际汉语教学研讨会论文选》编辑委员会．第十届国际汉语教学研讨会论文选．沈阳：万卷出版公司，2012.

[7] 土手美树．日本学生汉语复合趋向补语引申义习得偏误分析及教学对策［D］，上海外国语大学，2012.

[8] 文旭．认知识解及其对外语教学的启示［J］．当代外语研究，2012（2）．

[9] 文旭．认知语言学的基本特征及其对外语教学的启示［J］．外语教学理论与实践，2014（3）．

[10] 张和生．对外汉语词汇教学研究评述［J］．语言文字应用，2005（s1）．

[11] 荒川洋平，森山新．日本語教師のための応用認知言語学［M］．東京：凡人社，2009.

[12] 古川裕．新感覚！イメージでスッキリわかる中国語文法［M］．東京：アルク，2009.

[13] 韩涛．容器のスキーマと中国語“里”の意味拡張［J］．日本認知言語学論文集（9），2009.

[14] 田中茂範，佐藤芳明，阿部一．英語感覚が身につく実践的指導：コアとチャンクの活用［M］，東京：大修館書店，2006.

[15] 谷口一美．応用認知言語学と語彙学習［J］．大阪教育大学紀要第Ⅰ部門，2011（2）．

[16] 谷口一美．応用認知言語学とレトリック［J］．JACET 中部支部紀要，2013（11）．

[17] Goldberg, Adele E. Constructions at Work: The Nature of Generalization in Language [M]. Oxford University Press, 2006.

[18] Kövecses, Zoltan, Metaphor: A practical introduction [M]. Oxford: Oxford University Press, 2000.

[19] Lakoff, George and Mark Johnson, 1993. Metaphors we live by [M]. Chicago: University of Chicago Press, 1980.

[20] Lakoff, George, The contemporary theory of metaphor [M]. A. Ortony (ed). Metaphor and thought. Cambridge: Cambridge University Press, 1993.

[21] Langacker, Ronald W, Foundations of cognitive grammar Vol. *1*: Theoretical prerequisites [M]. Stanford: Stanford University Press, 1987.

[22] Langacker, Ronald W, Cognitive grammar [M]. Oxford: Oxford University Press, 2008.

[23] Littlemore, Jeannette, Applying Cognitive Linguistics to Second Language learning and Teaching [M]. London: Palgrave Macmillan, 2009.

[24] Tomasello, Michael, First steps toward a usage-based theory of language acquisition [J]. Cognitive Linguistics 2000 (11).

[25] Tomasello, Michael, Constructing a Language: A Usage-Based Theory of Language Acquisition [M]. Cambridge: Harvard University Press, 2003.

海南汉语方言音韵与日语汉字音读音的相似性探究①

曹春玲②

一、引　　言

对海南汉语与日语进行比较研究的灵感，源于笔者多年在海南高校执教的体验。笔者发现海南籍学生对日语的接受能力较强，学习日语时发音纯正、音调准确，阅读日语感觉自然。作为一名语言学研究者，笔者的好奇心也由此而生，于是开始学习海南汉语方言。在此过程中，笔者惊奇地发现日语中不少汉字的音读与海南汉语方言存在共同之处。在海南汉语方言和日语音读汉字比对中，发现不但发音有相似之处，甚至有的海南汉语方言和日语音读汉字的意思也相同。

为什么海南汉语方言和日语音读汉字之间存在如此有趣的对应现象？为了解决这个疑问，笔者对海南汉语方言与日语音读汉字进行了比较研究，通过海南汉语方言和日语音读汉字的促音、拗音在日常会话中常用字词中的对比，探讨两者之间某种相同的联系性，从而思考在这种奇特关系背后存在的原因。

二、狭义海南汉语方言的特点与归属

海南汉语方言主要分布于海南岛除西北部以外的北部及东、南、西南沿海一带，使用人口约510万，占海南岛总人口的59%。原被认为属于闽

① 本文为海南省社会科学规划项目（项目批准号：NHSK〈JD〉14-143）的阶段性研究成果，原载《南海学刊》2015年第2期，题目略做修订。

② 曹春玲，1961年生，女，博士，海南师范大学外国语学院教授，主要研究方向为社会语言学。

南语的分支，称为“琼文片”；现与闽南地区并列，成为闽语的琼文区。①

广义的海南汉语方言研究，多分布在中国方言研究中。海南汉语方言种类复杂繁多，海南的各种汉语方言，只有音读上的区别，而不存在文字性质上的区别。也就是说，对于海南的各个汉语方言而言，不存在语种的差别，而是一种文字的多个音读方式。这种情形犹如上海话、广东话、福建话中同一汉字系统的不同发音方式。海南社会是一个移民社会群体，其方言种类很多，包括海南岛各个地区的方言，如儋州话、白话、军话、客家话等。

本文讨论的是狭义的海南汉语方言。狭义的海南汉语方言，即“琼文片”。在海南方言中，属于汉藏语系汉语闽南方言，具有多样化的特色。海南汉语方言在海南岛本地的使用很广泛，使用人数较其他方言多，是普通话之外最大的话种。海南汉语方言主要分布在海口、琼山、文昌、琼海、万宁、定安、屯昌、澄迈等市县的大部分地区和陵水、乐东、东方、昌江、三亚等市县的沿海地区。海南汉语方言又是个专用名词，特指在上述地区流行和使用的闽南方言的南海支系，与广义的海南方言由多个不同语系构成的情形不同。在海南汉语方言研究方面，有的学者将其视作传统意义上的闽南语分支，但目前也有很多学者把海南汉语方言当作一个独立的语系进行研究；有的研究者认为，在现代闽语方言的区分中，海南汉语方言已经独立为一区——琼文区。

海南汉语方言的形成与移民的大量涌入有着密切的关系。据史料记载，内地人群大规模移民海南有五个历史特点：（1）朝廷为了建设和保护海南岛，派遣了大量的士兵驻扎海南岛，这些士兵当时使用的语言遗留至今变成了一种方言；（2）以商务贸易为目的，大量的内地商人来到海南岛，随着福建沿海商务活动的兴盛与活跃，长期定居海南岛的商人越来越多，这些人们大多生活在海南岛的文昌一带；（3）被朝廷流放到海南岛的官员、文人墨客，如苏东坡在海南岛建立了学校，带来了中原地区的文化；（4）为了躲避战乱，来到海南岛谋求生存的人们；（5）朝廷任命来海南岛的高官要员。虽然来海南岛的背景与时代各有不同，移民成分复杂，有汉族、苗族、壮族、回族等民族，来自中原、华东、华西、华南等地区。他们在海南岛定居下来之后，各自不同的语言也在海南岛落地生根。在这样的历史背景之下形成的语言文化原型，由于海南岛孤悬海外、相对

---

① 中国社会科学院，澳大利亚人文科学院编纂. 中国语言地图集［M］. 香港朗文（远东）出版公司，1987.

封闭的地理历史条件，使海南岛多样性的语言原形至今基本没有被破坏，相对封闭的环境虽然使海南社会在现代化背景中稍显迟滞，但却让古时播撒的语言种子得以长期保存和传承，没有在现代性的一体化进程中被肢解，使海南话保留了古代语言的发音特点。海南汉语属于汉语方言范畴并无异议，这种方言现象是移民历史的一面镜子，移民史是方言形成的渊源。日本语言学者桥本万太郎①认为，“移民的语言比本土语言更有保留古代语言类型的倾向，比较一下美国洛杉矶日语，马上就会明白”，在这个意义上，移民是方言形成的最好见证。

黄谷甘（1992）的研究表明，海南话是保留了古代移民语言多的典型例子，海南话的形成有秦汉时期汉语楚方言移民语言和唐宋时期移民语言的两个历史层面，并在两大移民语言体系的基础上经过逐渐演变、发展成为现代的海南话。在海南岛不同的地区，海南汉语的声调有所不同。一般以文昌人的语音为标准口音，如国家（gog ge）、国旗（gog gi）、乘车（ze sia）、谢谢（dia dia）等。海南汉语方言中至今仍保留着文读音②的特点，如“食”，文读音为 sig；白读音为 jia。由此可见，历史上人口的迁徙、各民族长期相处，形成了海南汉语方言自己的独特风格。

三、日本汉字沿革与音读

日本属于以中国为中心的汉字文化圈，从古代开始日本通过模仿汉字创制日本文字，汉语对日语的词汇、词素产生了结构性影响。在音韵方面，日语具有古典汉语拗音的特色，在书写方式上，汉字对日文的影响深远而厚重。

日本文字由汉字和假名组成，是一种“汉字假名混合文”。这种文字体系在世界文字体系中独具特色，其产生和发展与中国汉字文化有着极为密切的关系。起初，日本列岛只有语言，没有文字。据《古事记》和《日

---

① 桥本万太郎（Hashimoto Mantaro，1932—1987），日本学者，群马县人，东京大学文学院中国语文学系。桥本万太郎曾先后在朝鲜半岛、香港、尼泊尔、中亚等地，考察亚洲语言，逐渐形成了对亚洲语言地理类型演变的思想，其见解集中体现在《语言地理类型论》一书中。此书关于地域语言学和汉语的构想，在国际学术界产生了不小的影响。

② 文读音，又称文言音。文白异读是方言中的普遍现象，所以许多方言都有白话音与文读音两种表达体系。文读音便是读书认字时所用的读音，而白话音（说话音）则是日常生活生产广泛使用的读音，文白异读的显著语系为吴语与闽语（http：//baike. haosou. com/doc/3694406-3882537. html）。

本书纪》记载，早在日本应神天皇十六年（285），随着中国的《论语》《千字文》等典籍的传入，文字（汉字）逐渐进入日本人的生活。在此后数千年的漫长岁月中，通过对中国汉字的不断引进、加工、改造、创新，逐渐形成了现有的日本文字体系。大体而言，日本文字体系的形成，主要包括三个历史阶段。

（一）初级阶段

初级阶段为单纯照搬汉字阶段。自4世纪起，中日文化交流逐渐密切。藤堂（1982）的研究表明，渡来人①前后分三批来到了日本。在汉字传入日本的过程中，渡来人做出了不可磨灭的贡献。第一批渡来人的代表人物为阿直岐和王仁，他们被安排在朝廷主要从事记录文书工作，同时教授太子汉文；第二批渡来人从中国带来了众多佛典和汉籍，使汉字和汉文在一定范围内得以传播开来；第三批渡来人则是部分优秀知识分子和学者，他们的到来无疑为日本的文明开化做出了重要贡献。之后圣德太子②曾大规模派遣留学生、僧侣等来中国学习汉文化。公元645年，日本进行“大化改新”，开始全面向唐朝学习，使汉字源源不断涌入日本；同时，中国又有大批各阶层的人不断移居日本传播中国文字、儒教和汉文化。

（二）中级阶段

中级阶段即吸收、改造汉字阶段。6世纪到8世纪，日本民众逐步借用汉字记载自己的语言，致使日本文字发生了很大的变化，形成了三种类型的表记特色：

（1）音假名，即借用汉字的形、音、义书写日语的一种文字，其形、音、义都和汉语相同或相似，如学生（gakusei）、国家（kokka）、人民（jinmin）等。

（2）训假名，即是将汉字作为表音符号来拼写日语固有的词汇（如同中国汉字用拉丁字母来标记发音一样）。如此汉文汉字只起到一个拼音字母的作用，不具有汉字原来的意义，只充当一种表音符号，如山（yama）、花（hana）、水（mizu）等。

（3）音假名与训假名混合使用。在音假名、训假名出现之后，音假名

---

① 渡来人，也称归化人或侨人，主要指从古代中国或朝鲜半岛来到日本的人。

② 圣德太子（574—622），日本飞鸟时代的皇族、政治家，多次派使节来中国学习先进技术和制度，对日本进行政治改革。

与训假名混合使用的情形也随之产生。例如在北大津遗迹（7 世纪后半期）出土木简中的“田須久（tasuka）”，这里就使用了训假名“田（ta）”和音假名“須久（suka）”。音假名、训假名和音训混合书写日语的方法都已很普及。如《古事记》（712）、《日本书纪》（720）、《万叶集》（759）这 3 部文献都使用汉字撰写，其中《万叶集》最具代表性，书中的每一个日语发音都借用相应的汉字来表示，因此被称为“万叶假名”。假名，即指假借汉字作日语音符之意。万叶假名在意思上就是假借汉字，在字形上是真汉字，因此它又曾被称为“真假名”。在这个阶段，日本结束了没有文字的历史，初步形成了现代日语“和汉混杂”文体的雏形，是日本语言文字发展史上的一大进步。

（三）后期阶段

8 世纪末至 14 世纪，日本文字迈入了“改革创新阶段”。如前所述，中期阶段出现了一批“万叶假名”的文字。但倘若一篇全用汉字书写的文章中既有音假名又有训假名，且训假名需要书写的汉字数量之多，必然会存在冗长、难写、难记的弊端。

日本人遵循趋易避难、由繁到简的原则，保留假借汉字的用法，针对日本“万叶假名”进行了一些改革。这些改革措施主要包括：（1）简化草体汉字取代“万叶假名”。即对汉字的草书加以简化，如“安”字草写成“あ”，“礼”字草写成“れ”等（如图 1①）。当时这种书写形式仅有地位低下的妇女使用，故被称为“女手”，但后来改名为“平假名”，主要用于日常书写和印刷。（2）省略汉字楷书笔画或结构，只取汉字的一部分代替“万叶假名”的书写符号。例如，只取“阿”字的左边偏旁而写成“ア”，只取“礼”字的右边偏旁而写成“レ”等。这种书写符号叫作“片假名”（见图 2），最初它用于标注佛经等汉文的训读，之后逐步使用于标记日语中的外来语和特殊词语，如 milk（ミルク）、radio（ラジオ）、notebook（ノートブック）等。由此，日本文字基本形成了假借汉字、平假名和片假名混合使用的独特文字体系。

---

① http：//t-tips. code. ouj. ac. jp/QandA/2010/04/q07-03. html。

ア阿	イ伊	ウ宇	エ江	オ於
カ加	キ機	ク久	ケ介	コ己
サ散	シ之	ス須	セ世	ソ曽
タ多	チ千	ツ川	テ天	ト止
ナ奈	ニ仁	ヌ奴	ネ祢	ノ乃
ハ八	ヒ比	フ不	ヘ部	ホ保
マ末	ミ三	ム牟	メ女	モ毛
ヤ也		ユ由		ヨ與
ラ良	リ利	ル流	レ礼	ロ呂
ワ和	ヰ井		ヱ恵	ヲ乎
ン尔				

图 1　平假名

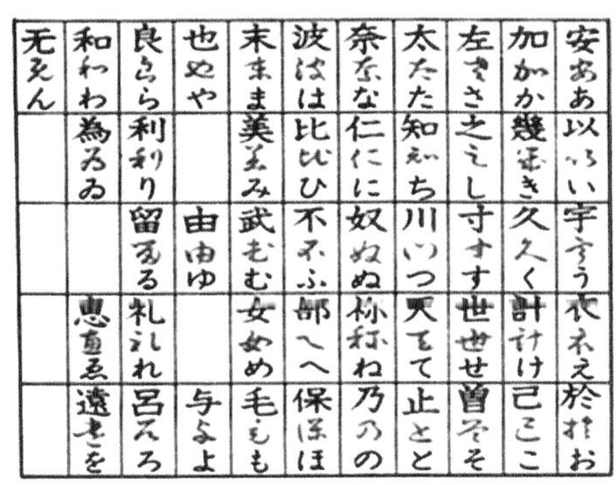

图 2　片假名

假借汉字、平假名、片假名是日文书写系统的主要组成部分，除此以外，日本人还仿造中国汉字创造了与其不同的日本汉字。制字方法出现了两种：其一是借用汉字及其偏旁，再仿照汉字的造字方法加以组合，造成新字。这是一种汉字仿造字，日本历史上称为“国字”。1993 年出版的《国字字典》共收此类字 1453 个，如峠（touge）、畑（hata）、駅（eki）、辻（tsuji）等。这些文字在中国文字史和历代字典中都不曾有过，是日本人仿造中文创造出来的新日本文字。其二是增或减的方式造字，即用这种字的字数并不多，是另一种类型的汉字变体字。例如：日文中“步”比中文“步”多一笔画；日文中“対”比中文“对”多了一点；日文中“桜”比中文“樱”要简化许多；等等。这些汉字的变体字，与中文的结构变化并不大，但留下了日文对中国文字借用和改动的痕迹。

综上所述，古典汉语传入日本后，在日本不同朝代的使用和演变过程中形成了现在固定下来的音读特点。据史料记载日本的一个汉字有三种音读特色，见表 1。

表 1　日本汉字的音读特色类型

日本汉字	吴音	汉音	和音
馬	mc	ba	uma
梅	mayi	bayi	ume
文	mon	bun	humi
絹	ken	ken	kinu

续表

日本汉字	吴音	汉音	和音
浜	hin	hin	hama
幕	maku	baku	maku
筆	hichi	hitsu	hude
竹	chiku	chiku	take

日本汉字多用繁体字书写。“吴音”反映了中国南北朝时期的音系。《隋书·倭国传》（488）记载了倭王武写给南朝刘宋皇帝的一封长信，并和南朝有十几次的接触交流。这个时代传入日本的汉字是中国江南吴越地区的汉字音，所以日本人称之为“吴音”。“吴音”在现代的《中国语言地图集》中叫作“吴语区”，指上海、江苏南部、浙江、安徽南部、江西东北部、福建北一角使用的方言，使用人口有一亿左右，在中国排第二位，在全球排第十位，是世界上最大的非官方语言①，目前仍是中国江南一带常用的方言。

“汉音”是隋代以后古都长安的一种音读方式。南北朝之后，隋再次统一了中国。608年日本派遣隋使小野妹子赴隋，学习并传输了中国文化；630年日本的第一次遣唐使访问唐朝，当时来唐访问和学习的日本使者认为汉音才是正音，他们认真学习汉音并传至日本，后来被称为“汉音”。

日本人称“和音”为“大和言葉”（yamato kotoba）。“和音”并不是偶然和汉语音读一致的意思，而是汉字音的日语训读，所谓训读就是在汉字上标注训点，按日语的读音和语法读汉文。训读只借用汉字的形和义，不采用汉语读音。“和音”从日本平安时代开始固定下来。日本人认为“和音”在语言生活交流中比较亲切易懂，所以口语中常常使用。他们认为，交流中多用“和音”谈话会感觉到气氛柔和、融洽。

四、海南汉语方言音韵与日本音读汉字的比较

海南汉语方言和日本音读汉字究竟有着怎样的内在联系？海南籍学生学日语有何与众不同的先天优势？通过日常会话常用字词或例文对比，或许可探寻其因。

① http：//baike. baidu. com/view/1693576. htm（2015年4月28日阅览）。

（一）促音特点的音读汉字

促音在语言学中通常称之为“闭音节”。闭音节是以一个或几个辅音字母（r 除外）结尾而中间只有一个元音字母的音节，如海南汉语方言的“国旗/goggi”、日语的“国旗/gokki”。促音是日语中最有特色的发音之一，尤其在日语动词活用变格时促音的发音非常重要。日语促音汉字见表 2。

表 2　日本音读汉字的部分促音汉字

汉字	悪鬼	切手	勝手	河童	末期	月日	脱化	一期	閣下	学科
读音	akki	kitte	katte	kappa	makki	gappi	dakka	yikki	kakka	gakka
假名	あつき アッキ	きつて キッテ	かつて カッテ	かつぱ カッパ	まつき マッキ	がつぴ ガッピ	だつか ダッカ	いつき ィツキ	かつか カッカ	がつが ガッカ

从表 2 看，除了“悪、勝、閣”三个繁体字外，其他日语音读汉字在书写上和现代汉语几乎没有区别。日语促音来源于古汉语的入声韵尾，以辅音［t、k、d、g、d］等结尾，也称之为阻塞音，入声韵尾的汉字音后面出现清音时，入声韵尾化作一个顿挫的音拍，即是促音。日语的促音符号用假名小“っ、ッ（tsu）”标注，同时也是音位符号，占一个音素。但是，这个音素不能单独成立为一个音节，如表 2 所列，通常只作为存在于 3 个音素［kitte］当中的一个辅音，不发出声音。由于现代日语中促音的音色与后续辅音完全同化，因此促音实际发音就是它后面音节中辅音的发音，如表 2［kitte］中的促音部分与后续音节的辅音在实际发音中是连续的。

日语外来语词汇当中如 kick（キック）、massage（マッサージ）、soccer（サッカー）等促音词汇较多，日语外来语促音发音的一般规则是，重读闭音节后面出现清辅音时，英语拼法中清辅音字母双写及元音后面或字母双写处等，都会发成促音。

海南汉语方言音韵中存在和日语促音相似的发音，见表 3。

表 3　海南汉语方言中的部分促音汉字

汉字	盒	十	益	协	核	喔	遏	育	菊
音读	ap	dap	ig	iap	ud	og	ad	zog	giag

海南话延续了古汉语发音的特点，如现代汉语中已经消失的入声在海南话中得以完整保留，即发入声时有闭音节的发音特点，入声以-b、-d、-g、-p、-t、-k 结尾，其音节发音短促有力，音长占半拍，在海南话中属于“阴入/阳入”。入声在海南话中十分常见，也存在于吴语、闽语、粤语等很多汉语方言中，但是目前使用的汉语普通话或通用语中没有入声。为了方便论述，海南汉语方言中的入声以下称之为海南话促音。海南话促音和日语促音一样包含一个音素，给听者的感觉是有瞬间的停顿，或有阻止一个音节气流的节奏感，但是不发声。

海南汉语方言和日本音读汉字虽然都有促音，但是在单词音读变化过程中各不相同。例如，日本音读汉字“出”，在单字情况下读作［syutsu］，用日语假名表记的话是“しゅつ”，并不是促音。组合成一个单词，“出席”就会读作［syusseki］，用假名表记是“しゅっせき”，“出”中的一个音节［tsu］就自然转化变为促音，［syusseki］中的［s］就不发声，日语用小“っ、ッ”表记。

然而，海南汉语方言不存在日语这样促音转化的变化特点，用原有的发音直接表记，如“出”［sud］中的［d］是促音，不发声，即使组合成一个单词“出席”［sud dia］当中的第一个［d］仍是促音，没有日语那样的促音变化。下面通过例句比较两者促音的特点。

［jeg ngiap dong o gip duan ngiap］　职业中学及专业

［syokugyou koutou gakkou oyobi senmon］　職業高等学校及び専門

以名词句为例对比后得知，同样一句话，海南话中的促音较多（划线的辅音），而日语只有一个单词“学校”［gakkou］有促音。但是，日语在动词活用中变化促音的发音现象比较广。以“买”的动词为例，假名书写为“買う”，其动词活用情况有；［買うkau］动词原形，也叫基本形，［買ってkatte］动词的连用形，［買ったkatta］动词的过去形，［買わなかったkawanakatta］动词的否定过去形等，除了动词原形外，其他都有变化促音现象。日语的副词和外来语同样也有很多促音发音，尤其是口语，促音的使用更丰富。另外，海南汉语方言没有动词活用现象。由此可见，日语的促音使用情况比海南汉语方言复杂，具有用法多、范围广的特点。

（二）拗音特点的音读汉字

拗音是日语音节的一种，由日语假名［a u o］母音的前面跟着一个半母音［y］，所添加的音节称之为拗音，即日语子音（k）+半母音（y）+母音（a）构成，如［kya］，平假名书写是“きゃ”，片假名书写是“キ

ゃ”。一个拗音音节有两个假名表示，形成一个音素，用直呼法发音，主要用于标注日本的汉字音。所有拗音的构成是由日语“i 段”假名的子音“きki、しshi、ちchi、にni、ひhi、みmi、りri+やya、ゆyu、よyo”组成，但是“や、ゆ、よ”书写时要比前面的子音小一半，如“きゃkya、しゃsha、りゃrya”等。日语的拗音分拗音和拗长音两种。拗长音就是把拗音拉长一拍直读。“やya”拗音的长音加“あa”标注，“ゆyu”和“よyo”拗音的长音加“うu”标注，如“きゃあkyaa、きゅうkyuu、きょうkyou”等。

海南汉语方言的拗音称为韵母，是海南汉语方言音节的一种，也是海南汉语方言的主要发音特点之一。海南汉语方言音韵和日语拗音相似的拗音有［io、ia、iao、iu］音节。试比较两者的例文。

〔1〕［hhail hao，dam a du iao heng sia ddio］海口、三亚主要停车场
［kai kou，san a jyu you na tyu sya jyou］海口、三亜主要な駐車場

〔2〕［duan o siu dua］ 转学手续
［un den syu］ 運転手

〔3〕［doi zio］ 多少
［ta syou］ 多少

〔4〕［va gai mia gio sao sun leng］ 我的名字叫曹春玲
［watasi no myouji wa sou syun rei to iu］ 私の名字は曹春玲と言う

从以上例文来看，海南汉语方言和日语都使用到拗音，有很多相似之处。海南汉语方言和日语在拗音中不仅有相似的音节，还有相似的音读与词义。比如，两者的“车、手、名”的音读与意思完全一致，特别是“曹春玲”的读音，海南话［sao sun leng］，日本音读［sou syun rei］，标注看似不同，但是音读上基本是一致的。另外，“三亚、多少”的音读与音节也很相似，但是两者之间有浊读与清读的区别，笔者认为这种语言现象是语言在传递、吸纳和消化过程中所发生的历时变化。关于这样的有趣现象还有很多，见表4。

表4 海南汉语方言拗音和日本音读汉字拗音的对照

中国汉字	日本汉字	拗音	
		海南话	日本音读汉字
车	車	sia	sha
情	情	jia	jyou

续表

中国汉字	日本汉字	拗音	
		海南话	日本音读汉字
手	手	siu	syu
酒	酒	jiu	syu
球	球	hiu	kyuu
票	票	pio	Hyo u
约	約	iag	yaku
桥	橋	gio	kyou
上	上	jio	jyou
昌	昌	sio	syou
表	表	bio	huou
笑	笑	sio	syou
凉	涼	lio	ryou
流	流	liu	ryuu
命	命	mia	myou
秒	秒	miao	byou

概观表4，海南汉语方言有拗音但没有拗长音，而日语既有拗音，也有拗长音。两者在拗音的音读方面虽具有相似性，但仍存在着微妙的差异。例如：

（1）两者汉字的音读和字义完全相似，如车、手、酒。

（2）两者有浊读和清读的不同特点，如球、票、秒、酒、表、食，海南话多浊读，日语多清读，但是字义完全一样。

（3）在读法上有拗音和拗长音的区别，如球、上、凉、票、昌、流、秒、笑、情，在海南汉语中是拗音的情况下，日语都读成拗长音，然而字义完全相同。

（4）字义和字形完全一样，读音特点是拗音+［ku］，如日本音读中的“约、食”；而海南话中没有拗音+［ku］的读音。

其实，在实际会话当中，海南汉语方言和日本音读汉字读音完全相似的汉字有很多，但是字义却完全不同。例如：日语“しゅ shu”对应的海南汉语方言有“鼠（siu）树（siu）仇（siu）”等；日语“じゃja”对应的海南汉语方言有“情（jia）、食（jia）”；日语“じゅju”对应的海南话有“酒（jiu）州（jiu）”等；日语“しょsho”对应的海南汉语方言“槍（sio）”；日语“じょjo”对应的海南汉语方言有“少（zio）蕉（zio）”；日语“ぴょpyo”对应的海南汉语方言有“票（pio）”；日语“ぎょgyo”对应的海南汉语方言有“叫（gio）橋（gio）”；日语“ぎゃgya”对应的海南汉语方言有“行（gia）怕（gia）惊（gia）”；日语“みゃmya”对应的海南汉语方言有“命（mia）名（mia）”；日语“みょmyo”对应的海南汉语方言有“秒（miao）廟（miao）”；日语“ひゃhya”对应的海南汉语方言有“庁（hia）”；日语“ひゅhyu”对应的海南汉语方言有“球（hiu）”；日语“りょryo”对应的海南汉语方言有“粮（lio）”等。从以上例词的对比中，可断定海南汉语方言和日语音读汉字的拗音读音特色几乎是一样的，这种词对词的对比，揭开了海南籍学生日语发音纯正之谜。

海南汉语方言和日本音读汉字除拗音有许多相同之处外，字音与字义完全相同的字也有很多，见表5。

表5　在海南话与日本汉字中音读与字义相同的汉字（部分）

序号	中国汉字	日本汉字	音读		字义
			海南话	日语音读	
1	务	務	mu	mu	相同
2	车	車	sia	sha	相同
3	安	安	an	an	相同
4	岸	岸	ngan	gan	相同
5	备	備	bbi	bi	相同
6	亲	親	sin	sin	相同
7	手	手	siu	syu	相同
8	查	査	sa	sa	相同
9	参	参	sam	san	相同
10	臭	臭	siao	syuu	相同
11	出	出	sud	syu（tu）	相同
12	春	春	sun	syun	相同

续表

序号	中国汉字	日本汉字	音读		字义
			海南话	日语音读	
13	犯	犯	ham	han	相同
14	妇	婦	pu	pu	相同
15	菜	菜	sai	sai	相同
16	品	品	him	hin	相同

表5的具体词例再次表明，海南汉语方言和日语音读汉字如出一辙。这种音读方面的相似，暗含着语言文化传播的某种近似。古代移民把语言文字与文化带到海南岛，又在海南相对封闭的海洋环境中原样地保存下来，使现代海南汉语方言未受后来汉语变迁的影响，仍具有古代汉语的多种音读元素和特点，这些发音和音读特点与现代汉语已不相同。反观日本的情况，作为一个岛国同样是在古代接受了中国的汉字汉语，日本派出的遣隋使、遣唐使来中国学习各种政治制度、思想文化、语言文字、工艺技术，而语言文字是所有政治制度、思想文化和工艺技术的载体，也是日本人学习和接纳中国文明的媒介，只有通过语言文字的媒介关，才有可能把其他方方面面内容的技艺学到手，故日本人在移植中国文化时首先要移植语言文字。就遣隋使、遣唐使在历史上的人数之多、在华时间之长而言，他们在华所学应是当时的官方标准语。回国之后，遣隋使、遣唐使把学到的政治制度、思想文化等连同与之匹配的语言文字一并传授给己国人。而且在数千年的历史进程中，由于后来日本中断了大量派遣使者来华学习的历史，也就中断了后来的日本人汉字音读随中国主流语言语音变迁而改进的进程，故现代日本人所用的汉字读音也就保留了在当年传到日本时的古汉语发音状态。这种情况与海南汉语方言的古语保存状态相似。海南汉语中的io、ia、iao、iu韵母前加一个子音可以读作日语的拗音，由此推断这种音素是中古汉语的发音。此外，海南汉语方言和日本汉字音读都有促音和拗音，而促音的发音特点在现代汉语中却没有，故海南汉语方言和日语中这些语言文化遗产的相互见证，可知我国海南岛和日本列岛在从中国大陆传入保存语言文化方面，有着类似的地理、历史原因。

五、结　　语

海南汉语方言和日本音读汉字的形成有着各自不同的历史原因，但地理环境对语言文字和语音的保存发挥作用方面，却有着某种相似性。在宋代以后的海南岛，汉民族与其他民族的文化交流与融合得到加强，在语言交流和表达方面，汉语在词汇与音韵上都有了相当大的变化。然而，由于我国海南岛和日本列岛的特殊地理位置与历史环境，海南汉语方言与日本音读汉字没有被瞬息万变的时代语言潮流淹没，双方都保留了古代汉语的发音特点。

参考文献

[1] 刘新中．广东海南闽语若干问题的比较研究［M］．广州：暨南大学出版社，2010.

[2] 梁明江．海南方言的特点［J］．海南大学学报（人文社会科学版），1994（1）

[3] 唐玲玲，周伟民．海南史摘要［M］．海口：南方出版社，2008.

[4] 瞿东娜．日语语言学［M］．北京：高等教育出版社，2006.

[5] 黄谷甘．海南话形成的历史渊源和层次［J］．海南大学学报（人文社会科学版），1992（2）．

[6] 云惟利．海南方言［M］．澳门：澳门东亚大学，1987.

[7] 林達夫等．世界大百科事典（第2版）［M］．东京：平凡社，2007.

[8] 桥本万太郎．语言地理类型学［M］．北京：世界图书出版社，2008.

[9] 藤堂明保．漢字の過去と未来［M］．東京：岩波書店，1982.

[10] 加藤彰彦，佐治圭三，森田良行．日本語概説［M］．東京：欧風出版，1989.

[11] 佐藤喜代治．日本の漢語—その源流と変遷［M］．東京：角川書店，1979.

再谈「ノニ」复句[①]

苏 鹰 阚玉国[②]

一、引 言

复句作为单句—复句—语篇这一连贯体系中处于中心位置的一环，在语言研究中处于重要地位，学术界对其研究也越来越重视。在这一连贯体系中，负责连接前后分句来构成复句的关联词语（日语一般为接续助词）的研究尤为重要。本稿以日语转折接续助词「ノニ」为切入点，利用北京日本学研究中心《汉日对译语料库》的日语原文语料，就转折接续助词「ノニ」所构成的「ノニ」复句进行研究。大体来说，「ノニ」可用在句中或句末，如下所示：

（1）ホテルの梶から西銀座の店に電話がかかって来たのは、七月の初めであった。平年なら、海水浴の記事がそろそろ毎日の新聞の紙面をにぎわすのに、今年はまだ梅雨があけず、浴衣一枚では寒い気候だった。（『あした来る人』）

（2）「事業？壮健に成ればいくらでも事業は出来ますわ。ああ、一緒に東京へ帰って下されば好いんですのに。」（『破戒』）

本稿将从句式及语义两方面对「ノニ」复句进行分析，力求明确「ノニ」复句的句式结构，同时探究其转折语义的实质。

① 本文为教育部人文社会科学研究项目“汉日复句构式的跨语言认知研究——以条件、因果复句为中心”（批准号：16YJC740062）的成果。

② 苏鹰，女，博士，湖南大学外国语学院日语系副教授，主要研究方向为语言学、汉日对比研究。阚玉国，男，硕士研究生，主要研究方向为汉日对比研究。

二、先行研究

「ノニ」作为日语中转折接续助词的代表，一直备受学术界的关注。尤其是在句法、逻辑语义等方面的研究较为突出。如山口（1996）在《日本语接续法史论》中系统分析了日语接续法的发展轨迹，分析并提出「ノニ」是由日语准体助词「ノ」后续格助词「ニ」逐渐一体化的过程。大部分学者一般先按照句子是否具有完整前后分句，将「ノニ」复句分为从属用法和非从属用法（前田，2009）。类似的分类还有熊野（1999）的「完全文」（前后分句完整且为［PノニQ］结构）和「言い差し文」（前后分句不完整、多为后分句省略），田中（2004）、苏鹰（2008）的句中用法和句末用法等。在此分类的基础上，进一步或按照用法或按照意义再分。这也是先行研究提示的一般做法。如前田（2009）将从属用法又细分为四类，即原因关系的转折、非并列对照、超出预想、不如意事件。其中，非从属用法又分为两类，即意外感的表露和终助词用法。熊野（1999）进一步把「言い差し文」分为省略、前后分句倒置、语篇关联。田中（2004）进一步把句中用法分为逆原因、对比，句末用法也按照情态表现做了进一步分析。苏鹰（2008）从认知语言学角度将「ノニ」的句中用法分为转折和对比，句末用法分为终助词的用法，句末接续助词用法等。

此外，一些学者着重研究了「ノニ」的句末用法，如松村（1988）从发话意图出发，将句末「ノニ」分为：①表达不满、不平等感情；②惊讶、意外等感情；③指责、批评对方等感情。在汉日对比研究方面，李光赫（2014）基于前田（2009）的逻辑语义分类，从中国日语学习者的立场出发，对「ノニ」逻辑语义进行再分析，并在此基础上，利用中日语料库的数据，运用典型关联标记对译分析的方法进行了考察。

基于以上先行研究，本稿首先从形式上对「ノニ」复句句式进行整理。在此，我们把接续助词「ノニ」所连接的前后分句分别记为P、Q，具体分类如下：

表1　「ノニ」句式表现形式

「ノニ」复句	从属用法	完整句	PノニQ
	非从属用法	倒装句	Q、Pノニ
		跳跃连接句	Pノニ（Q）、R
		省略句	Pノニ（Q）

基于上表，我们首先对「ノニ」复句的句式进行分析整理。

三、句式分析

复句的句式主要体现为前后分句之间的逻辑关系。此关系并非只限于两句间的形式空间的位置关系，更是两者间的从属位置关系。接下来，我们在对「ノニ」复句从属用法（完整句）分析后，再对「ノニ」的非从属用法进行考察。

（一）完整句

从属用法（完整句），其前后件的文脉关系最为紧密。结构上可以用“PノニQ”表示。如下例所示：

（3）ホテルの梶から西銀座の店に電話がかかって来たのは、七月の初めであった。平年なら、海水浴の記事がそろそろ毎日の新聞の紙面をにぎわすのに、今年はまだ梅雨があけず、浴衣一枚では寒い気候だった。

（『あした来る人』）

（4）「左様か。僧堂もえろおますな。寒いのに托鉢接心もせにゃならん。見ていて気の毒なほどや……坊さんの修行もつらいですなァ。」

（『雁の寺』）

「ノニ」的非从属用法一直是日语教学界学者们关注的一个重点，如熊野（1999）、白川（2007）。本稿基于先行研究把「ノニ」的非从属用法细分为倒装用法（倒装句）、跳跃连接用法（跳跃连接句）及省略用法（省略句）三类，在结构上分别归纳为「Q、Pノニ」「Pノニ（Q）、R」「Pノニ（Q）」

（二）倒装句

“倒装句”即前后分句倒置的句式，属于「ノニ」的非从属的用法，其结构为上述的「Q、Pノニ」。所谓的“前后分句倒置”，就是在构句时将后分句Q提至前分句P前，前分句P紧接着阐述。这一类句子由于将本来位置在后的后分句Q提前至前分句P之前，因而起到了突出、强调后分句Q的作用。例如：

（5）「尺八だとちっとも吃らないな。俺は吃りの曲をきいてみたいと思って、尺八を教えたんだのに。」（『金閣寺』）

（5a）「俺は吃りの曲をきいてみたいと思って、尺八を教えたんだのに、尺八だとちっとも吃らないな。」

(6) 六年通ったけどどうしても好きになれなかったわ。一日も早くここを出でいきたい、一日も早くここを出ていきたいって、そればかり考えて学校に通ってたの。ねえ、私って無遅刻。無欠席で表彰までされたのよ。そんなに学校が嫌いだったのに。どうしてだかわかる?」

(『ノルウェイの森』)

我们可以把这类句子还原成从属用法的句子，句子意义基本不会发生变化。如例（5）可以还原成（5a）。

（三）跳跃连接句

在跳跃连接句中「ノニ」的构句形式为「Pノニ（Q）、R」。“前分句P+转折接续助词「ノニ」+（省略后分句Q）+跳跃连接后分句R”。接续助词「ノニ」连接的后分句R与前分句P之间没有直接的逻辑关系，后分句R大多表现出说话者的感情或评价行为等，多为负面的感情色彩。如例所示：

(7)「私は男ってものは君だけしか知らずに一生を過ごすのね。世間には美男子も大勢 いるのに、もったいないなあ。」 （前田，2009）

(8)「きのう、大橋さんという人からまたお手紙が来ていたわね。お前は私と約束した筈よ。あの人とのおつきあいはやめる筈だったでしょう。もう直ぐに内祝言をあげるというのに、どういうつもりなの。伯父さんに対しても康子さんに対しても、それでは済まないだろう。人間というものはね、時には悪いこともする、まちがった事もする……」

(『青春の蹉跌』)

如上所示，例（7）、例（8）中「ノニ」所连接的前分句「世間には美男子も大勢いる」「もう直ぐに内祝言をあげるという」与后分句「もったいないなあ」「どういうつもりなの」之间在逻辑关系上没有直接的关联。后分句都是对前分句所述情况的感慨以及评价等，表达了说话人的主观态度。

（四）省略句

作为省略用法的「ノニ」复句，「ノニ」在句中担当接续助词的作用，故在一定程度上可看作是从属句用法的非典型分类。后分句即便被省略，通过上下文我们也可以从前分句中推导出来。此时的「ノニ」不仅是推测后分句的线索，也可以体现说话者不满、厌恶等主观情感。例如：

(9)「会社へは大体一日に一度は顔を出しているんですが、時間が定まっていません一そりゃあ、失礼しました。朝でも家の方へ連絡して下されば居るんですのに。」（『あした来る人』）

(10)「いらっしゃるの知ってましたら、わたしも連れて行っていただくんでしたのに。」（『あした来る人』）

例（10）的后分句被省略，我们可以将其复原为「いらっしゃるの知ってましたら、わたしも連れて行っていただくんでしたのに、(知らなかったから、連れて行っていかなかった）」。此句的「ノニ」不仅提供了复原后分句的线索，也表示出说话人由于没有去看烟花而感到惋惜的心情。

此外，先行研究中提到了「ノニ」的终助词用法，如苏鹰（2008）、李光赫（2014）等。本稿认为终助词用法可以放入省略句用法中。正如白川博之（2009）所分析，这类「ノニ」句属于「関係づけの言いさし文」(関係づけ：関係づけられる事態が文脈上に存在する分)，「のに節で関係づけられる事態がすでに文脈上に存在し、どういう事態に対してノニ節の発話が向けられているかが聞き手にとって、容易に解釈できることである」。即，前后项有着必然的联系，即便在行文中或者会话中没有出现相应的主句，对方也可以明白。在不影响对话双方的语义传达的前提下，遵循语言的“经济性原理”可以省略后分句（主句)。如下例：

(11)「ワ、ワタナベ君もさ、一緒に起きて体操するといいのにさ」と彼は言って、それから朝食を食べに行ってしまった。

（『ノルウェイの森』）

(12)「貴方は御自分で、ごまかすのがうまいと思っていらっしゃるけれど、ほんとは不弁ですわ。御自分では判っていないんでしょう？すぐしっぱを出しますの。ぴくぴくなさるぐらいなら、図しいことなさらなければよろしいのに。」（『あした来る人』）

即便例（11）的「ノニ」与终助词共起，我们也可以根据上下文，从语用的角度对其进行补充。如下：

(11a)「ワ、ワタナベ君もさ、一緒に起きて体操するといいのに、まだ寝ているさ。」と彼は言って、それから朝食を食べに行ってしまった。

省略句是指复句中，后分句被省略的现象。田中（2004）在其著作中提出，在「ノニ」句中也会存在前分句被省略的情况。正如省略的后分句可以从前分句中推理出来一样，我们也可以从后分句推导出被省略的前分句。例如：

（13）（あれほど謝っているんだから）許してあげたらいいのに。

（田中，2004）

按照田中（2004）的分析，「許してあげたらいい」为后分句，前分句「あれほど謝っているんだから」是被省略的。我们认为例（13）应该分析为：「（あれほど謝っているんだから許してあげたらいい）のに」，即前分句是「あれほど謝っているんだから許してあげたらいい」，而后分句被省略了。我们可以将后分句补充为「（あれほど謝っているんだから許してあげたらいい）のに、とうとう許してあげなかった」。从上下文来看，这样的补充也更为合理。

在第二节中，我们提到了「ノニ」复句的句式。我们也可以把日语复句句式抽象为「P+r，Q」，即“前分句 P+关联词语 r+后分句 Q（可省略）”。复句的意义不仅与其所属的句式相关，还与其构成要素的意义相关。故在对「ノニ」句式探讨的基础上，接下来我们就关联词语「ノニ」的逻辑语义问题进行探讨。

四、语义分析

日语中，由「ノニ」所连接的复句归为转折复句，即连接的前后分句之间会产生转折关系。转折是与顺接正相反的概念，即前分句 P 所提及的内容与后分句 Q 的内容是对立的关系。汉语中，有学者把转折复句或归为偏正复句（胡裕树，1984；刘月华，2001），或将转折复句统归在联合复句的下位类（黎锦熙，1924），或将转折复句单独分为转折类复句（邢福义，2001）。由此可见转折复句的复杂性。此外，关于转折关系的下位分类，根据意义的来源将转折细分为并行转折和串行转折。并行转折反映结构前后分句意义内容的悖反，串行转折则反映对预期的捩转（马清华，2003）。邢福义（2001）将转折句分为因果转折（原因项和结果项之间的转折）、甲乙转折（并举项和并举项之间的转折）两大类。邢福义（2001）的分类与马清华（2005）的分类有异曲同工的关系，邢福义（2001）的因果转折相当于马清华（2005）的串行转折，甲乙转折相当于马清华（2005）的并行转折。并行和串行的两分类符合桂诗春（2000）提出的关于人类两种认知模型，即并行模型和串行模型。

本稿基于马清华（2005）的分类，将「ノニ」所连接的转折关系分为并行转折和串行转折。并在此基础上，结合日语转折句的特点及所得「ノニ」的数据进行分析说明，以求探究「ノニ」转折的实质。

(一) 并行转折

本稿基于先行研究，将并行转折定义为对比转折（简称为对比）。所谓对比转折，是指前后件的差异、相反或相对而形成的转折关系。关于「ノニ」的对比作用，田中（2004）提出了同一主体的对比和异主体对比两类。前田（2009）提出了格成分对比、时空对比等。苏鹰（2008）从格成分对比和副词成分对比进行研究，并提出存在两项对比和多项对比的情况。此次在分析例句时，我们发现对比项的对比标记（「取り立て助詞」，以下称为“提题助词”）并不是强制出现的。根据上下文的需要，存在标记隐现的情况。

（14）山嵐は無暗に牛肉を頬張りながら、君あの赤シャツが芸者に馴染のある事を知ってるかと聞くから、知ってるとも、この間うらなりの送別会の時に来た一人がそうだろうと云ったら、そうだ僕はこの頃漸く勘づいたのに、君は中々敏捷だと大にほめた。（『坊ちゃん』）

（15）昔はもっといい性格だっだのに、だんだんこんないやな人間になってしまいました。（『あした来る人』）

（16）「ワタナベ君、あなたってすごいわねえ」と緑は感心して言った。「あの人ものを食べなくてそれでみんなすごく苦労してるのに、キウリまで食べさせちゃうんだもの。信じられないわね、もう。」

（『ノルウェイの森』）

如上所示，例（14）「ノニ」句中前后分句中的对比项都使用了提题助词来凸显，如例（14）中前分句「そうだ僕は」与后分句「君は」。同时，例（14）是不同主语的同事项的对比。此外，还存在前后分句的两个对比项中，仅有一个对比项有提题助词标记的情况，如例（15）中前分句为「昔は」，而后分句中找不到提题助词标记。前后分句中虽然存在对比项，但都没有提题助词标记的例句也实际存在，如例（16）。例（16）也属于不同主语的同事项的对比，是前分句「みんな」与后分句「ワタナベ君」的对比。这样看来，从例（14）至例（16），随着对比项越来越隐秘，对听话人的逻辑推理的需求也愈强。特别是例（16），由于前后件对比项不凸显，且后件的主语省略，我们需要运用逻辑推理及语用知识来推知对比项。

「ノニ」并行转折句在此次调查中共出现 112 例。其中从属用法 101

例，非从属用法 11 例。非从属用法具体如下：

（17）「薄情ね、わたしさえ来ましたのに。」（省略句）

（『あした来る人』）

（18）「ねえ信じられる？十五か十六の女の子が一所懸命爪に火をともすようにお金ためてザルやら硯石やら天ぷら鍋買ってるなんて。まわりの友だちはたっぷりおこづかいもらって素敵なドレスやら靴やら買ってるっていうのによ。」（倒装句） （『ノルウェイの森』）

例（17）省略了说话者暗指的对比对象，且有提题助词「さえ」来强调。例（18）则将对比项前置，予以凸显，是「まわりの友だち」和「一所懸命爪に火をともすようにお金ためてザルやら硯石やら天ぷら鍋買ってる十五か十六の女の子」的对比。

（二）串行转折

「ノニ」除了可以表示对比意义的并行转折以外，还可以表示串行转折。串行转折是基于推理的转折关系。本稿将「ノニ」的串行转折分为违反因果与违反预期两类。

①违反因果：前分句的原因与后分句的结果违反了说话人认为的因果关系，从而产生了转折关系。

②违反预期：前分句的设想或期待与后分句的事实结果违反了说话人的设想或期待，从而产生了转折关系。

不管是违反因果还是违反预期，都是因为与说话人主观意识的因果关系或者设想、期待相违背从而产生了转折关系，因此这类关系中经常会因此而表达出说话人的主观态度。例（19）违反了说话人认为的因果关系「明日試験があるから、勉強する」，表现出说话者的“无法理解”“感到困惑”等情感。例（20）违反了说话人认为的因果关系「まだこの通り日も暮れないから、洋燈を持たなくて歩く」，说话人甚至用了「どういう訳だい」来表示自己的愤怒。

（19）明日試験があるのに、誰も勉強していません。（前田，2009）

（20）「まあ、君と一緒に其処まで行こう」と敬之進は身を慄わせながら、「時に瀬川君、まだこの通り日も暮れないのに、洋燈を持って歩くとはどういう訳だい。」 （『破戒』）

例（21）表示违反预期，前分句「スキーに来た」中隐含的说话人的预期是「雪がある」。但后分句却违反了这一预期，因此产生了不满、出乎意料等情感。

（21）スキーに来たのに雪がない。（前田，2009）

此外，表达说话者由于期待没有实现而产生的不悦情感时，通常会与「…ばいいのに」、「…たいのに」、「…思うのに」等相应的语法形式来搭配使用，如「~ばいい」、「~はずだった」、「~たかった」等。

（22）小母はんは早く行けばいいのに立ちどまったまま、後家女房の勝ち気を見せて減らず口を叩いた。（『黒い雨』）

（23）そして最後に会った日に彼が僕に螢をくれた話をした。残念だわ、彼がいなくなっちゃって、私もっともっとあの人の話を聞きたかったのに、と直子はとても残念そうに言った。レイコさんが突撃隊について知りたがったので、僕はまた彼の話をした。（『ノルウェイの森』）

违反因果及违反预期的「ノニ」串行转折句在此次调查中共出现423例（79.10%）。其中，例（20）、例（22）、例（23）所示的从属用法294例及非从属用法129例。非从属用法如下：

（24）省略句：

「いらっしゃるの知ってましたら、わたしも連れて行っていただくんでしたのに。」（『あした来る人』）

（25）倒装句：

「尺八だとちっとも吃らないな。俺は吃りの曲をきいてみたいと思って、尺八を教えたんだのに。」（『金閣寺』）

（26）跳跃连接句：

「あなたは誰かとまた恋をするべきですよ。こんなに素晴らしいのにもったいないという気がしますね。」（『ノルウェイの森』）

例（24）省略句中，「ノニ」是依据前分句推理出后分句的线索，同时也体现了说话人不满、厌恶等感情。例（25）的后分句前置，强化了原因与结果的对立转折。例（26）中的后分句与前分句之间没有直接的逻辑关系，段落后分句表达了说话人的感情和评价等。

以上是对「ノニ」语义的分析。从转折的实质来看，并行转折为对比转折，即通过前后分句间对比项形成的转折；串行转折基于推理，是一种违反因果或违反预期所形成的转折。

五、结　语

以上我们通过利用北京日本学研究中心的《汉日对译语料库》中所得例句，对「ノニ」所构成的「ノニ」复句进行了详细的句式分析及语义分析。按照上述分类，我们将《汉日对译语料库》中所有「ノニ」复句进行了统计，其结果如下：

表 2　「ノニ」的句式及语义分类统计

用法		串行转折		并行转折		合计	
从属用法		294	55.0%	101	18.9%	395	73.8%
非从属用法	倒装句	28	5.2%	7	1.3%	35	6.5%
	跳跃连接句	11	2.1%	0	0%	11	2.1%
	省略句	90	16.8%	4	0.7%	94	17.6%
合计		423	79.1%	112	20.9%	535	100%

据上表可知，从句式来说，「ノニ」主要用于从属用法（占 73.8%）；从语义来说，「ノニ」以串行转折语义为基本语义（占 79.1%），以并行转折语义为扩张语义（占 20.9%）。日语中表转折关系的接续助词还有「ガ」「ケド」等，这些接续助词在句式和语义上有什么特点？转折接续助词之间又存在什么异同？此外，我们从上表还可以发现，非从属用法中，省略句最为普遍，倒装句次之，跳跃连接句最少。这一排序又能说明什么问题？由于篇章有限，这些问题我们将在另文中探讨，这里不再赘述。

参考文献

[1] 前田直子．日本語の複文―条件文と原因理由文の記述的研究［M］．東京：くろしお出版，2009.

[2] 前田直子．条件文分類の一考察［G］．日本語学科年報 13，東京外国語大学，1991.

[3] 山口堯二．日本語接続法史論［M］．大阪：和泉書院，1996.

[4] 苏鹰．日语的逆接接续表现［M］．上海：华东理工大学出版社，2009.

[5] 苏鹰．逆接接続助詞「けど」と「のに」［M］//千葉大学ユーラシア言語文化論集，2008.

[6] 苏鹰．从认知角度看逆接接续助词「けど」与「のに」［C］//潘钧．现代日语语言学前沿．北京：外语教学与研究出版社，2010.

[7] 田中寛．日本語複文表現の研究――接続と叙述の構造［M］．東京：白帝社，2004.

[8] 白川博之．「言いさし文」の研究［M］．東京：くろしお出版，2009.

[9] 李光赫．复句日汉对比实证研究［M］．广州：世界图书出版广东有限公

司，2014.

［10］胡裕树．现代汉语［M］．上海：上海教育出版社，1984.

［11］黎锦熙．新著国语文法［M］．北京：商务印书馆，1924.

［12］马清华．并列结构的自组织研究［M］．上海：复旦大学出版社，2005.

［13］邢福义．汉语复句研究［M］．北京：商务出版社，2001.

［14］桂诗春．新编心理语言学［M］．上海：上海外语教育出版社，2000.

［15］日本語記述文法研究会．現代日本語文法 6 複文［M］．東京：くろしお出版，2008.

［16］日本語記述文法研究会．現代日本語文法 5 取り立て・主題［M］．東京：くろしお出版，2008.

试论日语谚语的运用方式[①]

包　央[②]

一、引　　言

古代社会，在没有当今发达的媒体情况下，谚语成了古人重要的思想交流工具，尽管这种交流工具起不了决定性作用。历代圣贤、文人往往用谚语来表达思想，说明道理，律己励人。不过，谚语被广泛运用的主要原因在于它本身具有的多样性语言风格。这种风格使得谚语适应多种文体，谚语不仅在文艺作品中大量运用，社会学、历史学、地理学、民俗学等社会科学论著中也有引录。这种情况，自古至今没有发生变化，说明谚语具有顽强的生命力。日语谚语亦是如此。本文就日语谚语的运用方式，做一阐释。

二、日语谚语的运用方式

一句日语谚语（以下简称“日谚”）被多个时代的多种作品引用是司空见惯的事，如谚语「正直の頭に神宿る」，在镰仓时代以后的文献中大量出现，如『十訓抄』卷六、『沙石集』卷九中就已出现。在南北朝，室町时代的『神皇正統記』卷二、『太平記』卷二十三、『曽我物語』卷一、『義経記』卷五、『吉野静』『神宜山伏』等著述和作品中也都曾使用过。到了江户时代，更是被广泛使用。

---

① 本文为浙江师范大学外国语学院 2016 年度外国语言文学省一流学科项目（项目批准号：16SYLYB008）的研究成果。

② 包央，1973 年生，女，浙江师范大学副教授，主要研究方向为中日语言文化比较及日语教育研究。

在日本，以谚语作为一本书的章节标题的做法，自古就有。如『宇治拾遺物語』是故事集，每个故事的题目往往是一句谚语。近当代学者使用谚语作为著作的章节标题的情况就更多了，如千叶大学教授京极纯一的政治学论著『文明の作法』中，以「ことわざ心景」为首的四十九篇文章，其标题均为日语谚语。日本著名社会心理学家南博的著作『日本人の心理』，以日本谚语为素材，从社会心理学的视角研究了日本的国民性。该书共分六章四十一节，每节的小标题也都是我们所熟知的日语谚语。

如上所述，自古至今，日本的许多作家和学者，在他们的著作、作品中运用日谚的实例很多。他们把日谚的运用作为艺术创作的有力手段，为他们的作品增加了风采和魅力。17 世纪擅长描写人性百态的作家井原西鹤（1642—1693），在他的名著『好色一代男』和『好色一代女』中巧妙地使用很多日谚，刻画了过着庸俗生活的现世商人及爱恨交织、放荡不羁的女人。江户中期后出现了表现下层町人日常生活和娱乐活动的“滑稽本”，其代表作家是式亭三马（1776—1822）。在他的『浮世风吕』『浮世床』中更是创造性地使用大量日谚，给人留下了语言轻松幽默的深刻印象，被柳田国男称为“谚语文学”。

日谚具有很强的生命力。人们在日常言谈中使用谚语，报纸、杂志登载的文章中亦使用谚语。日谚在各种文章中即可识别出，哪怕它不是整体运用。其原因是，谚语虽然换了个词或换了词序，但由于谚语的意思相对稳定或已得以固定，所以不论怎么变形，也能被识别出。

日谚在运用上呈现多姿多彩的形式，总体上能够分为整体运用和非整体运用两类，后者又可以细分为缩略运用、部分运用、变体运用、变意运用四种。

（一）整体运用

整体运用是指完整地运用一条谚语。整体运用的谚语本身可以作为一个独立的句子出现，也可以作为句中的某个成分发挥作用。这是日谚运用的基本方式，也是我们在各类文章中常见的运用形式。兹举若干实例于下：

例（1）武士は全民族の善き理想となった。「花は桜木、人は武士」と、俚謡に歌われる[①]（武士已成为全民族的崇高的理想。民谣这样唱道：花是樱花，人是武士）。

---

① 新渡戸稲造．武士道［M］．東京：岩波書店，1938：90.

例（2）諺にいわく、腹は脊に替え難し。またいわく、小の虫を殺して大の虫を助くと。故に人身の議論をするに、腹の部は脊の部よりも大切なるものゆえ、むしろ脊に疵を被るも腹をば無難に守らざるべからず[①]（日本谚语有所谓“腹重于背”和“舍小济大”之说。这就是说，在评价人的身体时，腹部比背部重要，因此宁使背部受伤，也要保护腹部的安全）。

例（3）「われなべにとじぶた」それは、どんな人間でも夫婦ともなれば、結局はうまく行くものだということだ[②]（所谓“破锅配破盖”，无论什么样的人结成了夫妇，总归可以一起圆满生活下去的）。

（二）缩略运用

缩略运用是指在运用谚语时，缩略谚语的形式，但其整体含义不变。谚语的缩略运用可以使语句简练、含蓄。人们使用谚语的缩略形式相当普遍：

例（4）その顔は、悪さげなれども、やさしき心入れ、「世間に鬼はなし」と、嬉しく耳をすまして聞くに[③]（虽然这人长相不讨人喜欢，可是心地善良，正应了那句“普天之下没有鬼”的老话。我很高兴，便诚心诚意地洗耳恭听）。

「世間に鬼はなし」是「渡る世間に鬼はなし」的缩略。

例（5）衣は雑巾となり、台所には白雁の胴がら・ふぐ汁の跡、燃杭に火とは、この人の昔にかへる（法衣变成了抹布，厨房里可以看到大雁的骨架和吃剩下的河豚汤。所谓“烧焦的木头一点就着”，说的就是他这种人，他又恢复了昔日的放荡了）。

「燃杭に火」是「焼け木杭に火はつきやすい」的缩略。

日谚的缩略运用，有时比其整体运用还要广泛，而且许多都已固定成型，成为常见的四字熟语，大大地丰富了日语词汇，如「一樹之蔭」「海千山千」「心頭滅却」「大山鳴動」「死児之齢」「葷酒山門」「三人文殊」「六菖十菊」「夜目遠目」等。还有些日谚被缩略成一个词，且被广泛使用，如「藪蛇」「葱鴨」「敵本」「泥縄」「毒皿」「犬川」「二枚舌」「畠水練」「馬鹿親」等。

---

① 福沢諭吉．文明論之概略［M］．東京：岩波書店，1953：1.

② 会田雄次．日本人の精神構造［M］．東京：講談社，1972：111.

③ 井原西鶴．好色一代男・第二章．

（三）部分运用

有些日谚在结构上由两个部分组成，但在意义上没有主次之别，共同说明一个道理[①]，如「親は泣き寄り、他人は食い寄り」「人は盗人、火は焼亡」等。如果只取其一部分运用，就是谚语的部分运用。既然是部分运用，它显然不能表达整句谚语的意思，这也是部分运用和缩略运用的根本区别所在。例如：

例（6）浮世の介黠しき事、十歳の翁と申すべきか[②]（世之介的聪明举动，大概可以用“年少老成”来形容吧）。

例（7）むかしと替り、これも悪女・年寄はつかまず、目明千人、めくらはなかりき[③]（这与过去大不相同，丑女人和上了年纪的很难抓到客人。俗话说，明白人千千万，现在不机灵的人一个也没有了）。

例（6）中的「十歳の翁、百歳の童」包含“年少老成”与“年老昏庸”两部分意思，但这里只用其一部分意义。例（7）中的「盲千人目明千人」具有“糊涂人千千万”与“明白人千千万”两部分意思，但这里也只用其一部分意义。

（四）变体运用

所谓变体运用是将所使用的日谚做些必要的变动，而不是完整地引用。这种变体运用的形式，无一定格式，语句显得生动活泼，但人们通过字里行间能够知道谚语的存在，并能按照该谚语的意义去理解句子。例如：

例（8）熊：「へ、噂をすればサ」（嘿，正说着他的闲话嘛！）
びん：「誰だ」（是谁呀？）
亀：「彦ん兵衛か」（彦兵卫么？）
熊：「へ影がさすッ」[④]（嘿，影子就出来了！）

---

① 有些日谚虽然也由两部分组成，字面上讲两个方面的内容，且有主次之分，我们称这样的谚语为偏义谚语。大多数偏义谚语是由讲人和讲物两部分组成。一般而言，讲人的部分表示该谚语的主要意义，讲物的部分则表示辅助意义，即对主要意义起映衬作用，以增加全句语义的形象色彩。如「年寄の言う事と牛の鞦は外れない」，重点在于「年寄の言う事は聞くもの」（要听老人言）；「客と白鷺は立ったが見事」，重点在于「客は立ったが見事」；等等。

② 井原西鶴．好色一代男・第一章．

③ 井原西鶴．好色一代男・第六章．

④ 式亭三馬．浮世床（初編巻）．

根据上引对话的文脉，能够意识到「噂をすれば影がさす」这一谚语。

例（9）女賢しくして牛を何とやらで、女の利口はやくにたたねへ[①]（常言道女人头发长，见识短，女人的才智没有用）。

「女賢しくして牛を何とやらで」（女人聪明了，牛怎么样）是「女賢しくて牛を売り損う」（女人聪明却卖不成牛）的变体，两者意思相同，均表示“女人见识浅”。

例（10）愛国の志しある人ならば、日本固有の美術の不振、我が画工疲憊の情、説かば談合の膝にも[②]（如果是个爱国志士，就把日本固有美术的衰落和我这行画工的凋敝情况向他讲讲，说不定是个可以相商的对象呢）。

「説かば談合の膝」是从「膝にも談合」衍化而来，但意思没有改变。

日谚的变体使用在诗歌中更为普遍：

例（11）狂歌：世の中に金と女が敵なら、どうか敵に巡りあいたい（如果女人和钱是敌人的话，为什么我们都想围绕在敌人身边呢？谚语原为「金が敵の世の中」）。

例（12）川柳：女房はスッポン、女郎はお月さま（老婆是甲鱼，艺伎是月亮，谚语原为「月とスッポン」）。

例（13）俳句：「年季の冷水旨し この暑さ」（人老体亦糠，冷水一杯透心凉，驱逐灼人浪，陈岩译。谚语原为「年寄りの冷や水」）。

（五）变意运用

谚语的变意运用是指根据行文需要，改变其原意而用之。此种运用方法可分为以下两类：

一类是原封不动地运用一句谚语，但其实际意义有所改变。这样的运用方法比较少见，例如：

例（14）はう、これはいかな事。夜日、遠日、笠のうちと申すがこのことでござる。猿かと存じたれば、したたかな鳶でござる[③]（哦，怎么回事！常言道：“夜看，远看，笠下看。”就是说这样的事吧。我以为是猴子，原来是一只强健的鹰）。

---

① 式亭三馬．浮世床（二編下）．

② 樋口一葉．うもれ木．

③ 参见第18篇柿头陀。周作人．狂言选［M］．北京：中国对外翻译出版公司，2001.

「夜目遠目笠の内」的原意为“不易看清，便愈觉好看”，而且常用于描写女性。但此处只是表达了“看不大清楚”之意。

例（15）「木から落ちても猿は猿だが、代議士が選挙に落ちればただの人」と言った政治家がいた[①]（一位政治家说过：“从树上掉下来的猴子还是猴子，落选的议员只是普通人。”）

「木から落ちた猿」的原意应该是“失去依靠，无依无靠”，但例（15）只取其字面意义，即“坠树之猴”。

另一类是改动谚语中的一两个词，使其意思有所变化或引申，但原谚语的基本结构和形式保留下来，让读者或听者能想起原谚语。这样的运用方法相当普遍，常见于幽默或讥讽的文字中，读之令人体会到一种诙谐、生动或辛辣。例如：

例（16）「一杯は人酒を飲む。二杯は酒酒を飲む。三杯は酒人を飲む」ということわざがあるのも、日本人に下戸型が多いことの証明だろう。……さて、酒税が上がる。お酒もウイスキーもビールも上がる。一杯は人酒を飲む、二杯は人税を飲む、三杯は人重税を飲む、と嘆きつつ悪酔いする人がふえる[②]（日本有句谚语说：“一杯人喝酒，二杯酒喝酒，三杯酒喝人。”这也是日本人中小酒量的人多的证明……酒税不断上涨，日本酒、威士忌、啤酒都上涨，所以叹息着“一杯人喝酒、二杯人喝税、三杯人喝重税”而喝得烂醉的人在增多）。

「一杯は人酒を飲む。二杯は酒酒を飲む。三杯は酒人を飲む。」是日谚的整体运用，劝说人们饮酒有节制；「一杯は人酒を飲む、二杯は人税を飲む、三杯は人重税を飲む」则是前者的变通使用，将喝酒说成喝税，喝重税，表达出人们对酒税不断上涨的不满。

例（17）ふとした事で、もつけの幸じゃない。こりゃこれ、ふんどした事でもっこの幸とけつかるはい。さてきびしい口合な[③]（这不是偶然的事情得了意外的侥幸，而是因裤衩的事情得了泥兜的侥幸。这不是很好玩的双关话吗?）。

「ふとした事で、もつけの幸」是一句古老谚语的整体使用，意为“偶然的事情得了意外的侥幸”；「ふんどした事でもつこうの幸」则利用「ふとした（偶然）」与「ふんどし（兜裆布）」，「もっけ（意外）」

① 岩波書店辞典編集部．ことわざの知恵［M］．東京：岩波書店．2000.

② 重税性アルコール中毒［M］//天声人語．東京：朝日新聞社，1984.

③ 浮世風呂前編巻上第十一節．

与「もっこ（泥兜）」的读音相近，将原谚语改造成一句双关语，嘲讽一位从西部初来江户的人，错把别人的裤衩当作手巾擦脸。

例（18）このままかへるもそんと思ひ、庭を見まわし、手元にある物、十文に加賀笠一かい取つてかへつたと語りぬ[①]（心想，我就这么一走也未免太吃亏了。环顾庭院，我这十文钱的买卖没做成也不能白搭工，就把他们的一顶加贺斗笠拿来了）。

经过对原谚「百貫のかたに編笠一蓋」的意义改造，活脱脱勾画出一个色诱不成心不甘且很贪婪的私娼的形象。

为了吸引人们的眼球，日本人常常变通一些脍炙人口的谚语的意思，创制广告语。例如：

文件夹广告:「いそがばファイル」(模仿「急がばまわれ」)。

别墅广告:「論より別荘」(模仿「論より証拠」)。

金融债券广告:「かわいいお金には旅させよ」(模仿「かわいい子に旅させよ」)。

大阪中央区道顿堀有一家饭店，名为「食い倒れ食堂」。据说饭店正面还放有一个在全日本知名度极高的「食い倒れ太郎」偶人。此偶人几乎成了大阪的象征。这家饭店的店名显然是从谚语「京の着倒れ、大阪の食い倒れ」变通而成。

日本人还改动谚语中的一两个词，使其意思发生变化，成为一句新的谚语。这种改动有的是以讹传讹所致，有的是人为改动。历史上也不乏利用词语的谐音创制（或者说“翻新”）出来的新的谚语。例如：收录在『諺苑』的「憂きは心にあり」（忧愁是发自内心的）是『世話尽』中的谚语「憂喜は心にあり」[②]（喜怒哀乐都是发自内心）误传而致。又如：古代日本人往往把统治者施以仁政比喻为天降甘露，因此有了谚语「待てば甘露の日和あり」，意为“耐心等待，总会有天下太平的日子”。后人把「甘露（かんろ）」改为「海路（かいろ）」，于是产生了一句新的谚语「待てば海路の日和あり」，意指“耐心等待，海上总会有风和日丽的好天气”。通过改变原意而创制出来的新谚语很多，以下所举实例均属此类谚语。

甲張り強くて家を倒す——→腰張り強くて家を倒す。

負うた子より抱いた子——→生んだ子より抱いた子。

---

① 井原西鶴．好色一代女・第六章．

② 小学館辞典編集部．故事ことわざの辞典［M］．東京：小学館，2002：289.

往生もふのもの──→王将も歩のもの。
法師の櫛だくみ──→法師の公事だくみ。
瓢箪から駒が出る──→冗談から駒が出る。
桃栗三年柿八年──→汐汲み三年柿八年、桃栗三年後家一年。
貧乏暇なし──→貧乏肥満なし。
雁は八百矢は三本──→雁は八百矢は三文。

三、结　语

如果我们对日谚及其运用形式具有全面准确的理解，就能更好地运用日谚，提高我们的日语表达能力。另外，能够全面准确地理解日谚的各种变通使用形式，也有助于理解日语和日本文化的特质。

参考文献

[1] 藤井乙男．諺の研究［M］．京都：更生閣書店，1929.
[2] 金子武雄．日本のことわざ概論［M］//俚諺資料集成（第12巻）．東京：太空社，1986.
[3] 岩波書店辞典編集部．ことわざの知恵［M］．東京：岩波書店，2002.
[4] 岩波書店辞典編集部．四字熟語辞典［M］．東京：岩波書店，2002.
[5] 小学館辞典編集部．故事ことわざの辞典［M］．東京：小学館，2002.
[6] 鈴木棠三，広田栄太郎．故事ことわざ辞典［M］．東京：東京堂，1984.
[7] 金子武雄．日本のことわざ［M］．東京：社会思想社，1969.
[8] 稲田浩二，等．日本昔話事典（縮刷版）［M］．京都：弘文堂，1994.
[9] 新渡戸稲造．武士道［M］．東京：岩波書店，1938.
[10] 福沢諭吉．文明論之概略［M］．東京：岩波書店，1953.
[11] 井原西鶴．好色一代女［G］//新編日本古典文学全集．東京：小学館，1996.
[13] 井原西鶴．好色一代男［G］//新編日本古典文学全集．東京：小学館，1996.
[14] 式亭三馬．浮世床［G］//日本古典文学大系．東京：岩波書店，1957.
[15] 式亭三馬．浮世風呂［G］//日本古典文学大系．東京：岩波書店，1957.
[16] 会田雄次．日本人的意識构造［M］．東京：講談社，1972.
[17] 樋口一葉．うもれ木［M］．東京：岩波書店，1939.
[18] 朝日新聞社．天声人語［M］．東京：朝日新聞社，1984.
[19] 京極純一．文明の作法［M］．東京：中央公論社，1970.
[20] 南博．日本人の心理［M］．東京：岩波書店，1953.

从语源学的视角解析日语语法诸现象

——以古典日语ラ变动词「あり」为例

张贵生[①]

一、引　　言

在日语学习中，有很多词汇或语法现象是通过记忆以及演绎推理的形式来掌握的。在初学阶段，学习者根据教科书或语法书提供的词汇或语法现象逐一地进行学习，当学到一定阶段时，便产生一些疑问。如「睫毛」为什么读「まつげ」?「寒い」的过去式为什么是「さむかった」? 这些疑问看似没有问的必要，甚至有人认为是一种词汇或语法规则，记住应用即可。但是在实际生活中，我们不只要知其然，还要知其所以然。这既是学习应用的需要，也是研究的需要。日语中的语言现象有时看似是一个整体的词汇现象，实则隐含着不为所知的语法现象；有些看似是一种特殊语法现象，实际存在其演变的轨迹。本文试图从语源学的角度，以古典日语ラ变动词「あり」为例，探讨与其相关的语法现象，以期达到对日语语法现象进行深入研究的目的。

二、语源「あり」及其演化诸现象分析

语源学是研究词语来源的一门学科。“语源学”（Etymology）一词源于希腊文“étymos”（词的真意）和“lògos”（科学）。我们现在所用的语言一部分是从古典语言演变过来的，其中一部分是由多种古典语言混合而成，这些古典语言便称为语源。当然，日语词语在历史演变过程中亦不例外。通过现代日语中的语言现象，追溯该词源头，揭示其产生和演变的过

① 张贵生，1968 年生，男，广岛大学在读博士研究生，广西大学外国语学院日语系讲师，主要研究方向为日本语言文化、日汉翻译研究。

程，通过演变过程把握现代日语语法现象的内涵，这也是学习和研究语言的方法之一。

古典日语中的「あり」是动词，在动词分类中属于特殊活用的ラ变动词，从词的形态上看，「あり」只是和现代日语中的连用形相同。其实在古典中，它是一个终止形，其活用形态为基本形「あり」、连用形「あり」、连体形「ある」、终止形「あり」、已然形「あれ」、命令性「あれ」。即便如此，现代日语中依然存在古典日语的一些用法。如「異常あり」「わけありの仲」「あいつは問題ありだ」之类，看似是现代日语的应用，实则为古典残留。「あり」一词除了可独立使用外，还可以和其他词组合，构成诸多语言形式。

（一）「あり」包含在形容词中

无论是古典日语，抑或是现代日语，都能够找到「あり」的影子，从而使人能够理解日语语法现象中的奥秘。下面来看形容词的表达方式。

众所周知，古典日语的形容词词尾是「し」，现代日语则为「い」，如「寒し/寒い」。这只是它们的基本形式，如果表达其他意义，必须借助于另外的形式。在古典日语的活用中，像「寒し」只体现终止形。能够说「今日寒し」。但如果要表达终止形否定，单靠「寒し」一种形式无论如何也实现不了。这种情况下就需要借助其他方式，这时「あり」的作用显得举足轻重。我们知道，「寒い」的过去式是「さむかった」。其实「寒い」的连用形是「寒く」，其否定式变成「寒くない」。由此推之，应有「寒くある」的存在，这恰恰是形容词过去式的关键所在。「寒くある」约音为「寒かる」。经这样变化之后，就变成了动词活用。如果将其视为五段动词，则发生音便后就是形容词的过去式。不仅如此，还表现在假定形（古文为已然形）和命令形中，这在古文中表现得更为明显，例如：

（1）学びやうは、いかやうにてもよかるべく（うひ山ぶみ）。

（2）をかしきやうにとりなしたるも、まことによけれども（徒然草・二三一段）。

（3）一門中が世話かくも、みな治兵衛ためよかれ（心中天の網島）。

上述句子是以形容词「よい」为例，（1）中的「よかる」保留了基本形，在这里是连体形；（3）中的「よかれ」是形容词词尾变化后的命令形，在一些成语或典故中依然使用，像「己の欲せざる所は人に施すなかれ」（論語・顔淵）这样的表达，在现代日语中属于普遍现象；（2）中的变化，如果从源头上梳理，也是形容词和「あり」结合后发生约音的结果。其变化过程是「よく+ある→よかる→よかれ→よけれ」。古日语中称为已然形，现代日语中称为假定形。因此现代日语中的「よければ」就是由这一过程演变而来。

形容动词也存在同样的变化过程。在古文学习中，形容动词有两种类型的词尾。第一种如「つれづれなるままに」（徒然草・序段）句中的「~なる（原形为なり）」；第二种如「かの滋藤漫々たる海上を遠見して」（源氏物語・五節之淘汰）句中的「~たる（原形为たり）」。当然这两种表达方式在句子中已参与活用，并非古语的原型，为了方便说明，我们采用了这种表现形式。形容动词虽和形容词在活用上不同，但在词尾演变过程上有相似之处。首先以「静か」为例观察「~なる」的演化过程。「静か」的连用形为「静かに」，于是就产生「静かに+ある→静かにある→静かなる」这一变化形式。同样，「漫々」是汉语词，其连用形为「漫々と」，于是就按「漫々と+ある→漫々とある→漫々たる」这一过程发生了演化。通过对上述演变的剖析，惯用型「~のみならず」以及形容动词的假定形「なら（ば）」的形成过程应一目了然了。在古日语中，「ば」接在动词未然形之后，表示假定。有时省略「ば」，这便产生了「なら」这一用法。另外，该系列的变化也适用于没有词尾活用的名词。

（二）「あり」在其他品词中出现

「あり」在其他品词中出现，是指在许多类型的品词构成中，通过寻找源头，都能发现「あり」的影子。在古日语中与「あり」有关的既有连体词、接续词、副词，也有各类助动词，如果知道他们的来源，对于理解词义以及阅读，都有相当重要的意义。

（三）连体词接续词中的「あり」

在日语中，有一些连体词或接续词看似是一个整体，其实隐含着「あり」的成分，下面是我们在古日语或现代日语中常见的一些表达方式。

（4）かかる事態に至っては手の打ちようがない。

（5）求めよ、さらば与えられん。

（6）たかが映画、されど映画。

（7）さりげなく証言を聞き出す（以上句子引自『明鏡国語辞典』CD-ROM 版，2006）。

（8）虎以つて然（しか）りと為す□（狐借虎威・戦国策）。

（9）とまれかくまれ、とく破りてむ（土佐日記・帰京）。

（4）中的「かかる」有很多日语学习者有时无法理解，如果查阅词典就会发现其解释是「このような，こうした」（『明鏡国語辞典』CD-ROM版，2006），从来源上说是副词「かく」+「あり」通过约音变化而成。其变化过程是「かく+あり→かくあり→かかり→かかる」。「かく」是古日语副词，相当于现代日语的「このように、こう」之意。在现代日语中仍然在使用，如例（4）。还有一些惯用表达类似于此，如「とにもかくにも」「とやあらんかくやあらん」等。这种约音变化的形态还有例（9）。例（9）中的「とまれかくまれ」，原形态是「ともあれかくもあれ」，通过「もあ」约音成「ま」，就变成了「とまれかくまれ」。「あれ」是「あり」的已然形，整句话相当于现代日语的「ああでも、こうでも」之意。相比之下，例（5）至例（8）中有下划线的词语，均脱落元音而成，其变化过程是「さ+あり→さあり→さり」。「さ」是古日语中的指示代词，现在依然使用，如「さほど」「さもないと」等。合成后的新词依然按照「あり」的活用形变化，这样例（5）中的「さらば」为其假定形，例（6）中的「されど」为其已然形，例（7）的「さりげなく」为连用形的变化。例（8）中的「然（しか）り」虽和上述表现看似不同，实际演化形式如出一辙，其具体演化过程为「しか+あり→しかあり→しかり」。「しか（然・爾）」原本是在和「さ」同意的「し」下接接尾词「か」而成，如「このころは千年や行きも過ぎぬると我やしか思ふ見まく欲りかも」（万葉集，686）中的「しか」就是这样形成的，相当于「そのように，そう」之意。现代日语中常见的如「講演の内容は、かくかくしかじかだった」等用法亦属这种用法。

除上举的代表性用例之外，还有很多例子与前面提到的语源一致。这些例子常常出现在日本的高考题中，在中国的日语专业八级考试中也时有出现，不妨一并参考。

さらぬ（連体詞）・さらぬ顔（がほ）・さらば（接続詞）・さらんには（連語）・さりとて（接続詞）・さりとも（接続詞・副詞）・さりながら（接続詞・副詞）・さる（連体詞）・さる上は（接続詞）・さるから（接続詞）・さるに（接続詞）・さるは（接続詞）・さるほどに（接続詞）・さるまへは（接続詞）・さるままには（連語）・さるものにて（接続詞）・さるやう・されど（接続詞）・されども（接続詞）・されば（接続詞）。

（四）助动词中的「あり」

古典日语中的助动词种类增多，而且可按不同方式进行分类。其中有一种按词尾活用进行分类的形式和「あり」的关系非常密切。一类是形容词活用类型，代表性词有「べし」「まじ」「まほし」「たし」等；另一类是ラ变动词活用类型，代表词有「たり」「り」「めり」「なり」「けり」等。古日语中的助动词有时不便记忆，容易混淆，从源头弄清其来龙去脉，有助于对其内含的理解。下面谈一谈形容词类型。

（10）財多しとて頼むべからず、時の間に失ひやすし（徒然草二一一段）。

（11）今日の見参はあるまじかりつるものを、祇王が何と思ふやらん（平家物語巻一・六）。

（12）悪所に落ちては死にたからず（平家物語巻九・九）。

（13）されば一生の中、むねとあらまほしからんことの中に、いづれか勝ると（徒然草一八八段）。

上面例（10）~（13）中有下划线的部分是形容词活用类型的助动词连用形「べく」「まじく」「まほしく」「たく」下接「あり」，即经「くあり→かり」这样的约音过程而形成，而具体的表达形式又在共同的活用词根「かり」（ラ变动词）后接续相应的助动词。因此这类助动词无须特别记忆，只需掌握其语源类型便能迎刃而解。

另外，还有一个比较特殊类型的助动词「ず」，虽不属于形容词，由于其活用较特殊，在这里一并提及。在古日文中除其本身之外，还有「ぬ」「ざり」两个系列，「ざり」的连体形式「~ざる」，在现代日语中仍然使用，例如：

（14）人皆生を楽しまざるは，死を恐れざる故なり」（「徒然草」九十三段）。

句中的「ざる」通常都认为是另外的一种表达，其实与「あり」存在直接的关系，从语源上其变化过程应该是「ず+あり→ずあり→ざり→ざる」，因此依然属于「ず」的一种变化形式。

以上谈的是形容词活用形的语源，接下来谈一谈ラ变动词的活用类型。该活用类型有很多用法相近，不易辨别，如果知道其来源，用法便一目了然。

1. 表示存续的「たり」「り」

古语中如「花咲きたり」（終止形）可以将画线的部分视为「咲きて

あり」，这样从源头上就能够理解这里的「たり」表示存续，而且从现代日语中的「~てある」的形式逆向联想，也能够掌握「たり」的内涵。

「り」的情况和「たり」类似，只是在接续动词类型的选择上不同而已。本来接在サ变、四段动词的连用形，而后为了解释方便，现在的教科书均将其统一成接在サ变动词未然形四段已然形之后。如「彼は狂せり」（終止形），「白く咲ける花」（連体形），是分别从「狂しあり」「咲きある花」变化而成，而这种形式恰和サ变动词的未然形和四段动词的已然形一致，因此才产生这类接续法，从而使「り」的接续具有限制性。

2. 视觉推测的「めり」，传闻推测的「なり」

视觉推测是指根据所看见的现象做的推测，这对日语的准确表达很重要。如古日语「雨降るめり」可视为由「雨降る見えあり」变化而来，即「めり」是由「見えあり」约音而来，可理解为现代日语「雨が降るのが見えている」。同理，表示传闻推测的「なり」与听觉有关。有很多人将表示传闻的「なり」和表示判断的「なり」混为一谈，其实二者来源不同。表示断定的「なり」，来源于「名詞+に+なり」的形式。如古日语「我は人間なり」中的「なり」，是「人間にあり」中的「にあり」约音而成，相当于现代日语的「私は人間である」之意。而表示传闻的「なり」，如「雨降るなり」中的「なり」，源自「雨降る音（ね）あり」中的「音（ね）あり」的约音。因此，用现代日语解释就是「雨が降る音がある・する」之意，和表示判断的「なり」完全不同。

三、结　　语

在日语中，有关语源的问题较多，正确理解语源，对日语的加深理解和认识具有相当重要的意义。本文只是探讨了部分日语表达方式和ラ变动词「あり」之间的关系，希望从一个侧面帮助日语学习者深入理解日语表达方式的形成过程。除上述内容之外，ラ变动词本身如「をり」「侍り」「いますがり」「いまそがり」等的形成也与「あり」有着密切关系，拟将此作为今后的研究课题。

参考文献

[1] 吉田兼好．徒然草［M］．東京：岩波書店，1989.
[2] 桑原博史．平家物語（新明解古典シリーズ9）［M］．東京：三省堂，1990.

［3］紀貫之．土佐日記（新潮日本古典集成）［M］．東京：新潮社，1988.
［4］近藤光男．戦国策［M］．東京：講談社学術文庫，2005.
［5］本居宣長，白石良夫．うひ山ぶみ［M］．東京：講談社学術文庫，2009.
［6］近松門左衛門．心中天の網鳥［M］．東京：角川ソフィア文庫，2007.

试论日本古典诗歌川柳中的文学审美

张秀强[①]

一、引　言

川柳起源于日本江户中期，大约在18世纪。作为日本诗歌形式的一种，川柳以其轻松诙谐的笔触调侃人间百态世间现象，在日本民众中一直很受欢迎。当然谈到川柳受欢迎的原因，其中之一应该是这种诗歌的创作极具随意性，门槛比较低，随手拈来。这种由十七个音节组成的诗歌，尽管在诗歌形式上与俳句的“5、7、5”相同，但在内容、修辞、技法上的要求并不像俳句那么严格，也不受“季语”的限制。因此比较容易上手，或许是因为这样，日本大型纸质媒体的《朝日新闻》上都有川柳的投稿专栏，日本社会中也经常有人组织“公司职员川柳大赛”等类似活动，说明川柳这种古老的诗歌形式在今天依然发挥着它舒缓排解人们内心积聚的郁愤的社会润滑剂作用。

近年来国内学者对于川柳的研究仍处于译介与鉴赏的阶段。先行研究论文有《日本幽默诗歌——川柳》（《日语学习与研究》1991年第2期）、《川柳修辞刍论》（《日语学习与研究》1996年第3期）、《讽刺俳句·谚语的川柳解读与赏析》（《长春教育学院学报》2011年第8期）、《日本的“打油诗”——川柳》（《吉林化工学院学报》2012年第6期）等。此外，《日语知识》等刊物近年也陆续对“公司职员川柳大赛”获奖作品进行介绍。这些川柳作品反映了日本当代公司职员的烦恼苦痛以及生活日常，的确也有其介绍的价值。然而此类当代川柳作品介绍过多的结果，也不免给人一种川柳内容过于浅显直白，没有文学美感的一种印象。笔者目前在高

① 张秀强，1975年生，博士，山东临沭人，广东外语外贸大学日语语言文化学院教授、硕士生导师、副院长，主要研究方向为日本近现代文学、口笔译研究。

校承担“日本古典诗歌鉴赏”这一课程，在素材选择上除了《万叶集》《古今和歌集》《小仓百人一首》等著名和歌之外，作为介绍也特地导入了川柳这一单元。为此也就流传至今的川柳的古典名作进行了细读，发现古典川柳的理解远没有想象中的那样轻松。不仅如此，古典川柳中很多使用文学历史典故，古今对比之下妙趣自生，在轻松诙谐之余，个中并不乏文学审美。现撰此小文，以几首代表性的古典川柳为线索，对日本古典诗歌川柳中体现出的文学审美做一赏析，求教于方家。

二、文学典故在川柳中的活用

古典川柳中的特色之一是典故的引用。创作者往往将在当时妇孺皆知的文学典故或者历史典故巧妙地运用在川柳的文字中。这一方面体现了创作者本人的文学素养，同时也对川柳的受众即阅读者也提出了文学素养上的要求。因为一旦读者对典故不熟悉，那么川柳的解读就成了猜谜语。现举几首古典川柳为例进行品鉴，体味古典川柳的妙味。

山ぶきの　花だがなぜと　太田いひ

笔者试译：明明说是借蓑衣，为啥给俺棣棠花？

这首川柳如果按照字面意思来讲几乎毫无趣味。“山ぶきの花”是棣棠花，“なぜと太田いひ”，表示的是太田这个人问了的意思。也就是说整首川柳的意思无非就是“太田这个人问了，为什么是棣棠花？”

文中的太田指的是日本室町时代著名的歌人和武将太田道灌（1432—1486）。这首川柳源自太田道灌的一个典故。有一天，太田打猎途中突遇大雨，到一百姓家借蓑衣。不想那家姑娘却递给他一枝棣棠花。太田不知何意。后问他人方知，姑娘是借一首古代的和歌来委婉地表达自己家境贫寒，没有蓑衣可以借给太田道灌。太田道灌听了他人的解释，感到羞愧万分。因为一个农家女尚且有如此文学素养，他作为武士就更应该对自己要求更高。从此太田道灌潜心学习和歌，终成文武双全之人。而那个农家女所借用的和歌如下：

七重八重（ななえやえ）　花は咲けども　山吹（やまぶき）の　みのひとつだに　なきぞ悲しき

笔者试译：棣棠花开七八重，可叹没结一粒种。家贫如洗君所见，想借蓑衣亦不能。

和歌中的「み」即「実」，「みのひとつだに」是“连一颗种子也（没有）”的意思。但「みの」放在一起读，就有“蓑衣”的意思。故

「みのひとつだに」表面上在写棣棠花，实际是在说自己的家境窘迫，“连蓑衣也没有”。这种语带双关的「掛詞（かけことば）」是和歌中的常用手段。姑娘一言不发地递出棣棠花，期待太田道灌的理解。可惜太田道灌学识浅薄，没能领会。而傻站在门口，问别人“我明明要借的是蓑衣，这个姑娘干吗要给我花呀？是不是对我有意思呀？”之类的话。太田道灌问得越认真，就越凸显他作为武将的粗俗。这首川柳也就因为借用了太田道灌的典故，并且暗含了农家姑娘所借用的古典和歌，而在直白浅显的文字背后，蕴含了众多的文学妙味。下面另外再举两例进行说明。

立ち聞きを　せぬと一首は　すたるとこ。

笔者试译：千古绝唱谁造就？多亏业平在一旁。

这是关于在原业平的川柳。用的典故是《伊势物语》中的一段故事。讲一个男子（传说是在原业平）和一个女子好上之后，又在外面有了新欢。该男子发现，虽然他去情人那里，女子从未表示不满。于是该男子就怀疑女子有了外遇。有一次他装作出门，藏在家中树丛后看女子的反应。结果女子吟唱了一首惦记丈夫安全的和歌。男子深受感动，从此不再去情人那里。女子吟唱的和歌：

風吹けば 沖(おき)つしら浪(なみ) たつた山 夜半(やは)にや君が ひとりこゆらむ。

译文：风吹海面翻白浪，夫君孤身越立田。①

这个故事连同和歌一起在日本成了经典。然而，川柳的创作者却不这么认为。他说，要不是在原业平在一旁听到，这首和歌早就没人知道了。作者将文学的古典“反其意而用之”，给人耳目一新的感觉。这不仅反映了创作者本人对《伊势物语》这段佳话的熟知程度，同时也反映了创作者对于受众即川柳阅读者的文学素养的信心。因此，川柳在表面上或者字面上的简单直白并不能遮掩它背后的文学底蕴。正是这些文学里的经典在后面作为映衬，川柳的诙谐平民元素中才保留了一些贵族文学的清香。贵族的文学审美，也通过川柳的形式，以变通的改头换面的形式贯彻到了平民文学之中。

業平(なりひら)に泣面(べそ)作らする都鳥(みやこどり)。

笔者试译：都鸟名字起得好，惹得业平哭鼻子。

这首川柳取材于《伊势物语》的第九段的一首和歌。大致背景是在原

---

① 立田，为山名。无名氏．伊势物语图典［M］．唐月梅，译．上海：三联书店，2005：45.

业平离开京城去东国游历，在旅途中看到一种水鸟浮游在水面上，便问船夫那水鸟的名字是什么，船夫回答说叫“都鸟”。这种水鸟的名字引起在原业平的旅愁，他吟咏了这样一首和歌。

名にし負はばいざ言問はむ都鳥わが思ふ人はありやなしやと？

笔者试译：都鸟果真如其名，敢问家人可安宁？

一行人听了这首和歌，都不禁热泪盈眶。这首和歌描写了远离妻子的诗人对家人的思念，与王维的唐诗“君自故乡来，应知故乡事”有异曲同工之妙。原诗巧妙地利用了都鸟名字中的“都”与都城的“都”之间的表面联系，寄托诗人睹物思人的旅愁，修辞巧妙，格调高雅。然而，川柳诗人一方面利用这首和歌在民众之间的知名度，一方面却故意解构原诗的高雅格调，使用极其口语化和粗俗的“泣面”即哭鼻子一词来调侃在原业平因为听到鸟名就哭鼻子的孩子气与没出息。川柳的粗俗浅显与原诗的格调高雅形成鲜明对比的同时，却也在川柳中体现了江户庶民对于热血男儿的男子汉气概要求的文学审美。

天つ風雲の通ひ路吹きとぢよをとめの姿しばしとどめむ。

译文：浩荡天风起，云中路莫开。仙姬留碧落，倩影暂徘徊。①

诗歌的大意是说：浩浩荡荡的天风啊，快吹来漫天厚厚的白云，堵住云中的归路吧。不要让这些美丽的仙女们舞罢便飘然而逝，让她们美丽婀娜的身影在我们的眼前多停留一会儿吧。② 这首和歌充满了浪漫主义色彩，非常具有画面感，意境美妙。川柳的俗，是用词的通俗，传情的通俗，却不是风格低俗，而是俗中见雅。从川柳中，我们也能够欣赏到日本式的文学美。

三、历史典故在川柳中的活用

前文所提到古典川柳中引用典故的特色，其实还包括对于历史典故的援引。创作者往往利用人们对于历史人物典故的熟知，将历史人物的滑稽荒唐用川柳的形式更加滑稽荒唐地表现出来，却在看似荒唐无聊的同时，让川柳多了一份历史的厚重感。同时，由于历史人物大多数在文学作品中

---

① 参照刘德润译文。刘德润．小仓百人一首：日本古典和歌赏析［M］．北京：外语教学与研究出版社，2007：40-41.

② 刘德润．小仓百人一首：日本古典和歌赏析［M］．北京：外语教学与研究出版社，2007：40-41.

出现，川柳作品也就实现了文学与历史的结合，如下列古典川柳所示：

よいしめり　などと時平(じへい)も　初手(しょて)　はいひ。

笔者试译：时平尚喜及时雨，不知厄运已临头。

晴天(せいてん)になり　そこに時(とき)　ここに平(ひら)。

笔者试译：雷雨过后天放晴，这边“时”来那边“平”。

这两首川柳涉及两个历史人物。一个是菅原道真（845—903），另一个是藤原时平（871—909）。二人同为日本平安时代的贵族。菅原道真在日本被称为学问之神。他曾深得宇多天皇的信任，掌管政务。醍醐天皇时，菅原道真官至右大臣。901 年，藤原时平向醍醐天皇进谗言，说菅原道真企图把自己的女婿齐世亲王（醍醐天皇的弟弟）立为天皇。年幼的醍醐天皇听信了时平的谗言，将菅原道真贬为大宰权帅，并将之流放。从此藤原时平在政界确立了藤原家族的地位。被左迁的菅原道真因此写下了“离家三四月，落泪百千行”的诗句。并且为表达对天皇的忠心，还写下了这样的诗篇。“去年今夜侍清凉，秋思诗篇独断肠。恩赐御衣今在此，捧持每日拜余香。”然而，其后藤原时平不仅得到醍醐天皇的信任，而且还和宇多天皇关系非常好。菅原道真郁郁死去之后，他的冤魂开始对藤原时平进行报复。于是就有了上面川柳中的描写。

返回到川柳的作品中，我们再看「よいしめりなどと時平も初手はいひ」及「晴天になりそこに時ここに平」的幽默效果，就会发现创作者非常巧妙地利用了历史人物的典故，并且将人们对于菅原道真的遭遇在情感上的支持转化为对藤原时平命运的调侃。“这边‘时’来那边‘平’”这句话中蕴含了多少川柳吟咏者对于藤原时平的憎恨。而在这前后的人物感情的对比落差中，幽默产生的同时，也蕴含了人们对于菅原道真的赞美。

清盛(きよもり)の　医者(いしゃ)は裸(はだか)で　脈(みゃく)をとり。

笔者试译：平清盛的医生呀，光着身子试脉搏。

平清盛（1118—1181）是日本历史上赫赫有名的武将。他是《平家物语》中的重要人物之一。官至太政大臣，掌管朝政，平氏一族因他的存在而跋扈一时。平清盛是患热病而死的。自发病以来，滴水不进，只是大呼：“热啊！热啊！”其身体滚烫如炭火灼烧，连照看的人都不敢近其身。有人说比叡山附近的溪水清凉如冰，于是派人取来水，放在石砌的浴槽里，把清盛浸在里面，那水立即沸腾起来，不一会就成了开水。在这种情况下，来给清盛看病的医生都是要冒着生命危险的，所以就有了光着身子试脉搏的说法。在这首川柳中，《平家物语》的历史故事以及平清盛作为日本妇孺皆知的人物的背景成为这首川柳得以流传的重要因素。

さねもり　ひげ　そ　　　　よ　みやうり
実盛が髭を染めしも世の名利?

笔者试译：年迈实盛染须发，不图名利图的啥?

《实盛》是《平家物语》中的一章。斋藤实盛是日本平安时代末期的武将。他与平维盛共同讨伐木曾义仲，战前为掩饰自己的年龄，特意将须发染黑。最终被义仲部将手冢光盛斩首。“年迈的斋藤实盛曾几次表示，上战场一定要染黑了须发。不想让年轻的武将惧自己抢攻，更不想让敌军欺自己年老。洗了首级一看，果然墨色尽褪，露出了白苍苍的须发。”① 老武者实盛故事的悲剧性是《平家物语》的着眼点，但是川柳作者却反其意而用之，故意地进行以小人之心度君子之腹的臆测，说其实斋藤实盛把头发胡须染白之后再上战场的做法，说到底也有功利思想在其背后作祟。

気が強いと　気が長い　九十九夜。

笔者试译：心气强碰心气长，九十九夜相较量。

小野小町不仅才华出众，还是绝世美女。她的生平历史记述不详，但她的传说却不计其数。其中一个就是她和深草少将的传说。深草少将深深迷恋上小野小町，不管刮风下雨，每天都去小野小町的住处求爱。而小野小町为了考验深草少将，用线穿起香榧树的种子记着深草少将来的次数，决定在第一百次的时候接受深草少将的感情。然而，深草少将却在连续奔波了九十九个夜晚之后死去了。小野小町为了纪念深草少将，把九十九颗香榧树的种子撒到了自己的家乡，长出了九十九棵香榧树。这首川柳用「気が強い」来形容小野小町的倔强，用「気が長い」来形容深草少将求爱的一心一意，表达了对二人恋情的感叹。

ようきひ　　　なのか
楊貴妃は　七日の晩が　口につき。

笔者试译：七月七日长生殿，杨贵妃的口头禅。

中野で　鼻を垂れて　故郷を思ふ。

笔者试译：中野村里有大象，垂着鼻子思故乡。

上述两首川柳分别与唐诗《长恨歌》及《静夜思》结合起来。“七月七日长生殿，半夜无人私语时。在天愿作比翼鸟，在地愿为连理枝。天长

① 林岚．试论日本古典文学中的“あはれ”［M］//孟庆枢．中日文化文学比较研究．长春：吉林出版集团，2012：70-71.

地久有时尽，此恨绵绵无绝期。”描写杨贵妃与唐明皇爱情故事的白居易的《长恨歌》在日本同样家喻户晓。然而，前一首川柳却巧妙地利用了《长恨歌》的有名诗句，描绘出了情感世界中，女子一旦当对方做出了许诺，就对男子不依不饶的心理。女子会对着男子说：“你忘了，去年的七月七，那时你还对我说什么什么来的，难道你把当初的誓言忘得一干二净了吗？”可以看出，这里所阐述的历史典故，不仅包括日本历史上的人物典故，还包括中国历史上的人物典故。

四、川柳对庶民生活中喜乐悲欢的诗性表达

以上分两小节通过对文学和历史典故的援引，论证了川柳作品中的文学之美。当然，即便援引文学和历史典故，川柳作品也能表达庶民的悲欢离合之情。试举以下简单实例加以说明。

国の母生まれた文を抱(だき)あるき。

笔者试译：家书告母添后代，母抱家书乐开怀。

这首古川柳写的是家乡的老母亲在收到城里的儿子寄来的书信，得知孙儿已经平安降生后，狂喜不已。然而孙儿不在身边，于是老母亲就像抱着婴儿一样抱着信笺在屋里踱步。简单的笔触将家乡的老母亲刻画得形象逼真且极具喜庆之感，老母亲盼来孙子的喜悦之情跃然纸上。这首古川柳在金田一春彦的《日语概论》一书中曾被引用，旨在阐述日语的省略特性。这首诗如果译成中文的话，应该是“在老家的母亲手捧报告孙子出生的信踱步”。①

うひ産(ざん)は夫(おつと)半分うむこころ。

笔者试译：老婆初临盆，丈夫如临阵。

这首川柳写的是产妇第一次生产时做丈夫的紧张心情。丈夫在妻子产前总会有各种担忧顾虑，尤其是第一次面临妻子生产的时候，因为没有经验而更是如此。所以妻子迎初产，做丈夫的也感觉好像是自己在生孩子。

寐て居ても団扇のうごく親心。

译文：母已会周公，蒲扇未曾停。②

这首川柳写的是做父母的疼爱子女的可爱可笑之处。夏日炎炎中看孩

① 金田一春彦．日语概说［M］．潘钧，译．北京：北京大学出版社，2002：452.

② 蒋秣．日本的“打油诗”——川柳［J］．吉林化工学院学报，2012（6）：38.

子，怕蚊虫叮咬，怕孩子太热，扇扇子的手一直不停，直到困倦疲乏的父母睡着了的时候，扇子还在扇动着。

染(そめ)し歯を何がな言つて笑はせう。

笔者试译：新妇羞将黑齿露，却引他人逗开怀。

女子将牙齿染黑，这是日本的旧民俗，意味着少女嫁人为妻。然而刚刚嫁人为妻的女子把牙齿染黑之后，一开始总有些害羞不适应的心理，不愿意将自己染黑的牙齿给别人看。这时候那些过来人反倒看透了女子不愿意将染黑的牙齿示人的心理，故意地说一些笑话惹女子发笑。

掛　人(かかりうど)ちひさな声で子を叱(しか)り。

笔者试译：寄人篱下者，小声斥孩童。

寄人篱下的人，因为受到主人的照顾，所以在主人家的孩子面前也没有地位和尊严。即便主人家的孩子淘气，也不能大声呵斥，而只能小声地训斥那孩子。

あの人は後ろで美人前でぶた。

笔者试译：前面走着一美女，回头一看是猪头。

上面列举的几首川柳，让读者会意一笑的同时，又带来了文字简洁、含义深刻、语言诙谐、余韵悠长的文学之美。

五、结　　语

本文尝试从不同视角对古典川柳中的文学之美进行了大致的梳理。作为日本平民文学的一种形式，川柳给人以轻松诙谐的美感。近年在日本举行的“公司职员川柳大赛”中，获奖作品大多是以朴素文字描写生活中的酸甜苦辣。笔者并不是说朴素就没有文学之美，而是想强调古典川柳在形成发展过程中，从未离开过文学及历史的底蕴。可以说，如果没有古典文学的雄厚底蕴，川柳的生命力不会如此长久。如果没有历史的厚重感，川柳的轻松诙谐也会止步于诙谐轻松，而不能给人以更高的艺术享受。因此，古典川柳中蕴含的文学和历史底蕴需要我们用心去发掘。

参考文献

［1］佐藤愛子．古川柳ひとりよがり［M］．東京：集英社，1987.

［2］无名氏．伊势物语图典［M］．唐月梅，译．上海：三联书店，2005.
［3］无名氏．平家物语［M］．周启明，申非，译．北京：人民文学出版社，1984.
［4］刘德润．小仓百人一首：日本古典和歌赏析［M］．北京：外语教学与研究出版社，2007.
［5］林望．恋の歌、恋の物語［M］．東京：岩波書店，2002.
［6］杉本長重，等．日本古典文学大系 57 卷：川柳狂歌集［M］．東京：岩波書店，1958.
［7］水野稔．日本古典文学全集 46 卷：黄表纸川柳狂歌［M］．東京：小学館，1971.
［8］孟庆枢主编．中文化文学比较研究［M］．长春：吉林出版集团，2012.

试析《山海经》等古籍中的“倭”

李濯凡①

一、“倭”之谜

《山海经》《论衡》《汉书》《后汉书》《三国志》等是较早记述“倭”的古籍。其中《山海经》成书于汉初，所以它是现存的最早记载“倭”的书籍。然而《论衡》所述的“倭”的事迹却是年代最早的，是周成王（前1055—前1021）时的事情。从周到汉，时间跨度有八九百年。由于史料稀少，记述简单，那些关于“倭”的记述仿佛披上了谜一般的外衣。江上波夫、井上秀雄等日本学者依据以上史料构筑了所谓广义倭人论。“按照他们的主张，倭人不仅居住在日本列岛上，而且在朝鲜半岛的南部、中国的东北、内蒙古和江南地区及从中国台湾岛到日本南岛之间的岛屿世界也存在着倭人。这些日本学者的意见也不尽一致，把他们的主张综合起来，似乎以渤海、东海为中心，在其周围存在着一个倭人世界。”②

无论是学者，还是普通人，也无论是研究中国的学者，还是研究日本的学者，绝大多数人都有一个惯性思维，就是一说起“倭”，脑海中浮现的肯定是现今的日本列岛。如沈仁安认为盖国就是玄菟郡的盖马县，即朝鲜的盖马地区，而倭则远在日本列岛的某一地区。③ 王育民对“倭属燕”的认识是，古代所称“倭国”，在今日本北九州一带，这个燕国和日本已直接发生交往的传说，虽不可信，但日本和朝鲜近在咫尺，很可能系自朝鲜传闻而来。④

---

① 李濯凡，男，1964年生，外交学院外语系副教授，研究方向为日本语言文化。

② 沈仁安．日本起源考［M］．北京：昆仑出版社，2004：12.

③ 沈仁安．日本起源考［M］．北京：昆仑出版社，2004：16-17.

④ 王育民．中国历史地理概论［M］．北京：人民教育出版社，1987.

这些看法都把倭看作日本列岛。而笔者认为，汉籍中所述的“倭”并非都是指向同一个地区，必须对文本细读分析，理清语境以及前后文的关系，同时利用好相关史料，抛开既有的成见，我们或许能有新的发现。

二、鬯草与倭

汉代王充《论衡》中有以下几段与倭有关的史料：

①《论衡·恢国》：“成王之时，越常献雉，倭人贡畅。幽、厉衰微，戎狄攻周。平王东走，以避其难。至汉，四夷朝贡。孝平元始元年，越常重译，献白雉一、黑雉二。夫以成王之贤，辅以周公，越常献一，平帝得三。”

②《论衡·儒增》：“周时天下太平，越裳献白雉，倭人贡鬯草。食白雉，服鬯草，不能除凶，金鼎之器，安能辟奸？”

③《论衡·异虚》：“使畅草生于周之时，天下太平，倭人来献畅草。畅草亦草野之物也，与彼桑谷何异？如以夷狄献之则为吉，使畅草生于周家，肯谓之善乎？”

“畅”同“鬯”。从以上所引文字来看，王充所论的主旨并不在越、倭，它们只不过是作为其立论的依据所举的事例，是遥远各地的藩属向周王进贡臣服的代表而已。就这三段来看，各篇文章虽然主旨不同，但屡屡提到越裳（越常）和倭人，而且都是在周成王时，所以虽篇目不同，指的却是同一事件。《恢国》篇中除了成王之时，还提到汉平帝元始元年（公元1年）越裳又来献白雉，但这次没有提到倭。

关于越裳，《尚书大传》：“交趾之南有越裳国。”《后汉书·南蛮传》：“交趾之南有越裳国。”据王文光详考，周成王时代的越裳广泛地分布于今中南半岛北部、云南南部及西南部；将至西汉，中南半岛西北部的一部分越裳被称作滇越，东南部的仍称越裳；东汉时，滇越和越裳的称谓都消失了，却突然出现永昌徼外和日南徼外的掸，实际上他们就是原来的越裳。①这样看来，越裳应是当时（成王时期）的称谓，那么倭也应是与越裳相同历史阶段的称谓了。

倭在哪里？周成王时期的倭与《山海经》里的倭又是什么关系呢？

从《论衡》来看，与倭有关的信息就是“鬯草”了。《周礼·春官·郁人》：“郁人掌裸器，凡祭祀宾客之祼事和郁鬯以实彝而陈之。”郑玄注：

① 王文光．中国南方民族史［M］．北京：民族出版社，1999：67.

“筑郁金煮之以和鬯酒。”认为郁鬯是用加入郁金酿成的香酒。唐贾公彦疏：“《王度记》云：‘天子以鬯’及《礼纬》云‘鬯草生庭’，皆是郁金之草，以其和鬯酒，因号为鬯草也。”认为鬯草（畅草）即是郁金。由此看来，鬯草即郁金，几乎已成定说。宋杨万里诗“却将金郁鬯，试比菊衣裳”(《鹅儿黄似酒》)也是这样理解的。

据《中药大辞典》“郁金”条，郁金“为姜科植物姜黄、郁金或莪术的块根”。姜黄“主产四川、福建等地。此外，江西、台湾、湖南、陕西、云南等地亦产”。郁金“分布江苏、浙江、福建、广东、广西、江西、四川、云南等地”。莪术“野生于山间或村边林下草地。分布福建、广东、广西、浙江、台湾、云南、四川等地。主产于广西、四川。此外，福建、广东、浙江、云南等地亦产”。可见鬯草（畅草）生于中国的南方。

然而，周之祼祭或早于西周的建立，那时周在西北，属于较冷的地方，不产郁金。没有南方的郁金，难道周族就不祭祀了？当然不会。显然常用的香草应该是北方易得的。郁金，至少在西周建立之前以及西周早期不是必需的香草。查《王力古汉语字典》“鬯”条的解释是：“祭祀用的香酒。《说文》：‘鬯，以秬酿郁艸，芬芳攸服，以降神也。’段玉裁注：‘攸服当作条畅。’《诗·大雅·江汉》：‘釐尔圭瓒，秬鬯一卣。’《郑笺》：‘秬鬯，黑黍酒也。’《汉书·宣帝纪》：‘荐鬯之夕。’”

《王力古汉语字典》“郁”条的解释是：“形容事物的盛美、繁多。可以是富有文采……又可以是香气浓郁。”秬，黑黍。可见，鬯本是用黑黍加香草酿制而成的酒。鬯草，就是用来酿酒的香草，而具体是哪种香草，并没有明确的所指。郑注以及后人所注的郁金只有在西周疆域扩展至南方才会得到；抑或在强盛以后才会有越裳之类的部族来进贡。所以，至少西周早期以前的鬯草不应是郁金，或者说，郁金只是香草中的一种。

再有，秬即黍，是北方作物。酿秬酒祭神时加香草，是为了使香气达于神前。在早期与南方交往还不多时，一般只能用自己领域中的香草。

因此，将“倭人贡鬯草”理解为“北方的倭人来贡酿酒用的香草”也是完全说得通的。因为还有比倭更远的部族前来献贡。《逸周书·王会篇》云，周成王大会诸侯，祭坛四周摆着贡礼，其中“稷慎大麈，秽人前儿”，稷慎，即肃慎，贡物是大麈，即四不像[①]；秽人，即濊人，贡物是浅黑猊。浅黑猊像猕猴，可站着走，叫声像小儿。[②]

① 江应梁．中国民族史（上）［M］．北京：民族出版社，1993：146.

② 王会解译文，https：//so. gushiwen. org/guwen/bfanyi_ 3420. aspx，引用日期：2018-08-30.

肃慎，东北的古老部族之一，《山海经·大荒北经》："大荒之中有山，名曰不咸，有肃慎氏之国。"不咸，即长白山。《左传·昭公九年》："及武王克商，蒲姑、商奄，吾东土也……肃慎、燕、亳，吾北土也。"其活动范围大体在长白山至黑龙江和松花江的下游一带。武王克商后，肃慎臣服于周，《国语·鲁语下》："肃慎氏贡楛矢、石砮。"《后汉书》卷85《东夷列传》："及武王灭纣，肃慎来献石砮、楛矢。"

濊也是一个古老的部族。《三国志》卷30"夫余"条："今夫余库有玉璧、珪、瓉，数代之物，传世以为宝，耆老言先代之所赐也。其印文言'濊王之印'，国有故城名濊城，盖本濊貊之地，而夫余王其中，自谓'亡人'，抑有以也。"《后汉书》卷85"夫余国"条："夫余国，在玄菟北千里，南与高句丽，东与挹娄，西与鲜卑接，北有弱水。地方二千里，本濊地也。"这两段记载说明，夫余之地本是濊之地。玄菟，大约今辽宁省新宾市西南，其郡治即高句丽。挹娄，即古肃慎。所以早期的濊的活动中心主要在嫩江和松花江流域。

《逸周书》中记载了肃慎和濊等许多部族，却独不见有"倭"，可见倭在当时并不起眼。虽然和越裳都有进贡，但不是在周成王大会诸侯进行大规模祭祀的时候，或许只是在一个普通的时候进行了贡献。而《论衡》之所以提到他们，也许是将他们作为南北两方遥远之地的代表而已，或许有着很大程度的随意性。

这里"贡鬯草"的倭人既有可能在南方，也有可能在北方。那么倭在哪里的可能性更大呢？

三、盖国在倭北

《山海经·海内北经》："盖国在钜燕南，倭北。倭属燕。"

首先看《山海经》中的盖国，因为盖国在"倭北"，所以如果盖国的位置确定了，那么倭的所在也就大体可以确定了。

清华简《系年》三："成王屎（践）伐商邑，杀彔子耿，飞（廉）东逃于商盖氏。成王伐商盖，杀飞（廉），西迁商盖之民于邾，以御奴且之戎，是秦之先。"禽簋铭文："王伐盖侯，周公谋，禽祝。"《孟子·滕文公下》："周公相武王诛纣伐奄，三年讨其君，驱飞廉于海隅而戮之，灭国五十，驱虎豹犀象而远之，天下大悦。"

清华简云"伐商盖"，《滕文公下》云"伐奄"，然而两者说的却是同一事件，可见盖国就是奄国。清王先慎《韩非子集解》："商盖，商奄也。"

商盖即商朝治下的盖国，其君主即是盖侯。而奄国（盖国）的位置，《说文解字》：“奄国在鲁。”《后汉书·郡国志》：“鲁国，［古］奄国。”《左传》定公四年：“因商奄之民，命以《伯禽》，而封于少皞之墟。”杜预注：“商奄，国名也。少皞之虚，曲阜也。”《史记·周本纪·集解》：“郑玄曰：奄国在淮夷之北。”清顾祖禹《读史方舆纪要》卷32山东兖州府曲阜县：“奄城，在城东二里，古奄国也。《书序》成王东伐淮夷，遂践奄，因以封周公。志云：曲阜旧城，即古奄地，亦曰商奄里，又名奄至乡。”淮夷在滕州市一带，奄既在淮夷之北，当在曲阜一带。

奄人被伐后，或迁或逃。《系年》云，周成王杀飞廉，“西迁商盖之民于邾，以御奴且之戎，是秦之先”。意思是说一部分奄人被强制迁往邾，成为秦人的一分子。此外，还有相当一部分向南逃亡，并在今常州一带筑城。《吕氏春秋·古乐》：“成王立，殷民反，王命周公践伐之。商人服象，为虐于东夷。周公遂以师逐之，至于江南。”这“商人”当中就有奄人。“至于江南”则是在“周公遂以师逐之”之后流亡迁徙的方向。最后的落脚点大约在常州一带。《越绝书·吴地传》云：“毗陵县南城，故古淹君地也。东南大冢，淹君子女冢也。去县十八里，吴所葬。”张宗祥校：“‘淹’，当作‘奄’。‘奄’，古东诸侯。”毗陵县，即今江苏省常州市。

那么，奄人（盖人）除了西迁、南迁，是否也有向北迁徙的呢？“另一支北绕渤海湾迁至辽宁盖州、盖平，而入盖马大山，到达朝鲜半岛，有的渡海而迁日本。”[①] 这个推断没有直接的史料记载，但向北迁徙的可能性可以得到间接资料的证明。一个重要的证据就是同为殷商移民的箕子迁往朝鲜。

《汉书》卷28上《地理志》琅琊郡条：“箕，侯国。《禹贡》潍水，北至都昌入海，过郡三，行五百二十里，兖州浸也。”琅琊，今山东诸城市一带。《汉书》卷28下《地理志》：“殷道衰，箕子去之朝鲜，教其民以礼义，田蚕织作。”就是说，殷商还没有灭亡的时候，箕子就逃离纣王，逃离箕国，去了朝鲜。而另一种记载则是，面对纣王的无道，“箕子谏，不听”。[②]“箕子惧，乃详狂为奴，纣又囚之”。[③] 武王伐纣，“已而命召公释箕子之囚”。[④]《尚书大传》：“武王胜殷，释箕子囚。箕子不忍周之释，

① 何光岳．奄国的来源和迁徙［J］．长沙水电师院社会科学学报，1995（1）．

② 司马迁．史记·宋微子世家：卷38.

③ 司马迁．史记·殷本纪：卷3.

④ 司马迁．史记·周本纪：卷3.

走之朝鲜。武王闻之，因以朝鲜封之。”无论哪种情况，结果都是箕子去了朝鲜。

箕子或是走海路，或是走陆路来到了朝鲜。杨军通过对考古遗迹的分析，认为“箕子首先迁到辽西，而后又从辽西迁往朝鲜”①，即走的是陆路。既然箕子可以绕渤海湾到达朝鲜，同为殷商遗民的盖国（奄国）人也同样可以沿着这条道路迁徙。

笔者认为，他们的落脚点不是盖马大山，可能是辽宁省盖州市一带，并在这一带建立了新的盖国。《山海经》说盖国在倭北，则倭在盖的南面，大约就是今辽东半岛的中南部。但是北逃的盖国是周初的盖国，还不是“钜燕”时期的盖国，所以也就不能证明其南边是否有倭存在。要想证明倭在盖国之南，即辽东半岛上，还必须确定“钜燕”的位置。

四、倭属钜燕

周武王十一年（前 1046）伐纣灭商，“封尚父于营丘，曰齐。封弟周公旦于曲阜，曰鲁。封召公奭于燕。封弟叔鲜于管，弟叔度于蔡”。② 自此有了燕国，与流亡的箕子和盖国大体是同一时期。

钜，大也。“钜燕”的意思就是说国力强盛、领土广阔的燕国。所以《山海经》中的“钜燕”应是燕国强力扩张疆土的时期。

《史记·燕召公世家》：燕昭王二十八年（前 284），“燕国殷富……与秦、楚、三晋合谋以伐齐……齐城之不下者，独唯聊、莒、即墨，其余皆属燕，六岁”。

齐国几近灭亡，燕国领土迅速扩张。这是指燕国向南方扩张，山东半岛的盖国在这个战国时代早已荡然无存了，所以扩张到齐国的“钜燕”的南方不会有盖国的存在。

《史记·匈奴列传》：“于是秦有陇西、北地、上郡，筑长城以拒胡。而赵武灵王亦变俗胡服，习骑射，北破林胡、楼烦，筑长城，自代并阴山下，至高阙为塞，而置云中、雁门、代郡。其后燕有贤将秦开，为质于胡，胡甚信之。归而袭破走东胡，东胡却千余里……燕亦筑长城。自造阳至襄平，置上谷、渔阳、右北平、辽西、辽东郡以拒胡。”

这也是在燕昭王时期。在秦扩张至陇西、北地、上郡，赵武灵王胡服

① 杨军．高句丽民族与国家的形成和演变［M］．北京：中国社会科学出版社，2006：62.

② 司马迁·史记·卷 3：周本纪．

骑射，“置云中、雁门、代郡”之后，燕昭王派遣秦开向东扩张，迫使东胡退却一千余里，于是燕国将领土扩张至襄平。造阳，古地名，在今河北赤城县独石口北坝头一带。襄平，即今辽宁省辽阳市。这时的燕是向东击退东胡，逮领土扩张至襄平时，盖国正处于“钜燕”的南面。这也说明流亡到这里七百余年的殷商后裔盖国在此之前一直距离燕国很远，处于独立自主的状态。既然在钜燕南面的盖国位置已确定，那么在盖国南面的倭的位置也大体可以确定了，即在辽东半岛上。

燕设五郡后，盖国仍没有向燕臣服。可是盖国南面的倭却很快向燕称臣了，这便是“倭属燕”的含义。

五、盖国与盖马

《盐铁论》卷9《伐功》：“燕袭走东胡，辟地千里，度辽东而攻朝鲜。”

《三国志》卷30引《魏略》：“昔箕子之后朝鲜侯，见周衰，燕自尊为王，欲东略地。朝鲜侯亦自称为王，欲兴兵逆击燕以尊周室。其大夫礼谏之，乃止。使礼西说燕。燕止之，不攻。后子孙稍骄虐，燕乃遣将秦开攻其西方，取地二千余里，至满番汗为界。朝鲜遂弱。”

“辟地千里”与前文的“东胡却千余里”的意思相同。不久，秦开奉命继续前进，这次大概是从辽西出发，“度辽东而攻朝鲜”，“攻其西方，取地二千余里，至满番汗为界”。“其西方”即是箕子朝鲜国的西方。

那么在秦开“至满番汗为界”之前，箕子朝鲜的范围有多大？它的西方在哪里呢？

《汉书》卷28下《地理志》乐浪郡注引应劭说“故朝鲜国也”。《后汉书·光武帝纪下》李贤注：“乐浪郡，故朝鲜国也。”乐浪郡相当于卫满朝鲜的本土，在今平安南道及黄海道地区。① 据杨军考证，初期的箕子朝鲜，以今平壤为中心，西北至清川江以南，东至单单大岭、大同江上游流域，西至海，南至黄海北道的黄州一带。②

《山海经·海内经》：“东海之内，北海之隅，有国名曰朝鲜。”据谭其骧《中国历史地图集》，战国时期的东海是指今东海和黄海。这里的“北海之隅”，即东海北部，大约在今西朝鲜湾沿岸。这是从海洋的角度确认箕子朝鲜“西至海”的位置。

---

① 沈仁安．日本起源考［M］．北京：昆仑出版社，2004：4.

② 杨军．高句丽民族与国家的形成和演变［M］．北京：中国社会科学出版社，2006：19.

到秦开攻其西方以前，其领土已有很大的扩张。《后汉书》卷85《东夷列传》："濊北与高句丽、沃沮，南与辰韩接，东穷大海，西至乐浪。濊及沃沮、句骊，本皆朝鲜之地也。"濊国大约在公元前280年左右脱离箕子朝鲜独立[①]，而在此之前濊国曾是箕子朝鲜统治地区。而这些地区"东穷大海"，说明朝鲜的东部已至日本海。那么北边如何呢？

《汉书》卷28下《地理志》："武王定殷，封召公于燕，其后三十六世与六国俱称王。东有渔阳、右北平、辽西、辽东，西有上古、代郡、雁门，南得涿郡之易、容城、范阳、北新城、故安、涿县、良乡、新昌，及渤海之安次，皆燕分也。乐浪、玄菟，亦宜属也。"

这里描述的是燕昭王以后的燕国领土。这时燕已经撤出了齐国，南部领土退至保定至渤海一线。而东部继续扩张至今大同江一带。"乐浪、玄菟，亦宜属也。"乐浪，前文已述。《三国志》卷30："汉武帝元封二年，伐朝鲜，杀满孙右渠，分其地为四郡，以沃沮城为玄菟郡。"汉时，玄菟郡下辖高句丽、上殷台、西盖马三县。[②] 玄菟，主要在沃沮地区，今辽东以东到朝鲜咸镜道一带。[③]"乐浪、玄菟，亦宜属也"句可证之前"濊及沃沮、句骊，本皆朝鲜之地也"的记载。

《后汉书》卷85《东夷传》："东沃沮在高句丽盖马大山之东，东濒大海，北与挹娄、夫余，南与濊貊接。"李贤注："盖马，县名，属玄菟郡。其山在今平壤城西。平壤即王俭城也。"盖马县当是指西盖马县，则盖马大山应在盖马县东。"其山"当指盖马大山，但盖马大山不在平壤城西，两地相距较远。清郝懿行《山海经笺疏》："今案盖马疑本盖国地。"故沈仁安认为："盖国可能是朝鲜的盖马地区，则倭大体上应是日本列岛上的某一地区。"[④] 如果这里的盖马是盖国的话，那么在"乐浪、玄菟，亦宜属也"之后，它就在"钜燕"的东面，而不是"在钜燕南"了。再有，从《山海经》"盖国在钜燕南，倭北，倭属燕"的记述来看，盖国在倭北，则倭应该与盖国相邻，即使不是毗邻，也不应距离太过遥远。而这里，盖国若是在朝鲜半岛北部的盖马地区，而倭却在日本列岛的话，不但距离太过遥远，而且中间还隔着大海。这显然不符合我们阅读文章时的思维方式。而原因恰恰是出在我们对"倭"的惯性思维上，即我们只要看到倭，就认

---

① 杨军．高句丽民族与国家的形成和演变［M］．北京：中国社会科学出版社，2006：199.

② 班固．汉书：卷28下．地理志下．

③ 沈仁安．日本起源考［M］．北京：昆仑出版社，2004：4.

④ 沈仁安．日本起源考［M］．北京：昆仑出版社，2004：17.

为相当于今天的日本，或在日本列岛上。

回过头来再看秦开，他“度辽东而攻朝鲜”，“攻其西方，取地二千余里，至满番汗为界。朝鲜遂弱”。杨军考证满番汗应在大同江边①，则“取地二千余里”后的燕国东界扩展到大同江以西。“朝鲜遂弱”，说明朝鲜退却到大同江以东，实力大大减弱。

鉴于此，我们还可以对盖国的位置做另一种假定。如果盖国所在的“钜燕南”是指满番汗之南，那么盖国就应在大同江南面的黄海北道，而倭则应在其南部。但盖国在这里的可能性不大。因为箕子先盖国迁徙而至朝鲜（今平壤一带），且有人数众多的实力，可以筚路蓝缕。《朝鲜史略》：“周武王克商，箕子率中国人五千人朝鲜。”《海东绎史》引《三才图会》：“箕子率五千人入朝鲜。”而盖国则是在周成王时溃退流亡而走，规模不会超过箕子，逃到今盖州一带时，后面再没有追兵，自己也难有实力继续向东。如果他们到了朝鲜半岛，则几乎不可能越过箕子朝鲜而到其南，很可能会与同为殷移民的箕子移民融合。

综上“钜燕”之状况，笔者认为盖国在今辽宁省盖州市一带较为合理，而倭在盖的南面，大约就是今辽东半岛的中南部。而《论衡》中的“倭”或许就在这里，或在距离此地不是很远的地方。

六、檀石槐与“倭人国”

《后汉书·乌桓鲜卑列传》：“光和元年冬，又寇酒泉，缘边莫不被毒。种众日多，田畜射猎不足给食，檀石槐乃自徇行，见乌侯秦水广从数百里，水停不流，其中有鱼，不能得之。闻倭人善网捕，于是东击倭人国，得千余家，徙置秦水上，令捕鱼以助粮食。”“光和”是汉文帝的年号。光和元年，即公元178年。

《三国志》卷30《乌丸鲜卑东夷传》裴松之注：“鲜卑众日多，田畜射猎，不足给食。后檀石槐乃案行乌侯秦水，广袤数百里，停不流，中有鱼而不能得。闻汗人善捕鱼，于是檀石槐东击汗国，得千余家，徙置乌侯秦水上，使捕鱼以助粮。”

《通典》卷196《边防》：“后种众日多，田畜射猎不足给食。檀石槐乃自徇行，见乌侯秦水广从数百里，停不流，其中有鱼，不能得之。闻倭人善网捕，于是击倭国，得千余家，徙置秦水上，令捕鱼以助粮食。”

---

① 杨军．高句丽民族与国家的形成和演变［M］．北京：中国社会科学出版社，2006：70-77.

《后汉书》云檀石槐（约157—181）东击倭人国，《三国志》改为“汗国”，《通典》又订正为“倭国”。乌侯秦水，即今内蒙古的老哈河，其下游河面宽阔，水流舒缓，似停不流。此时已是2世纪，距离燕昭王的公元前3世纪，已经过去了近400年。檀石槐所击的倭人国是否就是盖国南边的“倭”？这很难确定。但是从两地的距离来看，这种可能性是有的。也就是说，由于倭人生活在辽东半岛中南部，濒临大海，所以捕捞（“善网捕”）是其重要的生活手段。汉灵帝时，汉帝国已经风雨飘摇，倭人在此形成半独立的倭人“国”或部落也未可知。

总之，纵观《山海经》中的“倭”以及檀石槐时期的“倭人国”，虽然都是蜻蜓点水般地记述，但似乎能让我们看到：

（1）400年中，“倭”虽然没有什么“大作为”，却可能是一个一直生活在辽东半岛的部族。

（2）“善网捕”是这群倭人的生存方式之一。

（3）檀石槐能轻易掠走倭人，说明倭人距离老哈河不会很远，从而也证明倭在盖国南，即在辽东半岛中南部。

当然还可以有这样一种情况，即所谓的倭人国，就是以倭人为中心，与汉、匈奴、鲜卑、濊貊等部族杂居的包括辽东半岛及辽东、辽西地区在内的地域。

“从历史上看，蒙古草原上的游牧民族迁入东北亚东部地区，特别是朝鲜半岛北部的路线主要有两条。一条是南线。先占据西辽河的上源，西拉木伦河与老哈河流域，然后沿西辽河河谷东进，迁入辽东半岛……大量的鲜卑人、匈奴人就是沿南线进入辽东半岛的。另一条可以称之为北线。即从蒙古草原的中部，向东越过大兴安岭、嫩江，进入松嫩平原，然后再由松嫩平原东南迁，进入朝鲜半岛东北部，乃至大同江、汉江流域。夫余人的南迁走的就是这一路线。”①

大约自西周末年，貊人（即貉人）自蒙古草原向东北迁徙，与前文所提到的以松嫩平原为中心的濊人杂居融合，形成濊貊族系。后来又继续南迁，有的迁往辽东半岛，有的迁往朝鲜半岛，并一直到三韩之地。②《汉书·高帝纪上》，四年八月，“北貉、燕人来致枭骑助汉”。颜师古注：“应劭曰：‘北貉，国也。’貉在东北方，三韩之属皆貉类也。”可知，濊貊也进入了三韩之地。

---

① 杨军．高句丽民族与国家的形成和演变［M］．北京：中国社会科学出版社，2006：84.

② 杨军．高句丽民族与国家的形成和演变［M］．北京：中国社会科学出版社，2006：51-93.

倭人在辽东半岛一带，正处在与濊貊频繁交往的地带。倭人一方面与濊貊、匈奴、鲜卑等杂居融合，另一方面也有部分倭人随着他们一起迁入朝鲜半岛，甚至到了朝鲜半岛的南端。

七、与三韩接壤的倭

《三国志》卷30《乌丸鲜卑东夷传》记述“倭”的位置：“韩在带方之南，东西以海为限，南与倭接，方可四千里。有三种，一曰马韩，二曰辰韩，三曰弁韩。”韩是三韩的总称，三韩之地东西到海，可是南边没有到海，而是“与倭接”。《说文》：“接，交也。”《广雅》：“接，合也。”都是连接或合在一起的意思。再引申，就是靠近、临近的意思，如“公揖入，主于中庭，宾立接西塾”（《仪礼·聘礼》）。可见“与倭接”应该是与倭接壤的意思。就是说，倭应该在朝鲜半岛的最南端。如果这里说的“倭”在日本列岛，则与朝鲜半岛隔海相望，不符合“接”字的含义。

《三国志》接着说，马韩在西，辰韩在马韩之东，弁辰的“渎卢国与倭接界”。《后汉书》卷85《东夷列传》更清楚道出三韩的位置：“马韩在西，有五十四国，其北与乐浪，南与倭接。辰韩在东，十有二国，其北与濊貊接。弁辰在辰韩之南，亦十有二国，其南亦与倭接。”

由此我们也清楚倭的位置。倭在马韩的南边。辰韩在马韩的东面，弁韩（弁辰）在辰韩的南面，而弁韩的南边与倭接壤。这里更加清晰地表明了东汉末年三韩与倭的地理位置。

倭对韩的文身民俗也颇有影响。《三国志》：“今辰韩人皆褊头。男女近倭，亦文身。”《后汉书》云，马韩“其南界近倭，亦有文身者”。弁辰“其国近倭，故颇有文身者”。这也说明朝鲜半岛南端的倭也依靠海洋渔业生活，盛行文身习俗，而且这种文身习俗还影响到马韩和辰韩。

倭、韩的来往还是很密切的。《三国志》云，弁辰十二国，“国出铁，韩、濊、倭皆从取之。诸市买皆用铁，如中国用钱”。《后汉书》云，辰韩“国出铁。濊、倭、马韩并从市之。凡诸易，皆以铁为货”。综合观察，弁韩、辰韩都出铁，而且具有货币功能，倭、韩之间贸易频繁。

前文已述，倭人有可能随着濊貊的南迁，一起迁入朝鲜半岛，并一直在半岛南端落脚。而本节所引的三韩之南的倭，也许正是从北方迁徙过来的以倭人为主体的集团。

八、乐浪海中的倭人

在我们的思维惯性当中所理解的“倭”当是现在的日本列岛。

> 乐浪海中有倭人，分为百余国，以岁时来献见云。（《汉书》卷28下《地理志》）
>
> 倭人在带方东南大海之中，依山岛为国邑。（《三国志》卷30《乌丸鲜卑东夷传》）
>
> 倭在韩东南大海中，依山岛为居，凡百余国。（《后汉书》卷85《东夷列传》）

这是我们经常引用来证明“倭”的地理位置的文献。

此外，许多汉籍，如《三国志》《后汉书》等都有专文记载“倭”，如被赐予“汉委奴国王”金印的倭奴国，授予“亲魏倭王”称号的邪马台国等，在此不再赘述。

然而在《三国志》《后汉书》等书中对日本列岛“倭”的描述与三韩之南的倭的描述似乎有些矛盾，“南与倭接”的“倭”似乎“接”不上“乐浪海中”的“倭”。这可能是因为与三韩接壤的“倭”受到三韩的压制，实力很弱，甚至在政权上可能还依附于马韩或弁韩，所以《三国志》等只是做了地理上的描述。

笔者以为，之所以后来将日本列岛指称为“倭”，正是因为迁徙到朝鲜半岛南方的倭人（当然也包括其他部族的人们）继续渡海南迁，并往来于朝鲜半岛与九州等岛屿之间，或贸易，或战争，强化了乐浪郡等汉人政权对“倭”这一称谓的认知。也就是说，当时的汉朝还不知道如何称呼日本列岛时，明确知晓有大量倭人渡海，于是将那里统称为“倭”。日语中将“倭”读作“yamato”，显然是把“倭”作为借字来对应自称“yamato”，这也说明“倭”是汉朝对于日本列岛的统称。

当然，迁徙到日本列岛的路线不止这一条，还有利用海流从东海等地漂流而来的移民，最明显的就是利用了黑潮。源自北赤道的黑潮（日本暖流）经菲律宾进入东海，经琉球群岛流向日本列岛。在航海还不发达的古代，中国东部沿海的人们顺着黑潮有可能漂流到日本的九州等地。日高正晴在《古代日向之国》一书中写道，黑潮从东中国海向东北流向日向滩海域，按黑潮流速大约一小时4.6节计算，从中国的江南地区随着黑潮，大约三四天就能漂流到宫崎海岸。[①] 此外，也有许多人沿着九州岛西岸漂流到九州北部或朝鲜半岛南岸。吴越移民就是利用这条海路迁徙到九州等日本岛屿的，如《资治通鉴》云：“今日本又云吴太伯之后，盖吴亡，其支庶入海为倭。”说明吴灭亡后，一部分吴人流亡，渡海来到日本列岛。也正因如此，中国东南沿海吴越民族的许多习俗也影响到九州以及朝鲜半岛南端的倭人，如文身等。

虽然日本列岛的人们都称作倭人，但在形成统一的倭族之前，这里也是倭、汉、韩、越、阿依努、太平洋岛民等各人种、各氏族部落迁徙杂居融合的地方。这也是至今日本语难以归属某单一语系的原因所在（语法结构属于阿尔泰语系语言，而许多词汇来自南岛语系语言）。

九、濊与倭

《三国志》卷30《乌丸鲜卑东夷传》：“桓、灵之末，韩、濊强盛，郡县不能制，民多流入韩国。建安中，公孙康分屯有县以南荒地为带方郡，遣公孙模、张敞等收集遗民，兴兵伐韩濊，旧民稍出。是后倭、韩遂属带方。”

这段是对朝鲜半岛局势的描述。“桓”“灵”是指汉桓帝和汉灵帝，他们执政的时期是150—189年。“建安”是东汉献帝年号（196—219）。带方郡，大体相当于今朝鲜的黄海北道和黄海南道。

这里的濊，如前文所引《三国志》：“濊南与辰韩，北与高句丽、沃沮接，东穷大海，今朝鲜之东皆其地也。”朝鲜，即箕子朝鲜。濊国大约在公元前280年左右脱离箕子朝鲜独立[②]，而在此之前濊国曾是箕子朝鲜统治地区。

继汉之后，曹魏继续统辖乐浪地区。建安时期，公孙康将乐浪南部分出，设带方郡。魏国对不受节制的韩、濊进行了讨伐，即“兴兵伐韩濊”。然而后一句却很奇怪，“是后倭、韩遂属带方”。明明讨伐的是韩和濊，臣服的为什么是韩和倭？与带方相邻的，南面是韩，东面是濊，而倭在韩的南面。带方与倭中间隔着韩。

那么，何以出现这样的记述呢？是《三国志》编撰者陈寿的笔误还是

---

① 日高正晴．古代日向之国［M］．日本：日本放送出版协会，1995：20.

② 杨军．高句丽民族与国家的形成和演变［M］．北京：中国社会科学出版社，2006：199.

出于其他原因？

且看“濊”和“倭”二字。

濊，于废切，读音“wei”。日本九州出土的“汉委奴国王”金印上的“委”字是于诡切，读音“wei”；又于为切，音逶。《诗经·羔羊》：“退食自公，委蛇委蛇。”“倭”，于为切，读音“wei”，《诗经·四牡》：“周道倭迟”；又乌禾切，音近“wo”。可见，“委”“倭”都是于为切，读音相同，都是“wei”，也与“濊”同，而“倭”（wo）实为“wei”的音转。王建新认为上古音中“倭”和“濊”是同音字，“倭”字的歌韵和“濊”字的月韵可对转，《山海经》《后汉书》《论衡》等文献中的“倭”字是“濊”的通假字。①

按这样的理解，由于“倭”和“濊”是同音字，作者在这里将此二字视为通假字。这种可能性也不是不存在，但是，问题也随之而来了，即使在《三国志》同一卷（卷30）中，“倭”和“濊”都是分列两节，分别指代不同的地域，而且从没有发生混淆。再如《后汉书》卷85：建武之初，“时辽东太守蔡彤威詟北方，声行海表，于是濊貊、倭、韩万里朝献”。“建武”为东汉光武帝刘秀的年号（25—56）。这里明确将濊、倭一并列举，显然没有混淆濊、倭。

这样看来，通假字的说法似乎难以成立。笔者认为，更大的可能性是，在“是后”前有一段叙述韩、倭的文字，或许是在抄录的过程中脱落了。

十、结　语

综上所述，在中国历史的很多时期，“倭”倏忽出现而又倏忽遁形。《论衡》中的“倭”在年代上出现最早，是在周成王时期。本文通过对“鬯草即郁金”这一古已有之的成见的否定，并对《山海经》中记述的在钜燕和盖国之南的倭的地理位置的考证，得出倭最早在辽东半岛居住这一结论，同时也为周成王时倭在北方居住这一推论提供了间接证据。如果倭最早在辽东半岛一带居住的推论能够成立，与三韩南界接壤的倭以及“乐浪海中”的倭（日本列岛）之间存在的差异就容易理解了。本文同时也大体厘清了倭从辽东半岛随濊等部族一起南迁，经朝鲜半岛渡海到达日本列

---

① 王建新．濊人与倭人［G］//北京大学北京论坛办公室．文明的和谐与共同繁荣：“东亚古代文化的交流”考古分论坛论文与摘要集．北京论坛，2004.

岛的路径。

有的学者认为《论衡》《山海经》中的倭是虚构的，但笔者认为，由于古籍的缺失，在没有证伪证据的前提下，应该姑且认定其为真实的存在，至少可以认为它保留了历史的影子或痕迹。在此认知的基础上，通过对古籍相关记述的细读、分析，将其置于与周边部族关系的大环境或大背景中进行合理的阐释。

参考文献

[1] 沈仁安．日本起源考［M］．北京：昆仑出版社，2004.
[2] 王育民．中国历史地理概论［M］．北京：人民教育出版社，1987.
[3] 王文光．中国南方民族史［M］．北京：民族出版社，1999.
[4] 江应梁．中国民族史（上）［M］．北京：民族出版社，1993.
[5] 何光岳．奄国的来源和迁徙［J］．长沙水电师院社会科学学报，1995（1）．
[6] 杨军．高句丽民族与国家的形成和演变［M］．北京：中国社会科学出版社，2006.
[7] 日高正晴．古代日向之国［M］．日本：日本放送出版协会，1995.

《无字》和《纪之川》中的男性形象比较研究①

李先瑞②

一、引　言

在中日两国女性文学的众多作品中，《无字》和《纪之川》不论在题材还是主题上都有很多相似之处。两部作品都是以描写一个家族四代女性的日常生活变迁为主线，并将20世纪的历史风云变幻作为背景穿插其间。生存环境与性格的不同，使得每一代女性的命运都各不相同。两位作者本身女性意识的差异，也在男性人物形象的塑造中彰显出来。

作为新时期文坛上较早显示出性别意识的女作家，在女性文学寂寂无声的时代，张洁首先喊出了妇女解放的口号，更是自觉地把女性多层面的生存、情感、精神等痛苦体验，从被遗忘的角落凸现出来。她创作的《爱，是不能忘记的》《方舟》等女性系列小说，将女性写作的潜在可能性有力地确立了下来。《无字》则是张洁历时12载，潜心撰写的第二部茅盾文学奖获奖作品。全书分三部，计80余万字。这部凝重恢宏、空灵隽永的长篇力作以女作家吴为的人生经历为主线，讲述了她及其家族四代女性的婚姻故事，描摹了社会大动荡、大变革中各色人等的与世沉浮、坎坷人生，展现了中国近百年间的风云际会，对20世纪中国女性进行了独特的记录和审视，写出了一个说不尽的时代。自小说出版以来，很多人纷纷发表评论，对作品的主题、意义进行阐释。

有吉佐和子（1931—1984）是一位享有世界声誉的日本当代女作家，

---

① 本文是国家社科基金项目“日本女性主义文学中的女性形象研究”（项目批准号：14BWW015）的阶段性成果。

② 李先瑞，1967年生，男，博士，浙江越学院外国语学院教授，主要研究方向为日本近现代文学、日本女性文学。

也是一位深受我国读者喜爱的日本作家。有吉佐和子的创作生涯开始于1955年，比张洁早了二十多年。有吉佐和子早年就创作了多部以故乡纪州为舞台，反映旧家族中女性生活状况的长篇家族小说。1959年发表在《妇人画报》上的《纪之川》即是有吉佐和子早期文学的代表作。她以故乡、特别是流经故乡的几条大河为舞台，以年代记的独特形式进行创作，在小说中成功塑造了性格各异的几代女性形象——丰乃、花、花的女儿文绪及文绪的女儿华子。她们的人生经历分别象征了日本明治、大正和昭和三个时代。《纪之川》也曾被誉为展示20世纪日本女性史的优秀作品，并被改编为电影搬上荧幕。

与上述两部作品的女性形象相比，小说的男性形象相对纤弱，体现了作者对男权文化的有意解构。本文着重从两部作品的男性形象的相似性进行比较，也对其差异原因进行探讨。

二、《无字》中的男性形象

在父权制文化下的男性文本中，高大的英雄形象往往具有超人的意志和力量，几乎集中了人类的全部优点。这是体现着集体的、社会的功利价值观的男性叙事。另外，当男主人公出现违反道德的行为时，男性叙事文本将会立足于男性中心主义的价值观念，聚焦于男主人公的内心世界，为其进行辩解，使之合理化，从而获得读者对人物的同情。

与男性文本中男强女弱、男尊女卑的性别关系模式相反，在女性作家文本中，“英雄式”的男性形象通常会被放置在私人性的家庭生活场景中，而“家庭人际关系是一种首属群体关系，由关系密切的人组成，在日常生活的相处中，往往涉及作为个体的全部人格”①，与男性朝夕相处的女性自然会发现他许多不为人知的阴暗面，因此她们对于文学中人为拔高的男性形象有着自己独特的思考。可以说从女性用自己的笔开始书写的那一刻起，她们就通过揭示男性内在的精神孱弱和人格缺陷，来完成对传统男性形象的颠覆并建构自己心中的男性形象。一般说来，女性文本中的女性形象常常呈现出一种相对独立的姿态，男性形象相对来说则显得平庸、懦弱甚至猥琐。这是女作家们的自我意识觉醒之后质疑传统性别价值观，以一种平视甚至是俯视角度反观男性真实形象的必然结果。

① 沈红芳．女性叙事的共性与个性［C］//沈红芳．王安忆、铁凝小说创作比较谈．开封：河南大学出版社，2005：14.

张洁和有吉佐和子正是站在女性价值的立场上，消解了男主人公身上炫目的光环。她们或者以女主人公的视点表达她们的所思所见，或者通过交叉视点的运用从不同角度反映人物的处境与内心情感。虽然叙事技巧不同，但都有力地反驳了男作家们从男性单一视点对故事所做的男性解释，在文学创作中强调了女性的声音。

早期作品中，张洁所呈现出的典型的爱情或婚姻模式是“老夫少妇”式。男性年长、深沉，有丰富的阅历和一定的地位，用无言的爱庇护着年轻的女性；女性年轻、柔弱、典雅、知书达理。然而经历过几次重大挫折的张洁，终于以自己的体验和女人的犀利与敏锐，以文学的方式再现了寻找男性，求而不得，继而撕开温情的面纱，与男性决裂的全过程。“在《无字》中，张洁决绝地撕下了她心仪的男性的长者虚假、冷酷的‘绅士’风度，完成了对早期作品的颠覆和超越。”①

中国传统父权制社会从男性自己的立场出发，为女性制定了苛刻的道德标准，要求女性压制自己作为人的正常欲望，宣扬自我牺牲、克己敛欲、从一而终。可是现实中的男人们又是如何来“约束”自我的呢?《无字》给了我们答案。吴为的祖父，也就是墨荷的丈夫叶志清，自墨荷进门那时起，就没有尽过些许做丈夫的责任。常年在外地学做生意的他，只是偶尔回家。而对于墨荷在家中受尽的各种委屈从来都是不管不问。墨荷因难产去世后，叶志清更是没有丝毫难过悔过之意，很快另娶一位来填充墨荷的空缺。

顾秋水是叶莲子一生所期待、守候的男人，除了结婚一两年中给过叶莲子一些共处人生的经验之外，给予她们母女的只有抛弃和变态般的虐待。他让妻子一生都生活在他的阴影中，至死不忘。小说中叶莲子不断向吴为重复叙述顾秋水抛下她们母女，追随包天剑离开的那一瞬间，“他迈过门槛的时候，还回头看了我和你一眼”。殊不知虽然征衣上的眼泪还没干，一旦走出了那个胡同，也就立刻把叶莲子母女从脑子里抹掉了，抹得干净了。分离后的顾秋水把妻儿抛在天津给人家做女佣，仅仅是为了自己能在香港过上体面人的生活。而当叶莲子千里迢迢，勇气十足地跑去香港找他时，他非但不感动，第一句话居然是“你怎么来了?”在香港，顾秋水强迫叶莲子母女和自己的情人阿苏共处一室，摧残伤害叶莲子和幼小的吴为。

---

① 张华．寻寻觅觅——中国女性文学爱情叙事研究［M］．乌鲁木齐：新疆人民出版社，2004：244.

出身于没落的富贵之家的胡秉宸，从小接受的是宋明理学的古式教育，处理任何事情都小心谨慎。幼时家中的那幅“太上立德，次为立功，再次立言”的中堂是他一生奋斗的目标。不管投身革命的初衷如何，在中华人民共和国的建立过程中他是有自己的贡献的，上海解放时他主动请缨，并得到一个职位，已经初步显示了他渴望仕途的理想。虽然他也曾经拒绝为陷害某领导做假证，可那是以保护自己关系网为目的的江湖义气。这是一个水里煮过三次、火里烧过三次、血里洗过三次，无产阶级、资产阶级日子两不耽误的人。与第一任妻子白帆结合，生活一段日子愈发对她反感。貌似“模范家庭”，其实他们是靠着互相利用、为了彼此利益而存活下来的。不能说胡秉宸没有真心爱过吴为，可这种爱是在不影响自己的仕途和世人对他的看法为前提的。当得知组织上让他离休时，他便表示自己爱吴为；当离休铁定时，他便与白帆打官司离婚。当历经千辛万苦与吴为结合走在一起时，他突然感到在自己光辉的历史上可能被套上花心的恶名时，他便毅然抛弃了吴为，逼她离婚。

叶志清作为一个卑微蒙昧的社会下层人物，对妻子的苦难或许既无所谓也无可奈何。但是，“叶莲子的丈夫顾秋水、吴为苦恋的情人胡秉宸，一个作为革命的同路人，一个作为职业的革命家，他们在历史风云中历经劫难，顽强拼搏，或被动或自觉地展示了无畏忘我的气概，而在婚姻、情感方面却有意无意地扮演了人性扭曲的可悲角色”。①

三、《纪之川》中的男性形象

比起中国女性文学的“寻找男人”，日本女性文学的女性意识最初就表现为对男权传统的怀疑、讥讽与抨击。“在传统文学的男性视角看来，刚勇、坚忍是男人的本色，拈花惹草是男人的潇洒，居高临下是男人的天赋权利。以往人们总爱嘲笑女性怯懦、狭隘、易妒，其实男性在这方面并不逊色，只不过从前被男权的帷幕遮盖了而已。”② 日本近代女性文学开始改变这一视角，将男性的怯懦、狭隘与善嫉表现于作品之中，揭示出男人本色的复杂性，这无疑是对源远流长的男权传统的挑战与消解，从而为女性文学的创作开辟了空间。对男性不抱有希望，就不会失望。因此日本女性文学作品中对男性形象的塑造要相对温和、冷静和理智。

---

① 李云．从《无字》看张洁的创作［D］．苏州：苏州大学，2006.

② 秦弓．日本近代文学中的女权主义色彩［J］．日本研究，1997（2）．

有吉佐和子在《纪之川》中成功塑造了几代女性形象：温柔贤淑、忍耐顺从的花，聪颖伶俐、觉醒彷徨的文绪，善解人意、独立自主的华子。对比这些栩栩如生的女性形象，《纪之川》中的男性形象可谓苍白单薄。

花的丈夫真谷敬策，毕业于东京专科学校，受“文明开化”教育的影响，不拘泥于封建传统的制约，卓尔不群、冷静稳重。24岁即投身政界，被称为和歌山县政界第一人。可以说光耀门楣、彪炳千古是他一生孜孜以求的目标。当得知花怀孕后，敬策就为未出世的孩子设计好了宏伟蓝图，取名政一郎，意在让孩子同自己一样能够在政坛上叱咤风云。通过自身的努力，在妻子花的支持下，敬策由县议员、议长逐步升为众议院议员，地位不断提高，在社会上享有极高声誉。思想相对开明的敬策，在家中和妻子相敬如宾，偶尔也会和妻子讨论一下工作上的事情。可就是这样一个外表体面的人，在事业有成之后，竟然瞒着妻子在外面养了情人。对于把一生都奉献给家庭的花来说，丈夫是她幸福的源泉、稳定的支柱。可对于敬策来说，花只不过是一个家庭存在的象征，他对花的关心也仅仅是出于一种责任和义务。他并没有真正从男女对等的层面上，把花作为一个女性个体去对待，来了解她的内心世界。

真谷敬策的弟弟真谷浩策跟哥哥则是截然相反的类型。一心只读圣贤书的他，整日蜗居于家中，对外面的世界不闻不问。对文学共同的热爱使浩策对嫂子花产生了爱慕之情。但生性柔弱的他被这段违背传统伦理道德的感情折磨得痛苦不堪。他想尽各种办法来压抑自己，在埋首于书中仍得不到解决的情况下，毅然靠分家来逃离自己的情感。分家后的浩策娶了自己的女仆为妻，在妻子的精心照顾下过着悠闲自在的田园生活。然而时间的流逝并没有带走他对花的爱恋，真谷家每遭变故，比如花的女儿文绪离家出走时，花的丈夫敬策去世时，他都会赶来默默陪在花的身边，直到迟暮之年。温文尔雅、对感情忠贞不渝的浩策可能是作者眼中比较理想的男性形象，但对爱情的逃避却是他致命的缺点。

另外还有文绪的丈夫英二，这是作者着墨很少的一个人物。他由于供职于银行，常常因工作需要被派遣到海外，文绪和孩子也不得不跟随其后四处奔波。英二的妻子是一个有头脑、有思想、热爱自由的人，上中学时就组织全校罢课，后又与观念陈旧的家庭闹翻，两个人的婚姻也是自由恋爱的结果。但是结婚之后由于英二整日忙于工作，夫妻之间很少交流，感情生活日益黯淡。英二作为一个典型的日本职员形象，为了家庭而奔波，称得上是一个称职的丈夫和父亲，但他仍然未能摆脱父权制社会中男性本位的思想，没有了解妻子的真正需要，也没有帮助妻子实现她追求自由的愿望。

在《纪之川》中，我们看到的男性形象一再匮乏，重复缺场。在从花到华子祖孙三代的女性命运谱系中，他们面目模糊，只侧面通过女性叙述者呈现出黯淡的身影。这些在家庭中起主导地位，甚至能决定一个家庭命运的男性，都被作者作为背景性人物介绍。他们的语言、思想、情感、内心世界的复杂变化等都被简单地几笔带过，比起有血有肉的女性人物，他们就像一个平面模型般被作者放置在任何需要他们出场的地方。敬策带领村民与决堤的洪水做斗争时的无畏；参加种种竞选最终当选为众议院议员时的志得意满；浩策每每面对痛苦的花只能选择沉默时的无奈；英二奔波于职场的疲倦等各种男性情感都没有在文本中得以宣泄。我们不难想象，他们仅仅是为了作品的连贯性、合理性和现实性而存在的。我们甚至可以把《纪之川》理解为一个女人所讲述的关于女人世界，尤其是内心世界的故事。在这里男性成为无关紧要的存在。

四、两部作品异同点原因分析

从前面的分析中不难看出《无字》中的男性形象大多是负面的，“张洁笔下的理想丈夫无不按照情人—慈父—理想人性的形象轨迹呈现。”①《无字》是“男性偶像在女性心中颓败、倒塌的祭文，也是两性之爱的挽歌”。② 可以说，它“痛快淋漓地以女性个性化表达穿梭在半个多世纪的历史中，以个人生命史的丰富性表征出大历史叙事的偶然性，这是一次成功的对父权制阉割人性的戳穿与批判”。③

与《无字》不同，《纪之川》中的男性形象虽然模糊难辨，但都不是被作者强烈抨击的对象。幼年在国外生活的有吉佐和子，对故乡有着难以割舍的思念，故乡的物和故乡的人都是美好的。因此以穿越故乡的河流纪之川为舞台的《纪之川》，通篇都是用平和的语调叙述。又由于受多国文化教育的影响，她对于问题的思考也更加成熟和理性。在她看来，男女之间的平等不是依靠对抗就能得来的，两性之间需要更好地沟通与理解。

---

① 许文郁．张洁的小说世界［M］．北京：人民文学出版社，1991：172.

② 刘思谦．中国性别视角的综合性与双性主体间性［J］．河南大学学报，2006（6）．

③ 郭力．女性历史叙事与性别定位［J］．河南大学学报，2006（2）．

五、结 语

张洁和有吉佐和子对传统文学中的男性形象做了大胆的解构，把历史的真实与人的真实结合起来，大胆地抛弃陈腐的历史观，揭示其中违反人性同时也是非理性的一面，让历史回到人本身，回到女性细腻、饱满、纯粹的生命存在中，使被历史忽略不计的一些内容在她们的整理和重写中逐渐丰满起来。

从某种意义上来说，“女性写作最终目标应当指向人类和谐生存与发展远景的建构，而非仅仅停留于对两性对峙局面的永恒描绘与虚构，更非以虚拟的女性强权取代男性压抑”。① 女性究竟应该站在怎样的立场来书写自己和“他者”的故事，这将是女性文学面临的又一难题。

参考文献

[1] 陈娇华．女性写作：从情感倾诉到多声部合唱［J］．当代文坛，2006（2）．
[2] 郭力．女性历史叙事与性别定位［J］．河南大学学报，2006（2）．
[3] 李云．从《无字》看张洁的创作［D］．苏州：苏州大学，2006.
[4] 刘思谦．中国性别视角的综合性与双性主体间性［J］．河南大学学报，2006（6）．
[5] 秦弓．日本近代文学中的女权主义色彩［J］．日本研究，1997（2）．
[6] 沈红芳．女性叙事的共性与个性：王安忆、铁凝小说创作比较谈［M］．开封：河南大学出版社，2005.
[7] 许文郁．张洁的小说世界［M］．北京：人民文学出版社，1991.
[8] 张华．寻寻觅觅——中国女性文学爱情叙事研究［M］．乌鲁木齐：新疆人民出版社，2004.

---

① 陈娇华．女性写作：从情感倾诉到多声部合唱［J］．当代文坛，2006（2）．

互文性视阈下的《尘埃落定》与《哥儿》[①]

张景一[②]

一、引　言

《尘埃落定》出版于1998年，是著名作家阿来的成名作，2001年获得中国文坛最高奖项茅盾文学奖，并且翻译为多国语言出版，是当代中国文学中的优秀作品。《哥儿》是日本国宝级作家夏目漱石的代表作之一，出版于1906年，是日本近代文学作品中不可多得的佳作。两部作品出版时间虽相差近百年，由互文性这一理论出发对《尘埃落定》与《哥儿》之间的关系做互文性解读，可发现这两部作品在人物塑造、隐喻解构和时代视角三个方面处于相互参照、彼此关联的关系，形成一个包容不同时空内互动文字文本的阐发构造动态体系。

法国文艺理论家朱丽娅·克里斯蒂娃认为，文本是一种文本置换，是一种互文性，在一个文本的空间里，取自其他文本的各种陈述相互交叉，相互中和。[③] 它的思想内涵关注文本之间的联系，涉及文化的传承，任何一个文本都产生于它以前的文本遗迹或记忆基础，或是形成于对其他文本的吸收和转化中。任何一个新文本，都与以前的文本、语言、代码互为文本，也与以前的文化思想互文，这就为文本阐释找到了超时空联系的无数条通道。[④]

因此，虽然《尘埃落定》与《哥儿》产生于不同的时空，却在其文本

---

① 本文由西南民族大学中央高校基本科研业务费专项资金项目资助（项目编号：2016SZYQN42）。

② 张景一，1977年生，女，硕士，西南民族大学外国语学院日语系讲师，主要研究方向为日本语言文学。

③ 秦海鹰．互文性理论的缘起与流变［J］．外国文学评论，2004（3）：19.

④ 杜娟．《红楼梦》跨文化语际传释中的互文性［J］．红楼梦学刊，2010（1）：31.

创作上体现了不同国家、不同时代的两位作家跨越时空的交流。因为任何文本都不是完全独立的，其意义产生于与其他文本交互参照、指涉的过程之中。互文性的研究强调文学本身存在着互涉关系，任何作品都存在对传统文化的承袭和对既有作品的模仿。① 因此本文在进行文本的实证性分析的基础上，对这两部作品的互文性确立了三个维度进行考察，试图考据和论证处于不同时空与空间的两个文本之间的影响、传承和互动关系。

二、人物塑造

《尘埃落定》叙述麦其土司二少爷是土司酒后与汉族太太所生，他憨直、莽撞、不通世事，却有一种神秘的预言能力，见证了麦其家的覆灭和新时代的揭幕。《哥儿》则通过一个不谙世故、坦率正直的鲁莽哥儿踏入社会后同周围俗物展开的种种戏剧性冲突，辛辣而巧妙地讽刺了社会上的丑恶现象。两部作品出版时间虽相差近百年（两部作品的面世时间间隔近百年），但文学文本的前文本可以是文学文本和其他文本，它们因前文本而得以可能。②

首先，两部作品在人物塑造上有三个方面形成互文结构，即主角的人物塑造、母性角色的阐发及“哥哥”的经历与爱好。

《哥儿》的主角是一个没落的大家族后裔，排行第二，性格天真、倔强，自我交代：“我是个天生的冒失鬼，从小就总是吃亏。”③ 作品伊始便通过四个事例说明“哥儿”的冒失程度。因为同学的玩笑就从二楼跳下来摔坏了腰，受到父亲指责时悍然表明下次还要跳。在向同学展示自己新得到的进口小刀时，被同学一激就对着自己的大拇指斜切下去，留下了一辈子也消不掉的伤痕。因为诸如此类、为数众多的坏事、蠢事，父母都认为“哥儿”一辈子也出息不了，日后不会叫人省心。

《尘埃落定》中的二少爷和这样的“哥儿”异曲同工，其鲁莽和直率的程度不相上下。二少爷和“哥儿”一样，在家排行第二，有一个聪明能干的哥哥，出生三个月时还没有展示过任何表情。作品的开端同样通过具体事例，即二少爷和卓玛、奶娘、小伙伴之间的交往说明他傻，不知道何

---

① 朱立元．现代西方美学史［M］．上海：上海文艺出版社，1993：947.

② 唐珂．试析《二十四诗品》作为互文性理论实践的一个典范［J］．信阳师范学院学报，2013（4）：107.

③ 夏目漱石．哥儿［M］．北京：中国宇航出版社，2013：181.

谓圆滑变通。与《哥儿》相同，二少爷也自我表白道："我是个傻子。"①在家族关系中，因为二少爷和哥哥同父异母，母亲希望自己能做土司，继续享受做人上人的生活，却因为他的"鲁莽和直率"被父母断定不可能担任土司，反而受到哥哥的宠爱。

《尘埃落定》与《哥儿》中的男主角都由二少爷来担任，与父母、哥哥的关系也历经父母的期待与失望，由此获得并享受在利益关系上的争夺者哥哥的纵容，这足以说明文本的多层肌理可以在不同时空中互证互参，通过两位少爷的自我表白与众多事例可证明两部作品在不同时空中历经了文本的传承与流变，形成二者文本的多元互联结构。

其次，两部作品中在人物形象塑造上的连接点在于母性角色的阐发结构。土司太太深恐土司死后由前任太太所生的哥哥继承土司一职，深恨二少爷不成器；奶娘德钦莫措早年丧子，把下半生的指望都寄托在二少爷身上；侍女卓玛陪伴二少爷长大，难以适应婚后奴隶的生活而投靠管家。"哥儿"与哥哥一母同胞，母亲一味宠爱偏向哥哥，认为自己胡作非为，甚至在母亲病重时又闯祸受伤，被哥哥指责将母亲早早气死。女佣阿清出身名门，打从心底认为"哥儿"心地善良，为人正直。

《尘埃落定》中二少爷鄙视母亲的做作，却在和母亲长期分离时想念对方，在向西逃跑时为父母亲情不顾生死回到土司官寨。母亲在世时，"哥儿"整天闯祸，却在母亲逝世后后悔自己在母亲病重时还胡作非为。二少爷无法理解奶娘德钦莫措在工作、生活、信仰上的种种行为。侍女卓玛担任了类似女佣阿清照顾少爷外在意识上的指导角色，唤醒了少爷的性别意识。"哥儿"性格正直，行事鲁莽，踏入社会前对世事人情一窍不通，自东京到四国地区一所中学任职数学教师后，在工作、生活中见识了形形色色的人物，世情冷暖的社会，这才体会到女佣阿清的善良、正直，但在他领悟之前，对阿清的印象是"莫名其妙、不得其解"，觉得她"讨厌、多事"。当他在乡下担任教师，体会人情冷暖，受到不公平对待后才猛然醒悟。

根据皮尔士的符号学理论，连接符号与客体的表意过程本身可以成为符号链上的一环，其意义指向客体之间的某种性质，这种指示关系构成了文本之间的关系。在这两部作品中，母亲、女佣构成母性符号，两位少爷都对母亲既亲近又疏远，而母亲的逝世，与两位少爷之间又多多少少有些

---

① 阿来．尘埃落定［M］．北京：人民文学出版社，1998：4.

关系。《哥儿》中的女佣阿清使（令）“哥儿”在了解社会人情的同时，对人性还有一丝温暖的牵绊，《尘埃落定》中的奶娘与侍女点醒了二少爷在信仰、性别上的意识觉醒，由此塑造了《尘埃落定》与《哥儿》之间的文本阐发结构。

在人物塑造方面还有一个角色体现了两者的互文，就是“哥哥”这一人物的经历与爱好。《尘埃落定》中，二少爷在少年阶段得到了大哥无私的爱，当他无意体验到土司权力的美好时，为无法当上土司感到痛苦。由于他在毒品战争中屡次做出正确的选择，麦其的权力、金钱、领土蒸蒸日上，二少爷逐渐成为下任土司的有力争夺者。这令大少爷对他逐渐忌惮起来，亲情被权力粉碎，以致大少爷深深地背叛并伤害了他。但大少爷在被仇人刺杀，权力之争不复存在，兄弟感情又再度复苏。二少爷与大少爷之间亲情的发展、死亡、复苏深刻地体现了在权力的腐蚀下岌岌可危的人性与亲情。“哥儿”生于平常人家，哥哥的理想是当一个企业家，与“哥儿”关系很僵，甚至向父亲告状令父亲宣称要同“哥儿”断绝父子关系。父亲逝世后，哥哥卖掉房子、处理财产，其中内情“哥儿”丝毫不知。哥哥在去九州公司工作前，在变卖家产所得中抽出小部分交给弟弟，令“哥儿”非常意外。

关于哥哥的爱好，《尘埃落定》中曾两次提到哥哥喜爱舞蹈和戏剧表演。一次是在战胜汪波土司后“张开手臂，加入了月光下的环舞”①，另一次是和喇嘛一起在戏剧中扮演角色。无独有偶，在《哥儿》中夏目漱石则直接指出：“喜欢模仿舞台上旦角的动作。”② 两者对哥哥经历、爱好的叙述在意义表达与阐释风格上显示出两者相近的诗学特色。通过在文本中建立多数人接受并认可的伦理关系，把握社会关系与人性之间的争斗轨迹。两部作品中的人物塑造符合真实人性的发展，建立起自圆其说的兄弟叙事伦理，由此实现文本的交叉与中和，体现二者叙述人生经历的创作风格。

三、隐喻的解构

隐喻研究早期发端于修辞学，是用一个词替代另一个词来表达同一意义的语言手段，符号学家艾柯通过符号学将隐喻研究引入文学文本的研究分析。现在对隐喻的研究已不仅是修辞风格，还涉及了广泛的文化意义。

---

① 阿来．尘埃落定［M］．北京：人民文学出版社，1998：31.

② 夏目漱石．哥儿［M］．北京：中国宇航出版社，2013：4.

沃夫冈·伊塞尔认为从作者的角度来看，互文性的产生首先是作者根据自己的创作意图，对社会、历史、文化及文学的各种前文本进行选择，再把选择的内容文本与作者自己的想象结合起来，纳入新产生的文本中。[①]《尘埃落定》与《哥儿》中大量使用隐喻手段来推进故事发展，其中文本结构的互联主要体现于用颜色来进行的隐喻。

《哥儿》创造了一个充满喻义的世界，文本中采用了大量隐喻，用浅显的比喻来阐释深刻的道理，用充满技巧的文字进行精妙设定，贯穿始终，形成环形的小说结果。在《哥儿》中使用的颜色隐喻主要是红色，大多用以指代人物。在日语中，红色常表达羞耻、低俗、恶俗之意，还有一目了然，不用思考就知道的语气。[②]《哥儿》中首先用“红兜裆布”指代刚从东京到达四国地区时从（自）轮船换乘舢板的船老大。“哥儿”来自东京，认为四国地区是遥远的乡下，一下轮船就看到赤身裸体、只（仅）着兜裆布的船老大，这种文化上的冲击是巨大的，用“红兜裆布”来代指船老大，以表其衣着行为的低俗。其次用“红衬衣”来指代两面三刀、夺人所爱、当面一套背后一套的教导主任。“红衬衣”的“红”完美地诠释了教导主任心灵的恶俗。“哥儿”来到四国担任教师后，业余生活十分无聊，唯独喜欢每天下班后去温泉泡一泡，学生为了捉弄他，便用其泡温泉时使用的“红毛巾”来指代这位新教师，每当听到学生们叫自己“红毛巾”时便不胜懊恼，有一种羞耻之感。

《尘埃落定》中则使用“红色汉人”来指代解放军，“白色汉人”来指代国民党军。“傻子少爷”预见到了世界将要发生的变化：土司时代终将结束。他预见不论自己还是哥哥都不会当上土司，同时预言自己无法实现两种制度的平稳过渡，将目睹土司时代的崩溃。在这里文本作为意识形态决定着符号学的运作，把文本作为交互文本来研究时也需要放在社会与历史的文本中来进行考量。[③] 在中国文化中红色是三原色之一，也是语言使用中的高频词，它的隐喻含义多为喜庆、吉利、繁荣和成功等。同时红色也被赋予了浓重的政治色彩，指代革命与进步。[④] 在战争中，失败的一方举起白旗表示投降，因此白色代表了失败、恐怖和冷漠。用红白两色来比喻，符合中文中这两种颜色的文化象征，也展示了两者在社会历史上的

① 程锡麟．互文性理论概述［J］．外国文学，1996（1）：72.

② 孙尚娴．中日颜色的隐喻表现［J］．青年文学家，2015（12）：126.

③ 吴月溪．汉英红色隐喻比较研究［J］．高校教育研究，2008（14）：230.

④ 朱丽娅·克里斯蒂娃．符号学：符义分析研究［M］．巴黎：瑟伊出版社，1980：36-37.

地位与前进的路线，并将作者对其指代对象的主观态度具象化了。

两部作品中采用的颜色隐喻形成文本互联，它作为元语言在隐喻文本中隐藏着大量的历史潜台词，形成了一种多元性的衍生关系。隐喻模式的首要关键不在于陈述和序列，而是在一系列能指库中进行选择，形成能指群和意象叠加，从而依据相似性的原则使读者在聚合轴上展开联想。[①] 在互联的结构中凸显特定的文化背景，并具体展示了作者对其指代对象的主观态度。其文本与社会、历史、文化语境之间的关系体现出不同国家、民族的作家在自我文本中对文化进行释义的过程，形成了多文本之间的互联系统。它体现了颜色中蕴含的文本传统积累，在不同文本中展示着民族与国家的传承与流变。翁贝托·艾柯认为："一个组织得很好的文本一方面以能力模式为前提；另一方面，文本通过自身的手段造就了这种能力。"[②] 在中日传统文化的影响下，红色形成的隐喻在形式上是共存共生，然而在内涵上却体现了两国社会、历史、文化语境中存在的特异性。《哥儿》中的"红兜裆布"指代船老大，强调"哥儿"从都市来到小地方所受到的文化冲击；用"红衬衣"来指代人品堪忧的教导主任，深刻地展现了其心灵的恶俗程度；来自学生的"红毛巾"之称令"哥儿"既难受又懊悔。这样的红色体现的是日本的社会文化语境下对"红"的定义与诠释。《尘埃落定》中使用红白两色来指代，符合中文语境中红白两色的文化象征。两者互证互异，在构成互文互联结构的同时，又展示了两种文本所在社会历史语境中的不同文化背景。

四、时代视角

文本的完成应选取适当的叙述角度，叙述者在作品世界中的出发点会决定文本最终完成的释义结构。布洛克曼认为：任何一个文本都与来自本文化的或者他文化的其他文本进行着对话："一切时空中异时异处的文本相互之间都有联系。"[③]《尘埃落定》与《哥儿》在叙事的符号化进程中采取同样的视角，形成的叙述逻辑与叙述程式，在不违背文本推进机制的合理性与逻辑性的前提下，建立起两者共通共联的视角结构。

---

① 唐珂．试析《二十四诗品》作为互文性理论实践的一个典范［J］．信阳师范学院学报，2013（4）：107.

② 殷企平．谈互文性［J］．外国文学评论，1994（2）：2-8.

③ 布洛克曼．结构主义：莫斯科—布拉格—巴黎［M］．北京：商务印书馆，1987：162.

《哥儿》中“哥儿”从小性格直接，对世事人情一无所知，当他来到四国地区的中学教书，以无限的勇气直面社会中存在的种种陈规陋俗。刚与校长见面时便直接反驳他的长篇大论，声称无法完成校长的期望，校长只能吞（收）回这些陈词滥调；对学校里荒谬的规章制度满腹牢骚；面对背地里使坏的教导主任和美术老师，和堀田合作找出对方的弱点从而给予致命一击。现实主义作品必须与客体有相应的关系，贯穿整个作品的横组合同型性，就变成了一种弥漫于整个文本的二度根据性。① 在这种种人物关系内，夏目漱石独辟蹊径采用“哥儿”作为故事推进的叙述角度，利用其看似冒失莽撞、头脑简单，实则直接不迂回的个性特征，以“哥儿”的视角对现实社会的虚伪、钩心斗角、阿谀奉承给了毫不留情的抨击。正因为“哥儿”对世事人情懵然不解，读者随着“哥儿”的成长才能够了解作品中的语码、背景知识及独特的交流方式，从这样的视角才能直面社会的真相。

《尘埃落定》以二少爷为叙述视角，不懂得最简单的生活常识，却能摆脱普通人都拥有的贪婪、愚蠢、欲望和诡计，对社会历史的发展拥有一种神秘的预言般的能力。不同的视角带来不同的文本，以二少爷为视角，描述出时代历史在他身上的折射，展现大时代下历史社会的变迁。从二少爷的视角出发，引出浓烈的荒诞色彩，淡化历史变迁的苍凉感，令作品展现出从局部到根源的家族兴衰史。

两部作品都选取憨直的二少爷作为叙述的视角，“哥儿”对世事人情一窍不通，读者与“哥儿”一起通过作者的符号与释义过程逐渐成长，直面社会中形形色色的人物、行为、道理人情，逐渐了解作品中的人物性格。同时通过复杂的话语机制和修辞策略，使得“哥儿”的成长实现了象征过程向符号过程转换的目的。《尘埃落定》中二少爷的行事做派带有丰富的魔幻色彩，拥有一种神秘预言能力，在几个关键的转折点做出正确的选择。两者视角中出现国家、民族、时代等各种符号的多样性与无限性，正体现了具体事物的复杂性和经验世界的无限性，使得两部作品实现了内延结构的无限延伸和复归。

五、结　　语

上文通过人物塑造、隐喻解构、时代视角三个维度对作品进行了考

① 赵毅衡．文学符号学［M］．北京：中国文联出版社，1990：151.

察。二者在人物塑造上注重真实人性的发展过程，把握随社会关系变化的人性轨迹，在意义表达与阐释风格上显示出两者的互联结构。男主角都是憨直的二少爷，与家族的关系构成互文。在母性角色塑造上互相阐发，由母亲、女佣组成文本中的母性符号，两位少爷都对母亲既亲近又疏远，《哥儿》中女佣阿清使“哥儿”了解社会人情，《尘埃落定》中奶娘与侍女令二少爷在信仰、性别意识上觉醒。对哥哥经历、爱好的叙述构成文本机理的有机集合。二者采用的颜色隐喻形成文本互联，凸显了特定文化背景，展示出作者的主观态度。两个文本之间的信息和语码构成互动关系，在系统的构建和搭配上存在异同，其“同”存在于采用颜色进行隐喻，“异”则体现在其中蕴含的民族与文化的传承与流变。形式上共存共生，内涵上却构建出两国社会、历史、文化语境中的特异性。两部作品的叙述视角构成互文结构，“哥儿”对世事人情一窍不通，在作品中通过符号与释义过程逐渐成长。《尘埃落定》中二少爷的行事与常人相异，因此能在关键转折点正确地选择两者视角中出现的文化、民族、时代等异同点，使得两者在内延结构上实现了互文互联。

参考文献

[1] 秦海鹰．互文性理论的缘起与流变［J］．外国文学评论，2004（3）．

[2] 夏目漱石．哥儿［M］．北京：中国宇航出版社，2013.

[3] 朱丽娅·克里斯蒂娃．符号学：符义分析研究［M］．巴黎：瑟伊出版社，1980.

[4] 赵毅衡．文学符号学［M］．北京：中国文联出版社，1990.

[5] 布洛克曼．结构主义：莫斯科—布拉格—巴黎［M］．北京：商务印书馆，1987.

[6] 唐珂．试析《二十四诗品》作为互文性理论实践的一个典范［J］．信阳师范学院学报，2013（4）．

日语能力测试改革后的新型授课模式探究

——以大连交通大学听力课改革为例

李　播①

一、新日语能力测试的现状以及改革点

（一）新日语能力测试的现状

新日语能力测试是一项具有国际规模的语言能力考试。是为母语非日语的学习者设定的语言级别认证考试。考试结果可以作为大学入学考试以及公司应聘等方面的语言能力判断依据。因此，近几年越来越多的国家，尤其是和日本有经济贸易往来的东南亚国家中，参加日语能力测试的人数急剧增多。2009 年开始每年实行两次考试，并于 2010 年 7 月对考试内容进行改革，推出了新日语能力测试考试。改革后的考核，要求在考核内容上更加重视日语学习者的语言交流能力。

（二）新日语能力测试的改革点

新日语能力测试的改革目标有三点：一是重视语言交流能力；二是重新细化了考核级别；三是评分标准施行等化概念。第一，新日语能力测试的考核目的从以往的是否会使用文字、词汇、语法转变为重视学习者是否具备使用文字、词汇、语法进行交流的能力。第二，新日语能力测试将原来的考核级别（1—4 级）重新划分为 5 个级别，即 N1—N5。这样，学习者更容易选择对应的级别。第三，为了解决每次考试的难易度有差异的问题，通过使用等化系统，在考生遇到试题较难的时候能够获得尺度加分。

在日语能力测试改革中，不难看出改革的目的最终是从旧的应试型考

① 李播，1978 年生，大连交通大学讲师，主要研究方向为日语语言文化。

试转变为了应用型考试。以 N1、N2 为例，这两个级别的考核在“阅读”“语法”“听力”上都有较大的改变。“阅读”部分增设了“综合理解”题型；查找各类信息来源的“检索信息”题型。“语法”部分增加了连词成句的“句子排序”题型；在给出的一篇文章中完成上下文接续词的“文中语法”题型。“听力”部分则增加了考核两人对话中应答方式的“即时应答”题型。最后，“文字”“词汇”部分增加了考核复合词的题型。这些题型的改变都是从单纯的语法知识考核转变为语言应用能力的考核。

二、如何看待新日语能力测试中的听力题型

（一）听力新题型的概况

改革后的“听力”部分的题型分为五种，即“课题理解”“要点理解”“概要理解”“综合理解”“即时应答”这五项。“课题理解”是考查学习者在特定场景下，能否听取具体课题的基本信息；“要点理解”是考查学习者能否在听的过程中抓住内容要点，能否理解说话人的心情和相关事宜；“概要理解”是重点考核学习者对所听内容的理解，学习者还需要判断说话人的意图和主张；“综合理解”是通过信息量更大的短文或会话文，考核学习者对其内容的理解；“即时应答”是考核学习者能否对一个提问选择最合适的回答。

改革后听力题型的前四项是考核日语学习者对内容理解的能力。其中“概要理解”“综合理解”这两部分重点考核对所听内容的理解能力，并判断说话人的意图和主张。最后一项“即时应答”为改革后的新题型，是听一个短句或提问，根据情景迅速应答。重点考核日语学习者迅速处理问题的能力。

（二）听力新题型的考核点

改革后的听力内容主要以对话为主，因此使用的词汇更倾向于日常生活中所涉及的范围，并且很多地方有明显的口语表达形式以及通过语音语调来传递信息。这些都是改革前的考试内容中不多见的地方。改革后的听力考试部分对学习者的要求具体可以归纳为以下几点：（1）口语中的变化及省略；（2）发音及语调；（3）理解反复和不完整的语句；（4）理解使用个别单词表达句意以及倒装句型；（5）理解谈话者之间省略的共同信息。

日语能力测试的改革不断促使我们从应试型教育往应用型教育上转型。尤其是在日语专业人才培养上，不应该使用老套的课堂上由教师单方面传授的旧模式。我们要勇于打破旧的传统课堂授课模式，以极具权威的新日语国际能力测试的考核方向为本，提高语言应用能力为教学目标，积极不断地转变课堂教学模式，最终达到应用型人才的培养目的。

三、日语能力测试改革后需建立的新型授课模式

（一）确立新型培养目标

国家在 2010 年制定的《国家中长期教育改革和发展规划纲要（2010—2020）》中明确指出："优化学科专业、类型、层次结构，促进多学科交叉和融合。重点扩大应用型、复合型、技能型人才培养规模。"由此可见，在未来的高等教育改革中，培养应用型、复合型、技能型人才仍是双专业课程重点解决的一项重要课题。自 2002 年开始，大连交通大学已开始导入"五年制"双专业课程体制。并将其中以"日语+软件工程"专业为主的"文学+软件工程模式"的培养目标定为"培养适应国家经济建设、科技进步和社会发展需要的能在 IT 领域及其他领域从事技术开发、科技翻译、管理等工作的人才。培养学生熟练运用双语作为交流工具的能力，强化作为翻译师的职业技能，并使其精通机器辅助翻译的原理和应用技术及相关的自然语言处理技术"。从当时的培养目标即可以看出，双专业学生的培养目标一定是两个专业相辅相成，互相融会贯通之后，力争实现培养应用型、复合型、技能型人才这一坚定目标。改革后的培养目标依旧是本着培养复合型实用人才目的为主，通过对这几年旧版培养方案实践中存在的各种问题加以修改，更好地实现培养目标。

大连交通大学在 2015 年对日语专业课程内容设置做了部分修改。通过课时的缩短，课程安排的调整等方式，积极地解决了近几年培养方案实践中存在的各种问题。配合课时的缩短，各门课程在教学模式上也实施了一系列的改革措施。其中，以日语听力课为例，在对于课堂内容设置的改革试点上，主要改变了以往在课堂上以教师教授为主，学生只听不参与这一现象。课堂时间的分配包括：教材内容讲解及提问环节；归纳教材中的对话内容及陈述环节；分组做视频角色配音环节；对应国际能力测试水平试题做即时应答环节。旨在培养学生实际运用语言的能力。

（二）改革课堂教学模式

改革后的课堂内容特色主要是通过以下三个环节体现出来。第一个环节是在课堂上对提前已经放在自主学习平台上的音频内容进行讲解以及提问检查学生的自主学习情况。第二个环节是对课上所讲的会话内容做归纳，要求学生能够以脱稿的形式陈述出来。第三个环节是分组做角色配音，让学生实际感受语言在生活中的使用特点。

配合课程时间的缩短，各门课程在教学模式上也实施了一系列的改革措施。以日语听力课程为例，该课程被列入到改革试点课程。在2011新版教学计划中，把日语听力课开始时间从原来的第一学年第二学期提到了第一学期。学生在入学后进入综合日语课程学习的同时，就开始接受正规的听力训练。解决了以往仅学习理论知识，不能及时将理论应用到实际中去，导致学不能致用的问题。同时也避免了学生对听力课的重要性认识不够，不重视的问题。

课堂时间的分配包括：教材内容讲解及提问环节；归纳教材对话内容，做主题陈述环节；分组视频角色配音环节；对应国际能力测试水平试题做的即时应答环节。

第一个环节是教材内容讲解及提问环节。其音频及提问试题提前已经放在自主学习平台，学生可以自由支配时间来学习。音频内容可以反复收听，避免了以往在课堂上没有时间给学生反复播放音频，而导致学生没有充分听懂就开始讲解的问题。学生在课前可以充分利用时间进行预习，并参照问题题目理解音频内容，在上课前熟悉音频内容。在课堂上教师通过教材中的习题检查学生对音频内容是否掌握，并且有重点的加以讲解。大大节省了音频播放时间以及收听音频的时间。学生在听讲前对内容有所掌握，听的时候也能够更好的理解。

第二个环节是对课上所讲的课程教材内容做一归纳，要求学生能够以脱稿的形式陈述出来。这个环节实际上也是要求学生在课前做好充分的预习，要对音频内容做到理解并能够用自己的语言简单归纳出来。通过这项措施，促使学生在课下能够积极配合自主学习，改善了以往课堂上学习气氛沉闷，学生因听不懂而造成的积极性不高的问题。

第三个环节是分组视频角色配音。这是一个对学生来说比较新颖的环节。通过让学生自行找配音视频，大大提高了学生参与的积极性。分组可以让学生建立团队合作精神，互相帮助解决问题。角色的扮演让很多学生展现了知识学习以外的特长，增强了学生的信心，由此对日语开始产生浓厚的兴趣。对于喜欢的剧目积极地模仿演员的语音语调，短时间内提高了学生的日语发音水平。很好地改善了以往学生只听不说的问题。

最后一个环节是为了更好地应对日语国际能力测试，更快更好地让学生适应日语考试中听力部分题型设置的一个环节。由于很多学生在以往的外语学习中并没有太多的听力训练，导致对听力这一项的解题方法感到陌生。改革后的听力课程也是为了能更快地掌握听力技巧。

（三）改革效果与问题对策

通过改善课堂授课模式，得到了以下三点效果：(1) 通过课前布置预习内容、课上检查的形式，能够促使学生认真反复听音频熟悉新课内容。比教师直接讲授的方式更能有效地提高学生的听课效果。(2) 安排学生在课堂上将新课的内容用自己的语言做一个归纳并发言，调动学生听课的积极性，与课前预习相辅相成，学生的学习积极性有所提高。同时，做内容归纳可以提高学生归纳文章中心思想的能力。(3) 通过配音练习，激发学生对日语学习的兴趣，提高了准确的语音语调能力。学生通过查找配音资源到安排角色再到模仿表演，从中不仅学习到了语言的情景使用，更能通过团队合作锻炼自己及时处理语言内容的能力。

当然，学生因为日语基础程度有差距，从效果来看，具有扎实基础及学习热情的学生能够收获良好的学习效果。但是基础薄弱的学生由于学习目的、自学能力及学习热情不够等主客观原因，无法得到有效提高。因此，盲目地在一个班级内使用同一个授课模式有可能会影响整体授课效果。建议可以先开展试点或在尊重个人学习目的、发展方向等多方面因素基础上，建立“听力基础学习”和“听力能力提高”的两部分培养机制。避免一刀切，争取做到有目的、有倾向性地培养人才。

四、结　　语

日语国际能力测试的改革是国际上对日语人才需求转变的重要标志，意味着未来日语人才的需求将朝着应用型方向发展。因此，高校在培养日语人才的方法上，要顺应国际化人才需求发展，积极转变教育思想，改变日语课堂教学模式，从根本上改善日语学习环境，从而为培养日语应用型人才创造良好的条件。

参考文献

[1] 李晨曦．应对新日语能力测试 N2 听力的对策研究［J］．南昌高专学报，2012（1）．

[2] 吴敏．新日语能力考试题型变化的特点及相应策略——以 N1、N2 为例［J］．闽西职业技术学院学报，2010（2）．

[3] 肖宏．我国日语教育现状及前景分析［J］．吉林省教育学院学报，2014（9）．

[4] 于治红．新日本语能力测试下的日语听力教学与对策［J］．商业文化（上半月），2012（5）．

日语专业教学中跨文化交际能力的培养研究

邹存峰[①]

一、引　　言

随着经济全球化的深入和科学技术的飞速发展，世界各地之间的交往与合作日益密切，具有不同文化背景的人们之间的交往日渐频繁，跨文化交际也随之成为国际往来中不可或缺的一部分。跨文化交际不仅仅是语言的交流，还受到相关语言文化背景的影响。跨文化交际失败，甚至会造成误会和冲突。因此，跨文化交际能力的培养变得非常重要。而跨文化交际能力的培养，作为一门新兴学科逐渐为研究者们所关注，在外语教学中如何培养学生的跨文化交际能力成为高校外语教学中面临的重要课题之一。

二、跨文化交际理论概述

（一）跨文化交际与跨文化交际能力

关于跨文化交际的研究始于20世纪60年代初期，首先在美国兴起，在中国则是20世纪80年代主要由胡文仲教授介绍到中国，逐渐得到关注并被广泛研究。尤其在中国外语界，与跨文化交际相关的研究已成为外语教学与研究的热门课题。关于跨文化交际的定义，胡文仲提出："可以说具有不同文化背景的人从事交际的过程就是跨文化交际。"[②] 张红玲则指出："跨文化交际就是指来自不同文化背景的人们相互交流的过程。"[③]

---

① 邹存峰，1980年生，男，大连交通大学讲师，主要研究方向为日语语言学。

② 胡文仲．跨文化交际学概论［M］．北京：外语教学与研究出版社，1999：1.

③ 张红玲．跨文化外语教学［M］．上海：上海外语教育出版社，2007：26.

有关于跨文化交际能力的定义，张红玲认为：“掌握一定的文化和交际的知识，能将这些知识应用到实际的跨文化交际环境中去，并且在心理上不惧怕，且主动、积极、愉快地去接受挑战，对不同文化表现出包容和欣赏的态度。”① 张红玲进一步指出，跨文化交际能力框架包含态度层面、知识层面、行为层面三个层面。并且这三个层面所包含的内容相互渗透，相辅相成，在跨文化交际过程中同时作用，缺一不可。②

（二）跨文化交际能力与外语教学

长久以来，中国的外语教学多为大量讲授词汇、语法，把外语学习的重点置于语言知识和语言技能的传授，而忽视了外语教学中更为重要的因素——跨文化交际能力的培养，导致学生跨文化意识和跨文化交际能力不足。另外，虽然外语界已经意识到外语教学中导入语言的文化背景等内容，但在实际的教学过程中，学生的跨文化意识和跨文化交际能力的培养并没有受到足够的重视。有相当一部分毕业生即使通过了各种外语等级考试（日语专业的相关考试有日本语能力测试，全国高校日语专业四级、八级等各类日语水平考试），但仍然不能熟练地运用外语进行较为顺畅的交流。即使有的学生能够使用外语表达自己的想法，但由于欠缺相关的文化背景知识而导致交际中遇到尴尬，或是形成文化冲突从而导致交际失败。这种情况已经引起外语教育界的高度重视。外语教学的主要目标是培养学生具有良好的跨文化交际能力。张红玲指出：“外语教学以跨文化交际能力为最终目标并非意味着外语教学必须独自承担实现这一宏伟目标的任务。跨文化交际能力的很多内容与外语教学密切相关，可以而且必须在外语教学中得以培养和发展，然而也有一些层面与外语教学有关，但与语言能力相互独立，如非语言交际行为，尤其是像时间、空间、距离等文化差异，就不一定非得与语言同时学习。”③ 由此可知，跨文化交际能力的培养和外语教学这两者之间是相互关联的，跨文化交际能力是外语能力的核心，在外语学习过程中，同时了解、学习与目的语相关的文化，有助于跨文化交际能力的培养。

---

① 张红玲．跨文化外语教学［M］．上海：上海外语教育出版社，2007：26.

② 张红玲．跨文化外语教学［M］．上海：上海外语教育出版社，2007：70-73.

③ 张红玲．跨文化外语教学［M］．上海：上海外语教育出版社，2007：79.

三、日语专业跨文化交际能力培养的教学现状

（一）日语专业课程设置不足

国内高校日语专业的课程设置多以精读（有的高校亦称为“综合日语”等）、泛读、视听说等课程为主干课程，辅以日本文学、日本概况、日本文化等课程，授课方式多以教师讲解为主，学生处于被灌输的课堂地位。并且由于学生面临日语能力测试和日语专业四、八级考试的压力，在学习中更注重词汇、语法等具体语言知识的记忆，而教师在教学中也注重语言知识的传授，忽视了与所授语言知识相关的文化知识的传授。

另外，在外语教学中，还要重视本国文化知识的传授。目前，日语教学过程中即使有文化方面的教学内容，那也基本上是对象国的文化内容，而中国文化的导入甚少，认为学生了解了日语及日本文化就具备了跨文化交际能力，就能够灵活地运用日语和日本人进行交流沟通了。教材也多以日本社会文化内容为主，很少涉及中国文化的教学内容。实际上，这是对跨文化交际能力的片面理解和认识，对跨文化交际能力的认识还不够深刻。文秋芳认为：“在外语教学中不能将外语水平等同于交际能力，由于跨文化交际中存在文化差异，因此外语教学中重点是要使学生具有处理文化差异的能力，应培养学生的语言能力、语用能力和策略能力，对文化差异的敏感性、宽容性及处理文化差异的灵活性。”① 具体到日语专业，要认识到，日语程度和跨文化交际能力并不能等同起来。较高的日语程度固然重要，但跨文化交际能力的培养亦不可轻视，只有具备较强的跨文化交际能力，才能更好地运用日语去沟通交流。而在实际的教学中，学生更注重的是日语语言的学习和了解，虽然很多同学通过了各种日语等级考试，但是让他们使用日语去表达中国文化的内容，却很难做到，从而造成跨文化交际不顺利。

总之，在日语教学中，教师还要适当地加入有关日本文化和中国文化的教学内容，让学生做到既有较高的日语程度，亦具备较好的中日文化知识。

---

① 文秋芳. 英语口语测试与教学［M］. 上海：上海外语教育出版社，1999.

（二）教学模式及师资现状

一直以来，在日语专业的教学中，由于对跨文化交际能力培养的认识不足，加之学生面临各种日语等级考试及就业、考研等压力，因此，教师在进行教学时，更为侧重日语语言知识和相关文化知识的讲解，授课的目标是让学生顺利通过各类日语等级考试，具体而言就是，除了教授语言知识外，还花费大量时间讲解应试方法和答题技巧。

另外，师资队伍本身也存在很多问题。由于客观条件的限制，很多日语教师只有在国内学习日语的经历，而欠缺在日本的生活体验和经历，对日本文化缺乏深度了解和认知，缺少跨文化交际的实践。这些因素导致在日语专业中专门从事跨文化交际研究和教学的教师少之又少。教师传授给学生的日本社会文化知识多为间接获得，导致学生很难迅速培养跨文化意识和跨文化交际能力。

四、日语专业跨文化交际能力培养的教学建议

通过以上论述，希望在今后的日语教学活动中，不仅注重学生日语知识和技能的习得，也要重视文化教学，以促进学生对日语语言的理解和认知，减少和避免跨文化交际中遇到的障碍。当然，强调文化知识的传授，这并不意味着日语专业的教学内容要以文化知识为主。张红玲指出：“在外语教学的环境中，语言教学永远是中心任务，这是跨文化外语教学必须始终坚持的原则。”① 日语专业教学亦是如此。加强跨文化交际能力的培养，并不是要淡化日语语言本身的主体性，而是通过倡导传授文化知识，培养和提高学生的跨文化交际能力。

（一）课程设置注重跨文化交际能力的培养

葛春萍、王守仁认为：“通过课堂授课实现跨文化交际能力培养，涉及培养目标确定、教学内容和材料选择、教学方法和教学活动设计、评估测试方式更新。把跨文化教学融入语言教学框架中，既要传授语言知识，还要传播语言背后文化规约、交际规范的隐性知识。教师要分析确定学生的起点水平，层级考虑学习内容的难易程度和深浅，界定学生知识掌握的

---

① 张红玲．跨文化外语教学［M］．上海：上海外语教育出版社，2007：79.

程度并做出具体要求。”① 就日语教学而言，在日语专业低年级教学中，既要保证学生日语语言知识的习得，又要渐进式地导入文化内容，不能喧宾夺主，在循序渐进中培养学生的跨文化意识和跨文化交际能力。

在日语专业“新国标”中，在知识和能力要求方面也明确提出跨文化交际能力的培养。因此在日语专业课程设置方面，在保证“精读”（综合日语）等主干课课时的情况下，可以在高年级阶段增设跨文化交际方面的必修课，增设中国文化、中日语言对比、中日文化对比等选修课。这些课程能够给学生系统学习中日文化知识和中日文化对比的机会，使学生更深入地了解中日文化的异同点，从而培养更强的跨文化交际能力。

（二）加强师资力量

日语专业教师的知识背景基本以语言学和文学为主，缺乏专门从事跨文化交际研究的教师。为了改变这种师资现状，要建立和完善教师培训和进修机制，让更多的教师以进修、访学等形式前往日本，通过亲身体验来加深对跨文化交际能力培养的重要性的认识。另外，教师可以通过科研工作，加大对跨文化交际专业的研究力度，提高自身的理论水平，并以相关理论指导教学工作。

（三）加强学生的实践环境

学生在学习日语语言基础知识，掌握听、说、读、写、译等语言基本技能的同时，还要尽力创造机会参与各种语言实践活动。在具体的语言实践过程中，培养跨文化意识，提高跨文化交际的能力。首先，鼓励学生积极参与相关的课外实践活动。通过开展各类实践活动，如参加演讲俱乐部、举办日语读书交流会、日语角、日语文化节等，使学生接触到与日语相关的多方面知识，逐步培养和提升他们的跨文化交际意识和能力。其次，可以通过参观或短期实习、社会调查等形式，让学生走入日本企业，了解日本企业的经营理念和企业文化。

五、结　　语

本文以日语专业跨文化交际能力的培养为主线，关于如何培养和提高

① 葛春萍，王守仁．跨文化交际能力培养与大学英语教学［J］．外语与外语教学，2016（2）．

日语专业学生的跨文化交际能力及日语专业的课程设置和师资队伍建设等问题进行了尝试性探讨。本文首先简要介绍了有关跨文化交际及跨文化交际能力培养的理论。其次阐述了日语专业有关跨文化交际能力培养的教学现状。最后提出了提高日语专业学生跨文化交际能力的教学建议、对策。总之，只有加强日语专业学生的跨文化交际能力，才能培养出符合时代需求的日语人才。为达到这一培养目标，日语专业教师要转变教学理念，改进教学内容和方式，并不断地提高自身的专业素质和业务能力。

参考文献

［1］胡文仲．跨文化交际学概论［M］．北京：外语教学与研究出版社，1999.
［2］张红玲．跨文化外语教学［M］．上海：上海外语教育出版社，2007.
［3］文秋芳．英语口语测试与教学［M］．上海：上海外语教育出版社，1999.
［4］葛春萍，王守仁．跨文化交际能力培养与大学英语教学［J］．外语与外语教学，2016（2）.
［5］赵华敏．跨文化理解与日语教育［M］．北京：高等教育出版社，2015.
［6］胡文仲．跨文化交际教学与研究［M］．北京：外语教学与研究出版社，2015.
［7］许力生．跨文化能力构建再认识［J］．浙江大学学报，2011（3）.
［8］高一虹．跨文化交际能力的培养："跨越"与"超越"［J］．外语与外语教学，2002（10）.
［9］細川英雄．日本語教育と日本事情——異文化を超える［M］．東京：明石書店，1999.

浅析日语教学中国际理解意识对跨文化交际能力培养的促进作用[①]

秦　莉[②]

一、引　　言

在国际化浪潮的推动下，随着政治经济活动的增加，网络信息的国际流通和跨越国境的人际交往也变得日益频繁。各国、各民族和各地区的人民之间相互交往的愿望和需求越来越大，相互依存的关系也日益紧密。如何更好地促进相互理解和调整利害关系，更好地处理地球村里的环境、人权、开发、难民等现实问题，需要人类共同思考。为此，在教育方面，培养学生的国际理解意识和国际社会共有价值观，已成为当今各国教育改革的重要内容。近年来，中国在经济发达地区的中小学开始推进这种教育。在中国的高校，也以交换留学、联合培养等形式积极地推进国际化教育。

笔者认为，要推进中国教育的国际化，仅在这些方面改革还远远不够；更为重要的是，要深入推行国际理解意识的教育和培养；而且国际理解意识的教育需要在高校教育的各个层面得到贯彻。倪愫襄曾指出："国际理解教育的概念很广泛，不仅包括文化的教育，更包含政治、经济和外交等多方面的教育。"[③] 在笔者看来，国际理解意识的教育首先要让学生理解和尊重多元文化价值观，培养他们包容不同文化的意识。当中最重要的教育内容是教导学生理解他人、理解异文化。经此教育，学生才能学会尊重、宽容他人，从而有利于他们进行有效的跨文化交流。也就是说，跨文

① 本文为 2015 年苏州科技大学科研基金青年项目"国际化背景下的中国国际理解教育的发展进程探究"（项目批准号：XKQ201523）的阶段性成果。

② 秦莉，1981 年生，女，博士，苏州科技大学讲师，主要研究方向为教育学及中日文化比较研究。

③ 倪愫襄．日本的异文化间教育研究概览［J］．外国教育研究，2003（9）．

化交际能力的背后存在的是以人类社会共有价值观为基础的国际理解意识。

二、国际理解教育理念相关政策的引领

进入21世纪以来，外语教学中跨文化交际能力的培养已成为重要的教学内容和目标之一。我国的日语教育也开始注重学生的跨文化交际能力。2001年《高等院校日语专业基础阶段教学大纲》（修订版）的前言中明确提出，“培养跨文化交际能力将成为21世纪日语教育的重要目标”。

《国家中长期教育改革和发展规划纲要（2010—2020）》的第十六章中提出，为适应国家经济社会对外开放的要求，培养大批具有国际视野、通晓国际规则、能够参与国际事务与国际竞争的国际化人才。并且首次正式提出，“加强国际理解教育，增进学生对不同国家、不同文化的认识和理解”。

此外，2015年4月，教育部外语教学指导委员日语分委员会主任、天津外国语大学校长修刚教授在北京召开的全国高校日语专业教学发展论坛上介绍《日语专业国家质量标准》的制定过程以及解读其有关内容时，提出“日语专业学生应具有正确的世界观、人生观和价值观，良好的道德品质，中国情怀和国际视野，社会责任感，人文与科学素养以及合作精神”。在“知识要求”方面，提出“日语专业学生应掌握外国语言知识、外国文学知识、区域与国别知识，熟悉中国语言文化知识，了解相关专业知识以及人文社会科学与自然科学基础知识，形成跨学科知识结构”。在能力要求方面，提出“日语专业学生应具备外语运用能力、文学赏析能力、跨文化交流能力、思辨能力、一定的研究能力、自主学习能力和实践能力”。

在上述诸要求中就有加强国际理解教育，具有国际视野，具备跨文化交际能力等内容，这是中国高校日语教育发展的走向和趋势。

三、国际理解意识教育理念在日语教学中的重要性

联合国教科文组织一直倡导的“国际理解教育”，其实质是在教育过程中实施多元文化价值观教育，将学生培养成具有多元价值观的世界公民，增强学生对不同国家、地区、民族的文化的理解能力。① 在日语教学

① 张华．课程与教学论［M］．上海：上海教育出版社，2000：422-446.

过程中贯彻这种多元主义价值观是时代发展的需要。把国际理解教育的理念渗透进日语教学过程中，从根本上提升学生的理解能力、思辨能力和跨文化交际能力。传统的日语教学几乎是以听、说、读、写、译这五项基本技能作为主要教学目标，教学内容局限于语音、语调、语法、写作、翻译知识的教授，教学重点在于培养学生的日语语言技能。虽然近些年来在日语教学中也引入了日本文化概况、中日文化比较等文化类课程，但是以教师的灌输为主，教学内容局限于教材内容的情况较为普遍。

如上所述，进入21世纪以来，外语教学中跨文化交际能力的培养已成为重要的教学目标。在当下国际一体化、各国人民有更多机会直接交流的形势下，向学生灌输人与人相互理解、相互宽容、相互合作的思想显得极为重要，以人类社会共有的价值观和国际理解意识教育学生是当务之急。通过课程设置、课堂教学及组织各类文化交流活动，加强对学生的国际理解意识和跨文化交际能力的培养，这是时代对外语教学提出的新要求，也是外语专业教学改革与发展的内在要求。

四、将国际理解意识及跨文化交际能力培养融入课堂教学

（一）有关国际理解意识和跨文化交际类课程的开设

我国高校在英语、汉语国际教育等专业都开设了跨文化交际这门课程，而在日语专业中开设此门课程的学校目前尚不存在。开设此课程，能够将国际理解意识教育的理念系统地灌输给学生，以培养学生的国际理解意识，提高跨文化交际能力。

（二）将国际理解意识及跨文化交际能力培养的内容融入课堂教学

教师的课堂教学是日语专业学生学习日语的主要途径，因此在课堂教学过程中加入国际理解意识和跨文化交际能力培养的内容尤为重要。

教师在教授初级日语的阶段，培养学生听、说、读、写等基本语言技能的同时，在教学理念上就应注重学生国际理解意识和跨文化交际能力的培养。在“基础日语”或“综合日语”等基础课程的教学过程中融入有关日本文化的知识，在会话、听力等课程的教学过程中注重情景教学，多设贴近现实的会话语境，加强语用教学。将文化内容导入语言教学中，让学生从文化视角掌握日语知识。在教学手段上，注意充分利用视频、PPT、图片等多媒体教学方法，加深学生的感知，以帮助他们更好地接受和理解

日语；而且要注重学生的自主学习能力和语言驾驭能力的培养。

在进入高年级阶段以后，建议开设一些日本文化类课程，使学生深入系统地将日语和日本文化知识有效结合起来学习。同时要让学生对中国语言文化也有一定的了解，因为日语词汇、语法及日本文化的形成深受中国语言文化的影响。

同时，母语水平高，有助于外语学习，在日语教学过程中让学生懂得“水涨船高”的学习原理。另外，本国文化水平高，有利于学生进行中日文化的比较，从而使学生容易发现中日两国文化之间的异同性，这当然有利于学生国际意识和跨文化交际能力的培养。

（三）积极组织各类文化交流活动，拓宽学生的视野

任课教师在教学活动中应努力拓宽学生的知识面，以使学生充分感悟日本人的内心世界、了解日本的社会现状、提高对日本社会文化的理解能力。为此，任课教师在课堂教学中积极推荐给学生有益了解日本社会文化的书籍、音频材料、网址等，以拓宽学生的视野和知识面。

同时，在课余时间，积极组织学生开展一些日本文化体验活动，如举办日语角、茶道、赏樱、校园文化节等活动，还可以让学生体验制作寿司、试穿浴衣等日本衣食文化。还可以组织学生开展日本文化知识竞赛、演讲比赛、作文大赛等知识竞赛活动。这些活动结束后，及时让学生交流体验，有效地调动学生的学习兴趣，加深对日本文化的理解，让学生们在体验中学习日语和日本文化。

此外，在网络信息发达的当今时代，利用微信、QQ 等社交平台，及时和学生进行有效的互动，分享知识和心得体会。这也是加强国际理解的意识、提高跨文化交际能力的一个便利、有效的方式。

（四）教师首先要具备国际理解意识及跨文化交际能力

培养学生的国际理解意识和跨文化交际能力，教师自身首先要具备这种意识和能力。日语教师要多掌握有关国际理解的理念和跨文化交际的理论，提高自身的文化修养，并积极和同行、日籍教师交流，邀请日籍教师和本校日本留学生参与日语专业的各类课外活动。同时教师应积极申报教学研究项目，积极参加日语教学研究和日本语言文化研究的各类学术会议，拓宽自己的学术视野，了解近年来的日语教育现状和发展趋势。在此基础上转变教学理念、创新教学内容和教学方式。总之，提升教师自身的文化素质、科研和教学能力，也是日语专业教学改革与发展的内在要求。

参考文献

［1］秦莉．中国の国際理解教育における歴史と現代的展開［J］．教育システム研究，2013（9）．
［2］倪愫襄．日本的异文化间教育研究概览［J］．外国教育研究，2003（9）．
［3］张华．课程与教学论［M］．上海：上海教育出版社，2000.

民族地区日语学习者学习策略的个体差异影响因子实证研究

——以广西壮族自治区为例①

黄成湘②

一、研究背景

（一）关于学习策略

关于外语学习策略的定义，国内外至今仍没有达成一致意见。不同研究者对语言学习策略的分类也不一样。如 O' Malley & Chamot（1990）将学习策略分为三类：认知策略（利用目标语资源、利用关键词、推测、记笔记、重新组合、翻译）；元认知策略（提前准备、集中注意力、事先规划、选择性注意、自我管理、自我监控、自我评价）；社会情感策略（协作、澄清性提问）。Cohen（1998）则只分为两类：语言学习策略（识别材料、区分材料、组织材料、反复接触材料、有意记忆）；语言运用策略（检索策略、复述策略、掩盖策略、交际策略）。Oxford（1990）将学习策略分成直接策略和间接策略两类。直接策略下面又进行了下位分类，分为记忆策略（建立联系网络、运用形象和声音、认真复习、运用动作）、认知策略（练习、接受和传送信息、分析和推理、为输入和输出建立结构）、补偿策略（克服说和写的不足）。间接策略也同样进行了下位分类，分为元认知策略（确定学习重点、安排和计划学习、评价学习）、情感策略（降低焦虑程度、鼓励自己、了解自己的情感状态）、社会策略（提出问题、与他

① 本文为广西壮族自治区新世纪教学改革工程项目（项目批准号：2015JGB114）的阶段性研究成果。

② 黄成湘，1980 年生，男，博士，广西大学外国语学院日语系副教授，主要研究方向为日语语言学及日语教育。

人合作、产生共鸣)。文秋芳(1996)在参照 O' Malley & Chamot(1990)等人的分类模式的基础上,将学习策略分为管理策略和语言学习策略两大类。管理策略包括管理认知过程(确立目标、制定计划、策略选择、自我监控、自我评价)和管理情感过程(自我调整)。语言学习策略包括传统语言学习策略(形式操练策略、准确性策略、使用母语策略)和非传统语言学习策略(意义操练策略、流利度策略、回避母语策略)。

上述四种分类不存在正误之分,只是分类标准不同而已。目前关于学习策略的研究,国内外的学者们大都套用上述分类方法,尤其是 O' Malley & Chamot(1990)和 Oxford(1990)的分类方法更多地被采用。

(二)日语学习者的学习策略研究现状

目前,我国研究者对英语学习者的个体差异与学习策略的关系进行了较多的研究。例如:英语学习策略使用与学习者学习动机的关系研究(王飞,2012;肖颖利,2011);英语学习策略使用与学习者学习风格的关系研究(谢晓寒,2013;高俊霞,2012);英语学习策略使用与学习者性别、性格的关系研究(江倩,2011;聂晓雪,2012;谢云彬,2011;敖娟,2008);英语学习策略使用与学习者认知风格的关系研究(周娟,2011;戴静,2012),即属于此类研究。但关于日语学习者的个体差异对学习策略的使用所产生的影响进行研究的研究者却很少。笔者利用中国知网共检索出相关论文 32 篇(截至 2014 年)。其中只有 15 篇是以日语专业学生为研究对象,其余论文均以二外日语学习者为考察对象。当然,论文的发布方式是多样的,从中国知网中检索出的论文不能涵盖所有相关论文,但也能反映出当下有关日语学习者学习策略研究的基本概况。从这些论文的内容来看,目前我国研究者关于日语学习者学习策略的研究,主要集中在二外日语学习策略的研究、专业学生词汇学习策略的研究、专业学生口语学习策略的研究、学习策略与学习成绩之间联系的研究等方面。尚未发现专门对民族地区日语学习者的学习策略进行考察以及影响日语学习者学习策略的具体因子的研究。

(三)本研究的视点

束定芳、华维芬(2009)在展望中国外语教学理论研究时,为我国的外语学习策略研究提出了几个值得深入研究的课题。其中之一是学习策略与学习者个体差异之间关系的问题。因此本文将研究重心置于学习者个体差异对学习策略使用的影响上。此外,我国的日语学习者已有相当规模,学习者本身由于不同地域出身或讲不同方言，其学习策略也存在很大差异。因此，要研究学习策略与学习者个体差异之间的关系这一问题，笔者认为首先有必要对学习者进行一定的分类。从地域观察，少数民族地区的日语学习者个体与非少数民族地区的学习者个体之间存在较大差异。据笔者的调查，民族地区高校日语专业的生源有以下几个特征：（1）大多数学生来自经济、文化、教育欠发达的民族地区；（2）非第一志愿的调剂生占相当大的比例；（3）具有复杂的语言背景（操多种方言）；（4）家境不佳以及因性格偏于内向而不善交际的学生人数居多。这些因素是否对民族院校日语专业学生学习策略的形成及其使用产生影响？这是值得深入研究的课题。

为探清此课题，本文将研究焦点集中在以下两个方面：（1）民族地区高校日语学习者的个体差异如何影响着学习者的学习策略及其使用？（2）哪些影响因子更为重要？为了便于量化分析，本文基于性别、性格、入学第一志愿、年级这四个选项，以广西某高校的日语专业学生为考察对象，研究这些要素影响学生的学习策略及其使用的程度。

二、研究方法

（一）调查对象

广西某高校日语专业大二（50 名）、大三（54 名）、大四（52 名），共计 156 名学生接受了本次调查，他们均为入学后开始学习日语。

（二）调查工具

本次调查使用了 R. Oxford（1990）编学习策略调查分量表，并根据日语的学习特点进行了微调。调查内容包括 50 个问题。其中，记忆策略题 9 题，认知策略题 14 题，补偿策略题 6 题，元认知策略题 9 题，情感策略题为 6 题，社交策略题 6 题。学生根据自己在日常学习过程中的使用情况分别填入数字，“1”代表从来没有，“2”代表很少发生，“3”代表偶尔发生，“4”代表经常发生，“5”代表总是如此。同时，在这份学习策略问卷调查表上还附加了性别、性格、是否第一志愿、所在年级、日语程度自评等个人信息的内容。

（三）数据收集与分析

此次调查活动共收回电子版问卷调查表 54 份，纸质版问卷调查表 102 份，有效问卷共 156 份。所有问卷的原始数据采用 SPSS17.0 输入，并计算出各变量的分量表均值及标准差后，加以比较。

三、结果与讨论

（一）性别因子对学习策略使用的影响

表 1　学习策略——性别影响因子表

学习策略	性别	均值	标准差	学习策略	性别	均值	标准差	学习策略	性别	均值	标准差
记忆策略	女	2.9436	0.50682	情感策略	女	3.2396	0.48791	补偿策略	女	3.2396	0.48791
	男	2.7222	0.49414		男	2.7857	0.45401		男	3.3810	0.40825
认知策略	女	3.1294	0.43821	社交策略	女	3.1615	0.32666	元认知策略	女	3.0677	0.37735
	男	2.9286	0.45436		男	2.7381	0.26212		男	3.0635	0.28447

在接受调查的 156 名学生中，男生 28 名，女生 128 名。所有学习策略的使用，女生（均值为 3.1003）高于男生（均值为 2.9365）。男生总体的标准差高于女生。这说明在学习策略的使用上，男生出现两极分化的现象要比女生严重。此外，男生和女生使用频率最高的学习策略均为补偿策略，使用频率最低的均为记忆策略。这一结果与于琰（2010）的考察结果是一致的。说明中国日语学习者使用频率最高和最低的学习策略，具有一定的普遍性。男生和女生的元认知策略使用频率基本相同。男生的使用频率高出女生的唯一学习策略为补偿策略，这从一个侧面反映出男生在克服说和写的不足方面，紧迫于女生。

（二）志愿因子对学习策略使用的影响

在此次被调查的 156 名学生中，第一志愿填报日语专业者只有 39 名，其余均为调剂生（非自愿选择日语专业）。有四分之三的学生没有学习日语的意愿或兴趣，或最初就没有学日语的打算。这是目前很多非重点大学日语专业的现状。受中日关系恶化以及不利就业等因素的影响，自愿学习日语的学生人数下降，第一志愿填报日语专业的学生人数逐年大幅降低，而非第一志愿学习日语的学生占相当大的比例。这是否对他们的专业学习以及学习策略的运用产生不利影响？这也是在教学过程中令人担忧的事情。从实际的调查数据看，第一志愿选日语专业的学生，其学习策略的使用，总体上高于调剂生。但这种差异并不明显，甚至可以忽略不计。那么，这是否意味着志愿因子的影响可以忽略不计了呢？

我们再来看看各分量表的具体情况。元认知策略、情感策略及记忆策略的运用都是第一志愿的学生，远远高于调剂生。这说明学生在对待日语学习的态度上存在明显的差异。元认知策略使用频率高，说明尽量想方设法迅速提高自己的日语程度，采取的是积极主动的学习态度。情感策略使用频率高，说明学生善于自我调节，学习上克服种种心理障碍。记忆策略使用频率高，说明学生在学习过程中调动一切手段去记忆语言知识。这三个学习策略的运用情况，直接反映了学生对语言学习的欲望和积极性的程度。因此虽然从总体数据上看，第一志愿学生和调剂生的学习策略运用不存在明显的差异，但实际上他们之间还是存在差异，志愿因子影响着学生的学习积极性，此不容忽视。这就要求教师在教学过程中，注意帮助调剂生进行自我心理调整，引导他们培养学习日语专业的兴趣和积极性。

表 2　学习策略——志愿影响因子表

学习策略	是否调剂生	均值	标准差	学习策略	是否调剂生	均值	标准差	学习策略	是否调剂生	均值	标准差
记忆策略	是	2. 9614	0. 52958	元认知策略	是	3. 2126	0. 30778	补偿策略	是	3. 2536	0. 46211
	否	2. 8770	0. 49354		否	2. 9980	0. 38553		否	3. 2545	0. 48406
认知策略	是	3. 0404	0. 40803	情感策略	是	3. 1014	0. 41854	社交策略	是	3. 0362	0. 29026
	否	3. 1194	0. 46236		否	2. 9758	0. 51332		否	3. 0848	0. 31778

(三) 性格因子对学习策略使用的影响

表3 学习策略——性格影响因子表

学习策略	性格类型	均值	标准差	学习策略	性格类型	均值	标准差	学习策略	性格类型	均值	标准差记忆
记忆策略	混合型	2.8889	0.48392	元认知策略	混合型	3.0517	0.38121	补偿策略	混合型	3.2287	0.49342
	内向型	2.5641	0.56657		内向型	2.6154	0.31716		内向型	2.8974	0.43965
	外向型	3.0952	0.58126		外向型	3.2804	0.36534		外向型	3.5079	0.48718
记忆策略	混合型	3.0981	0.45879	情感策略	混合型	2.9767	0.49091	社交策略	混合型	3.0116	0.31980
	内向型	2.7363	0.49459		内向型	2.5000	0.47356		内向型	2.6026	0.28953
	外向型	3.2551	0.42576		外向型	3.3095	0.60064		外向型	3.4048	0.29928

本调查对性格类型进行了如下划分。外向型：活泼开朗，善于交际，独立性强，不拘小节；内向型：沉郁文静，不善交际，处事拘谨，应变力弱；混合型：以上特点俱有。调查结果显示，三种不同类型性格特征的学习者，在学习策略的运用方面差异比较显著。外向型学习者学习策略的使用频率最高，均值达到了3.3088，接近于高频使用率，而其中补偿策略的使用频率最高，均值为3.5079，已属高频使用率，这是此次调查中，唯一达到高频使用率的一组数据。与之相对，内向型学习者学习策略的使用频率很低，均值仅为2.6526，接近于低频使用率。可见，这两种性格类型的学习者学习策略的使用出现了严重的两极分化现象。而混合型性格特征的学习者则处于两者之间，总体使用频率也是居中。混合型和外向型性格的学习者学习策略的使用倾向基本一致，使用频率最高的策略是补偿策略，最低的是记忆策略。而内向型性格的学习者稍有不同，使用频率最高的也是补偿策略，但最低的不是记忆策略而是情感策略。这从侧面反映了内向型学习者更加不注意在学习过程中克服学习焦虑、控制厌烦情绪，这可能会对他们的学习效果带来不利影响。

(四) 学习阶段因子对学习策略使用的影响

本文的学习阶段是指零起点的大学生的不同学年，即大一、大二、大三、大四。本文采用的是共时的调查方法。选取三个不同学年的被试，考察他们对学习策略的运用情况。结果发现：从共时的角度看，大二和大四的学习者学习策略的使用频率要明显高于大三，大二和大四的使用频率基本持平。

究其原因，笔者认为，可以做以下解读：大一、大二课程学习任务比较重，学生除了专业课的学习外还有英语课、公共课，这一阶段的学习生活是相对比较紧张而充实的，学生比较自觉、自然地将大部分精力都用在学习上，故学习策略的使用频率也会相对高。进入大三，英语课和公共课没有了，只剩下专业课，课程学习的任务相对大一、大二时要少了很多，而且经过两年的学习生活，对大学生活已经完全适应，在心理上放松了许多，或许正是因为这一内一外的放松，导致了大部分学生在大三的一年，学习上有放松的倾向。而这种放松也反映在了学习策略的使用频率上。因为学习策略的使用频率高低，直接反映了其学习态度。到了大四，开始出现考研、考级、就业、留学等各种压力和动力，使得学生又开始绷紧神经，专注于学习，因此学习策略的使用频率出现反弹。当然，影响学习者学习策略的使用因素是多重的，这只是其中的一种可能性。

大二和大四学习策略相差无几的使用频率，说明了从共时的角度看，学习者对于学习策略的使用并没有随着学习时间的增加而有明显的提升。学习者在不同的学习阶段对学习策略的运用是否有差异，关于这个问题，于琰（2010）的考察中也有过调查。结果显示：同一学习者随着学年的升高，学习策略的使用频率没有明显地提高，使用倾向也没有太大的变化。于琰（2010）做的是历时调查，结合本文的考察结果，我们可以得出如下结论：即无论是从历时还是共时的角度，学习者对于学习策略的使用都没有因学习时间的增加而有明显改善。这说明在大学期间，教师在学习者学习策略运用习惯的培养和策略运用的训练方面可能做得还不够，需要我们加以改善。

表 4 学习策略——学习阶段影响因子表

学习策略	学习阶段	均值	标准差	学习策略	学习阶段	均值	标准差	学习策略	学习阶段	均值	标准差
记忆策略	大四	3. 0085	0. 47450	元认知策略	大四	3. 2222	0. 39728	补偿策略	大四	3. 1859	0. 53483
	大三	2. 8189	0. 50526		大三	2. 8189	0. 31937		大三	3. 2284	0. 43284
	大二	2. 8667	0. 56851		大二	3. 1296	0. 40152		大二	3. 3542	0. 48070
认知策略	大四	3. 1429	0. 45993	情感策略	大四	2. 9936	0. 41382	社交策略	大四	3. 1667	0. 31404
	大三	2. 9683	0. 44560		大三	2. 9321	0. 51874		大三	2. 9568	0. 30489
	大二	3. 1632	0. 44010		大二	3. 0903	0. 54481		大二	3. 1181	0. 34300

（五）志愿—性格因子对学习策略使用的影响

前面分别考察了志愿因子和性格因子对日语专业学生学习策略的影响。那么，将两个影响因子同时考虑时，情况会怎样呢？由于在性格影响因子中外向型性格和混合型性格对策略使用的影响差异不是很大，因此，为便于比较，在考虑志愿—性格双重影响因子时，将混合型性格归入外向型性格内。于是能够将学生分成以下四类：（1）第一志愿者兼性格内向者（表示为“是—内”）；（2）第一志愿者兼性格外向者（表示为“是—外”）；（3）调剂生且性格内向者（表示为“非—内”）；（4）调剂生且性格外向者（表示为“非—外”）。这四类学生的学习策略使用频率的总体情况是：最低的是“非—内”类学生，最高的是“非—外”类学生。而“是—内”类学生的使用频率也很低，与使用率最低的“非—内”类学生差异不大；“是—外”类学生的使用频率也很高，与“非—外”类学生的差异不明显。这说明在志愿—性格双重因子的影响下，志愿因子的影响力要小于性格因子。具体而言，四类学习者中除了“是—内”和“非—内”类学生的学习策略使用频率最低以外，其他类学生的学习策略使用频率与所有学生的使用倾向一致，使用频率最高的为补偿策略，最低的为记忆策略。“是—内”类学生的使用频率最低的策略是认知策略，说明此类学生在接受、传送信息、分析和推理及建构输入和输出机制等方面做得不够积极。“非—内”类学生的使用频率最低的策略是情感策略，说明他们平时不太注意情绪的自我调节。

表 5 学习策略——志愿—性格影响因子表

策略	志愿—性格	均值	标准差	学习策略	志愿—性格	均值	标准差	学习策略	志愿—性格	均值	标准差
记忆策略	是—内	2. 6667	0. 61237	元认知策略	是—内	2. 7222	0. 44096	补偿策略	是—内	2. 9167	0. 20412
	是—外	2. 9778	0. 52148		是—外	3. 2333	0. 30311		是—外	3. 2833	0. 48648
	非—内	2. 5455	0. 58031		非—内	2. 5959	0. 32498		非—内	2. 8940	0. 50916
	非—外	2. 9621	0. 49073		非—外	3. 1059	0. 41031		非—外	3. 3527	0. 47123

续表

策略	志愿—性格	均值	标准差	学习策略	志愿—性格	均值	标准差	学习策略	志愿—性格	均值	标准差
认知策略	是—内	2. 5357	0. 45844	情感策略	是—内	2. 5833	0. 49160	社交策略	是—内	2. 7500	0. 27386
	是—外	3. 0571	0. 41411		是—外	3. 1167	0. 42151		是—外	3. 0917	0. 31051
	非—内	2. 7727	0. 53575		非—内	2. 4849	0. 49012		非—内	2. 5757	0. 33363
	非—外	3. 1982	0. 44899		非—外	3. 1163	0. 53094		非—外	3. 2093	0. 30428

（六）性别—性格因子对学习策略使用的影响

作为影响因子，性格和性别也会影响学生的学习策略使用产生明显的差异。那么，当这两种因子同时考虑时，将会出现怎样的情况呢？性别—性格的因子组合，会使学生分化出以下四种类型：（1）外向型男生（男—外）；（2）内向型男生（男—内）；（3）外向型女生（女—外）；（4）内向型女生（女—内）。这四类学生的学习策略使用频率，由高及低的次序是：女—外>男—外>女—内>男—内。无论是男生还是女生，外向型性格高于内向型性格。男—外类学生高于女—内类学生，说明在性别和性格中，性格的影响力起决定性作用。

表 6 学习策略——性别—性格影响因子表

学习策略	性别—性格	均值	标准差	学习策略	性别—性格	均值	标准差	学习策略	性别—性格	均值	标准差
记忆策略	男—内	2. 1852	0. 52996	元认知策略	男—内	2. 4444	0. 40825	补偿策略	男—内	2. 6667	0. 42164
	男—外	2. 8778	0. 41466		男—外	3. 1778	0. 34197		男—外	3. 5000	0. 47749
	女—内	2. 7222	0. 56960		女—内	2. 7111	0. 38873		女—内	3. 0333	0. 62503
	女—外	2. 9859	0. 49534		女—外	3. 1255	0. 38787		女—外	3. 2654	0. 46299
认知策略	男—内	2. 4524	0. 51651	情感策略	男—内	2. 1111	0. 27214	社交策略	男—内	2. 2778	0. 38968
	男—外	3. 0429	0. 41271		男—外	2. 9500	0. 47223		男—外	2. 8167	0. 19408
	女—内	2. 8929	0. 52837		女—内	2. 6833	0. 62423		女—内	2. 7500	0. 29496
	女—外	3. 1726	0. 45237		女—外	3. 1266	0. 48971		女—外	3. 2315	0. 33512

四、结　语

本文基于性别、性格、志愿、年级四个选项考察了民族地区（广西）高校日语专业学生的学习策略使用情况。总体上说，通过各影响因子（包括复合因子）的考察，能够了解到：(1) 女生的学习策略使用频率明显高于男生；(2) 性格因子对学生的学习策略影响明显，其总体规律是内向型学生的学习策略使用率最低，混合型、外向型学生的学习策略使用率最高；(3) 专业志愿对学习策略的使用也产生一定的影响。虽总体差异不明显，但在元认知策略、情感策略、记忆策略的使用上，第一志愿的学生明显高于调剂生；(4) 在共时条件下，不同学习阶段（年级）的学生，学习策略的使用率也体现出一定的差异，其总体规律是，大二学生的学习策略使用率略高于大三，但低于大四；(5) 通过对复合影响因子的考察，我们发现，在性别、性格、志愿这三个影响因子中，性格的影响力最大，其次是性别，最后是志愿。

以上结论能够给民族地区尤其是广西地区的日语教学带来如下启示：(1) 应加强引导学生合理运用学习策略，以提高学习效率；(2) 要特别关注男生的学习策略运用问题；(3) 要重点关注性格内向型学生的学习策略运用；(4) 各学习阶段的学生，其学习专注度出现起伏，应注意加强引导；(5) 应对志愿因子的影响予以足够重视，加强对调剂生的积极引导，尤其是在学习态度、学习积极性和学习动机等方面要注意引导，避免因调剂产生的厌学情绪加重而影响专业学习。

本文只考察了一所学校的日语专业学生的情况，因考察范围有限，故所得出的结论是否能准确反映学生的普遍情况，尚有待验证。作为今后的课题，将考察范围扩大，并探讨如何加强学生的学习策略运用能力等问题。

参考文献

[1] O' Malley, J. M & A. U. Chamot. Learning Strategies in Second Language Acquisition [M]. Cambridgc: Cambridge University Press, 1990.

[2] Cohen, A. D. Strategies in Learning and Using a Second Language [M]. England: Pearson Education Limited, 1998.

[3] Oxford, R. Language Learning Strategies: What Every Teacher Should Know [M]. New York: Newbury House, 1990.

[4] 文秋芳．英语学习策略论［M］．上海：上海外语教育出版社，1996.
[5] 王飞．非英语专业大学生动机调控策略和英语学习策略的相关性研究［D］．石家庄：河北师范大学，2012.
[6] 肖颖利．英语成绩与学习动机、学习策略的动态关系研究［D］．长沙：湖南农业大学，2011.
[7] 谢晓寒．高中生英语学习风格和词汇学习策略的相关性研究［D］．济南：山东师范大学，2013.
[8] 高俊霞．藏族大学生英语学习风格和学习策略现状调查及其对策研究［D］．拉萨：西藏大学，2012.
[9] 江倩．英语专业学生学习策略的性别差异研究［D］．重庆：重庆师范大学，2011.
[10] 聂晓雪．高职学生在英语学习策略上的性别差异研究［D］．武汉：华中师范大学，2012.
[11] 谢云彬．高中优秀英语学习者性格与策略相关性研究［D］．西安：陕西师范大学，2011.
[12] 敖娟．非英语专业学生的内、外向性格特征与英语学习策略的相关性研究［D］．南昌：江西师范大学，2008.
[13] 周娟．认知风格对非英语专业大学生学习策略使用与英语学习成绩的影响［D］．重庆：重庆大学，2011.
[14] 戴静．大学生英语认知风格，词汇学习策略及绩效关系研究［D］．长沙：长沙理工大学，2012.
[15] 束定芳，华维芳．中国外语教学理论研究（1949—2009）［M］．上海：上海外语教育出版社，2009.
[16] 于琰．高级日语学习者的语言学习策略——基于广东外语外贸大学的调查［J］．日语学习与研究，2010（3）.

关于改进阅读课在日语专业课程体系中教学地位的思考①

蔡凤林

一、引　言

日语阅读课过去被称为“泛读”课。根据对我国高校日语专业或日语系教学工作现状的观察，一个较为普遍存在的现象是，无论教师还是学生都不太重视日语阅读课。他们一般认为，阅读课的教学意义不如“综合日语”课重要，“综合日语”课才是日语专业的主干课，而阅读课应属于精读课的补充形式或辅助科目。有的学校在4个学年中给阅读课安排的课时数甚少，阅读课大有从日语专业课程体系中“下岗”的危险。对阅读课在日语专业课程体系中的这种定位以及根据这种定位所实施的具体教学活动，导致未能有效发挥阅读课应有的教学作用或潜能，严重浪费课程资源，最后影响到学生专业能力的全面提高。当然，造成这种教学不足，主要是由于没有准确把握到阅读课和“综合日语”课在教学目标和课程功能上存在着本质上的区别；没有充分认识到阅读课所具有的独特的教学意义和价值。因此，要改变目前对阅读课教学地位的这种价值判断或轻视，重要的是要全面发现阅读课在日语专业课程体系中应有的教学功能和作用，认识到阅读课绝非泛泛而读就了事的“泛读”课，而是具备多种教学意义的课程“重镇”。下面笔者就此问题发表自己粗浅的看法，谬误之处，望方家批评指正。

二、阅读课与学生阅读能力和思考问题能力的提高

不言而喻，阅读课的首要任务应是培养学生的阅读能力。具体而言就

---

① 本文原载于《民族教育研究》2014年第3期。

是，通过阅读文章，使学生提高分析、理解、判断问题的能力，引导学生掌握科学的思维方法。在阅读课上，任课教师不应上课伊始就讲解课文内容，而是首先要向学生阐明，阅读文章的目的是为了读懂文章，把握文章的主题思想，要求学生带着获取信息的目的阅读文章。尤其在高年级阶段，教师应自己遴选一些具有一定难度、深度的日语文章在阅读课上提供给学生习读。为理解文章内容，学生会集中精力，最大限度地动员认知细胞去分析、理解所读内容。从弄清文章每个自然段的意思，到关注各段落之间意义上的衔接关系，最后宏观上准确把握文章的主题思想。在这一过程中，学生分析、理解、判断问题的能力得到提高。这样的阅读过程反复多次，在几年的学习生活中，学生不仅在潜移默化中成长为一个具有较强逻辑思维能力或抽象思维能力的人，而且在老师的指点下能掌握到一套抓住重点句子理解，或即便绕开生词和艰涩难懂的句子也能准确捕捉到文章主题的举重若轻的阅读方法和技巧。

思维是人的文化属性。思维的本质是一种认识性符号活动；思维能力愈发达，人的认知能力即愈强，其文化属性亦愈高。“以文化人”，“以文胜质”。宋人张载认为：“读书则此心常在，不读书则终看义理不见。”阅读课上帮助学生确立读书的目的是提高辨别能力、思考问题的能力，让学生意识到阅读不仅是获取信息的手段，而且能够达到使心清明不昧的目的。外语专业的学生自入学起就潜心于单词和语法的记忆，他们学习的很多内容是依靠机械性记忆的较具体的语言基础知识，专业知识的学习过程中遇到深入分析抽象的学习内容的机会相对少一些，随之而来的是对一些复杂问题的理解上思路缺乏灵活性。因此，在阅读课上通过分析、理解文章内容，锻炼他们分析、辨别问题的能力，提高他们头脑的思辨性，也算是授之一个处理问题的“利器”了。对于这一教学功能来说，阅读课无疑占据着重要的教学地位。大学本科四年专业教育中，因受课时较少以及语言基础等因素的干扰或限制，日语专业学生在课堂教学中未必有机会接触到更多的题材广泛、体裁多样、语言现象丰富、意义深刻的好文章，这也要求任课教师事先设计、安排好教学内容，精选一批具备上述条件的佳文，利用有限的课时最大限度地帮助学生提高分析问题的能力。

作为人类获取、传承知识及相互交流思想感情和掌握生活所需各种信息的主要方式之一，在社会信息化、国际一体化趋势不断深化的今天，一个基于传统阅读手段及网络、手机、手持阅读器等高科技阅读方式的全媒体、大众化阅读时代已到来。现在，很多人以增加智慧、陶冶情操的诉求注重读书，读书人的内涵也发生了很大变化。读书人不再单单是对那些以知识、学问参与社会建构的人群的特指称呼，所有具有读书能力并有读书行为的人，都可以称为读书人。读书人内涵的变迁，读书人群体的扩大、读书行为的泛化，读书手段的优化，所读内容的丰富和复杂化，促使现代社会形成浓郁的读书氛围，这也要求生活在现代社会的人具有良好的阅读习惯。这就要求高等教育亦应注重学生阅读习惯的培养。尤其作为语言专业，在日语阅读课上帮助学生掌握较强的阅读能力的同时，还应重视对他们良好的阅读习惯的培养。阅读不能停留在贪图娱乐的肤浅的阶段，虎头蛇尾、难以为继的阅读，是读书人最为避讳的。为了进入更高层次的“悦”读阶段，在阅读课上要求学生养成战胜苦读阶段的持之以恒的阅读习惯，培养他们读来忘情、手不释卷的阅读兴趣。只有在大学阶段养成这种阅读习惯和兴趣，才能维系学生以后蓬勃的阅读活力和不竭的学习动力。总之，培养学生良好的阅读习惯也是日语阅读课的重要教学任务和意义之一。

三、阅读课与日语语言知识的深化

“综合日语”课是日语专业课程体系中语言技能主干课、基础课，其教学目的主要是在听、说、读、写等语言技能方面为学生打好坚实的专业基础，所授内容主要是词汇、语法、句型等语言构件与谈话规则及在此基础上构筑起来的日语综合运用能力。正因为在语言要素和技能的传授上具有综合性或基础性，所以最近我国日语教育界陆续将原来的日语精读课改称为“综合日语”或“基础日语”。

如上所述，阅读课的教学宗旨在于提高学生的阅读能力（包括阅读技巧）或分析问题的能力，培养学生良好的阅读习惯。阅读课不应以语言知识的传授为首要教学任务，阅读课上任课教师上课伊始就解释语法或要求学生练习句型，在教学理念上失之偏颇，而学生在阅读课上只重视记忆单词、理解语法，亦属主要学习目的发生错位。“综合日语”课和阅读课的主要教学目标不能偏离正鹄，更不能倒置。但是，如果为从文章内容中读取更多更准确的信息而逐行逐段甚至逐字逐句认真阅读课文内容时，阅读课的确还具有强化、扩充语言知识的亚功能。譬如在阅读课内容中邂逅曾在“综合日语”课上学过、却记忆模糊的语言知识，此时就能起到加深理解的教学效果。可以这样理解，“综合日语”课是初步接触、理解单词、句型等语言具体知识的过程，而阅读课是对这些语言构件在意义上拾遗补阙、融会贯通，在功能上学以致用、用以促学，在数量上增益扩充、集腋成袭的教学过程。在语言知识的掌握上，“综合日语”课和阅读课应具备这样的相衔接性和互补性。

阅读是为了读懂文章，以获取信息、知识。但阅读过程中遇到生词或新的语法现象时，读者自然要查阅词典、语法书，或通过其他途径弄清语言知识方面出现的盲点，而这个过程客观上促进读者增加词汇量或语法知识。同时，为了读懂文章而关注某一生词或某种陌生语法现象，有针对性地去查阅词典或语法书籍而掌握语言知识的效果，总比盲目记忆显得更为牢靠、深刻。在外语学习中，单纯地死记硬背单词或语法，并非上策。背词典掌握的单词，不会实际运用，则是个死的符号，记忆可能转瞬即逝。纵然是将整部词典输入大脑中，恐怕也只是生吞活剥，并不表明已真正掌握了这些词汇。包括单词在内的语言构件的掌握，经过接触、理解、练习、记忆、运用这五个阶段。背词典掌握单词只是接触、记忆的过程，而缺少在实际语境中理解、练习和运用这一更为重要的认知过程。

日语词汇中存在大量「漢語」（日语中从汉语吸收来的词汇），对于中国人学习日语固然是个捷径，但也很容易让我们望文生义。譬如，日语和汉语中的同形汉语词，在词义关系上，有的完全吻合，有的部分吻合，有的大相径庭，有的在现代词义上却南辕北辙。在这种词义有相当差距的语言现实条件下，以中国汉语词义理解外形接近或相同的日语「漢語」，是个危险的学习方法，有时甚至是“陷阱”。日语中存在大量的「漢語」，对于中国学生而言，无疑是个双刃剑，其消极作用不可低估，既干扰他们对日语词义的准确理解，又阻碍其正常日语语言思维的养成。

因此，理解、记忆日语中的「漢語」词汇，很多时候不能“以貌取人”或“望文生义”，同时也不提倡让学生使用编写水平不高的《日汉词典》。因为这种“词典”多数是简单的词汇对照，有的编写者甚至本身也没有理解透日语「漢語」词汇原意就对译成外形和结构相同或相近的汉语词汇，结果是误人子弟，贻害无穷。低年级时学生使用编纂水平较高的各类《日汉词典》帮助理解、掌握单词，有一定的合理性。到了高年级阶段，理解日语词义，应回归“原典”，即查阅『広辞苑』『国語大辞典』等日本原版的权威性“解释性”词典，弄清该词的“庐山真面目”——真意、本意之后再行记忆。况且有些文化内涵深厚的日语「漢語」和「和語」词汇，只有这些词典设有专门词条予以解释，或只有依靠这些词典才能捕捉到其真意。

记忆单词，应在具体句子形式或语言环境中进行。有具体的语境作为陪衬和铺垫，才能更好地凸显一个单词的多义、多用，况且相关具体语境留下的深刻场景印象，以后很容易让人想起该词的不同用法。如同认识一个人，恐怕只有目睹此人在不同实际生活场景中的种种表现，才能较全面较深刻地认识到他的本质特征。在阅读课中，通过阅读语言纯正的日语文章，学生能有机会在具体句子或实际语境中接触到众多词汇、语法现象及丰富的语言特征或表达形式，从而能更全面更深刻更准确地掌握到各种日语知识。

四、阅读课与日语写作能力的提高

用语言文字交流思想感情，是一个“你来我往”的双向性信息传递过程。一方面要理解（包括听懂和读懂）对方的想法；另一方面要表达（主要包括口头和书面两种形式）自己的思想。在书面表达能力（写作能力）的培养方面，阅读课也发挥着重要作用。

通过阅读课，学生不仅能提高分析问题的能力和阅读能力，扩充词汇和语法知识，增加日语以外的各种专业知识，而且还能了解到中日文表达习惯的差异，从而能掌握到准确的日语“表现”——表述形式。学习外语时，单词和语法均已掌握，但不一定就掌握了外国人的习惯性表达方式。在外语学习中，纵然掌握了大量词汇和语法，也不表明已经学好了外语；外语学习中，和掌握单词、语法等语言构件同等重要的是要会写、会说符合外国人语言思维习惯的句子，即准确的表达形式。对于中国学生而言，用日语表达思想感情，必然要受汉语的思维定式的影响。语言思维本质上反映着一个民族顽固的思维方式和长久的心理积淀，属于民族文化的深层结构。要消除日语专业学生汉语式日语表达习惯这一“沉疴”“痼疾”，最佳办法之一便是让他们多读日本人撰写的经典性文章，在句子中理解词义、掌握语法和表述形式。上阅读课时，任课教师应提醒学生，在日语文章中，从中国人的眼光看来越是不可思议的表达方式越是值得关注的日语语言知识增长点。因此，以读懂日语文章为目的，关注词语用法、句子结构、段落安排、篇章结构及文章体裁的同时，学生无形中就会受到该文写作技巧和表达方式的影响。如此这般，阅读的文章多了，自然就会照葫芦画瓢，在词语用法、表述形式和篇章结构的安排等写作能力上有所进步，就能写出合格的日语文章了。

学习外语的目的是为了表达，写作属于书面形式的表达，因此写作课是外语教学中的主课。目前，很多学校是在学生具备一定的语言基础知识后开设此门课程，而不像听力、会话等其他语言技能课，入学伊始就开设这些课程，对学生进行语言技能的训练。如上所述，如果能充分发挥阅读课的作用，则能够把该门课程当作写作课的基础或导引，同时也可视为对写作课的辅助教学手段。另外，在阅读课上教师可以合理设问，让学生笔头回答，或要求学生笔头归纳所读内容或写出读后感，这些均为阅读课对写作课的有力补充。总之，如若合理安排教学内容和形式，阅读课能够成为写作课的良好基础和补充，写作课是阅读课所学语言知识和文章写作技巧的运用，是阅读课部分教学内容的自然延伸和合理展开。

五、阅读课与日本社会文化知识的灌输

说一种外语与人交往，应理解创造、使用那种语言的民族的文化传统、价值观念、思维方式和谈话规则。有效地进行跨文化交际，语言固然是重要手段，但只凭语言能力并不能实现完美交流，语言背后存在的是更为重要的文化理解要素。尤其是当今每个民族都走出家园，相互间你来我往、面对面交流的国际一体化时代，对对方的文化有一定的了解，是促进双方有效交往的有力保障和重要前提。不了解对方文化，即便知晓其语言，也未必能达到最佳交流的效果（事实上，文化理解不深，语言习得也不可能深入）。要深入了解对方所思所行，继而达到完美交流的境地，如无共同话题作为润滑剂或导引，谈话双方相互间会“冷眼相待”。文化的陌生感，导致语言用途受限，甚至会陷入懂语言却不能如意交流的尴尬中。学语言须了解文化，了解文化，能更好地促进交往。

为了让学生更好地深化外语学习，加强对对象国的社会文化知识的传授，在日语教学中显得尤为重要。欲使学生对日本社会文化达到更高层次的理解，亦应有效利用阅读课，在阅读课上多安排些有关日本社会文化内容的文章提供给学生阅读，编写阅读课教材时亦应注重多选入有关日本社会文化知识的文章。

另外，外语教育是一个实践性较强的教学活动。外语学习中不可或缺的推进因素是实践环境。环境能给外语学习者提供实践的机会和平台，环境熏陶能让外语学习者迅速“入戏”。一定程度上说，好的口语，好的语感，是良好的语言氛围“浸泡”出来的。不是亲身在对象国学习外语，因缺少相应的语言实践环境，外语学习者往往寻觅不到运用所学语言知识进行实际交流的场景或平台。但是，通过大量阅读外语文章，在一定程度上能弥补这一环境缺陷和条件阙如，在阅读过程中同一语言现象或表述形式反复遇到，相同语感多次体味，阅读者的思维工具自然会逐渐过渡到外语

上，也有助于口语逐渐变得自然流畅。多读作为文学作品的小说，阅读过程实际上是和作品中的人物进行心灵对话、灵犀互通，也能引导读者逐步养成外语思维的习惯。因此，确保阅读课应有的教学地位，确保日语专业学生四年学习生活中合理的阅读内容和应有的阅读总量，也是在帮助学生培养日语语言思维习惯。

六、结　　语

以上简单阐述了日语阅读课的重要教学地位和意义，希望阅读课在日语专业课程体系中的教学地位有所改进和提高；同时也希望拙文能从一个侧面反映日语教育中的一个重要理念，即实现让学生掌握“听、说、读、写、译”语言运用能力及语言切换能力这一日语教学终极目标。它不仅要求日语专业各门课程形成保证学生完备知识结构的科学的课程体系，而且在教学职能分工明确的前提下，做到各门课程最大限度地体现自己的教学意义和价值。

后 记

在中华日本学会的指导下，2011 年 7 月，中央民族大学外国语学院成功主办了“首届中日民族文化比较研究学术研讨会”，并编辑、出版了《中日民族文化比较研究论丛》第一辑。时隔 5 年，2016 年 7 月，在广西大学召开了“第二届中日民族文化比较研究学术研讨会”。本辑选编部分参会者在此次学术会议上宣读的论文。值此《中日民族文化比较研究论丛》第二辑出版之际，感谢中华日本学会、广西大学及拓展文化协会对本论丛给予的大力支持！在编辑本辑时，得到了本论丛学术指导委员会各位专家的热心指导，在此一并致谢！

蔡凤林　黄成湘　潘贵民

2018 年金秋